著／オフェリー・ネマン

絵／ヤニス・ヴァルツィコス

訳／河 清美

ワインは楽しい！
【改訂 2022 年版】

絵で読むワイン教本

PIE International

目次

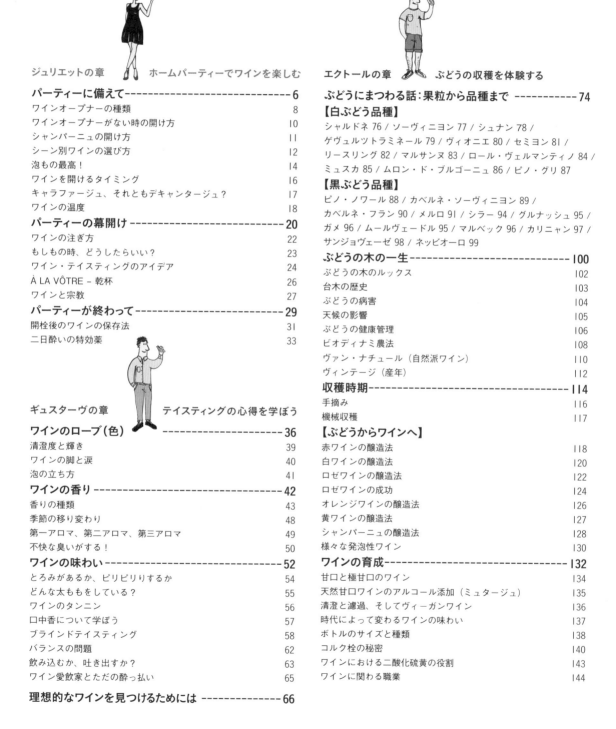

今晩、ジュリエットはホームパーティーを開きます。友人のギュスターヴ、エクトール、カロリーヌ、クレマンティーヌ、ポールを招待しました。皆、ちょっとしたワイン通なので、ワインについていろいろ語り合うのが楽しみです。クレマンティーヌは、料理とワインの組み合わせに対して強いこだわりを持つソムリエの卵。ギュスターヴはテイスティングの心得を学び、エクトールは醸造のことなら何でも知っています。カロリーヌは大の旅行好きで、ワイン産地を巡り、テロワールに詳しくなりました。ポールは素晴らしいワインセラーを持っています。

ジュリエットはおもてなしの達人です。パーティーを開く時に、何よりも大切なのはしっかりと下準備をすること。お客様をがっかりさせないように、いいグラスとおいしいワインを選び、ワインの温度管理に気を配らないといけません。これがなかなか難しいのです。ソムリエだったら、ワインをベストなタイミングで開けることができるだろうし、パーティーの雰囲気にぴったり合うワインを迷わず選ぶこともできるのに……。でも、この本があれば、大丈夫。誰でもプロのようにふるまうことができます！パーティーが終わったら、ワイングラスの汚れやテーブルクロスのシミをきれいに落としましょう。ボトルにワインが少し残ったとしても問題ありません。かしこい保存方法もいくつか知っているし、残ったワインを活用できる料理のレシピも持っています。さらに、二日酔いの特効薬の準備も忘れません。後は、パーティーのテーマを考えるだけ。例えば、クイズとサプライズを盛り込んだ、ブラインド・テイスティングを企画してみるのはいかがでしょうか？

この章では、ジュリエットが、ホームパーティーでワインを美味しく楽しむ秘訣を伝授します。

JULIETTE

ジュリエットの章

ホームパーティーでワインを楽しむ

パーティーに備えて・パーティーの幕開け
パーティーが終わって

パーティーに備えて

どのグラスを選ぶ？

ディナーの時によく登場するグラスをご紹介します。

1. 水用のグラス

水を飲むためのグラス、ただそれだけです。どうでもいいワインを飲む時以外は使ってはいけません。香りはほとんど立ちません。安ワイン向きです。

2. シャンパーニュクープ

見た目は美しいけれど、シャンパーニュの香りを楽しむには不向きです。ポンパドール侯爵夫人の左乳房から型を取って作られたという言い伝えがあります。

3. シャンパーニュフルート

シャンパーニュを味わうには完璧なグラス。酸味の強い、軽い白ワインを飲みやすくするためにも使えます。また、食前酒（キール、ポルト、マデイラ・ワイン、カクテル）にも合います。

4. INAO規格テイスティンググラス

非常に優秀ですが、プロの試飲家が使うものなので、ちょっと小さめにできています。見栄えはあまりよくないけれど、お手頃な価格で、どんなタイプのワインに合わせても失敗がないので、パリのビストロで重宝されています。

5. ブルゴーニュグラス

中央部がふくらんでいて、口の部分がすぼまった形をしたグラス。その名の通り、ブルゴーニュワインに最適ですが、白ワインや他の地方の若い赤ワインにも合います。豊かな香りが申し分なく凝縮され、鼻腔いっぱいに広がります。

6. 偉大なるブルゴーニュワインのためのグラス

名高く高級なブルゴーニュワインを愛する人のためのグラス。グラスの中に立ち込めた香りが縁の辺りで拡散され、ブーケがふわっと広がります。

7. ボルドーグラス

背の高い、チューリップ型のグラス。デリケートな白ワインを除く、全てのタイプのワインに使えます。ブルゴーニュグラスとは異なり、縁の部分は中央部よりも若干狭まっているだけで、ワインが舌全体に行き渡るように飲み口が広くなっています。パワフルなワインに最適。

8. 万能グラス

ボルドーグラスと同じ形をしていますが、より小さめのグラス。ライトな白から力強い白、若々しい赤から年代物の赤までマルチに活躍。さらに、コクのあるしっかりしたシャンパーニュにも合わせることができます。つまり、これといった特徴はないけれど、どんなワインにも適応する優れものです。

9. 色付き、模様付きのグラス

ゴージャスか、キッチュか。いずれにしても、特にワインを味わうには飾りは無用です。ワインの色が隠れてしまい、せっかくの一杯が台無しになってしまいます。思い出の品でなければ、花瓶やキャンドル立てとして使ったほうがいいでしょう。

脚付きグラスを選ぶ理由

脚付きグラス（ステムグラス）には2つの利点があります。

ワインの温度が高くならないようにする。
ワインが入った中央部ではなく、脚の部分を持つことができます。指の温度でワインが温まるのを防ぎます。

香りを開かせる。
中央部が球形にふくらんだグラスを使うと、ワインのアロマが空気に触れて十分に引き出され、グラスの中にこもった香りが鼻腔をくすぐります。つまり、ワインの香りをしっかりと堪能することができるのです。

反対に、飲み口の広いコップでは、香りが外へ逃げてしまい、消えてしまいます。特に、上質なワインをコップで飲むのはもったいないことです。せっかくのワインを台無しにするだけです。

予算とスペースの問題でグラスを1種類しか選べない場合は、どれがいい？

ボルドーグラスをちょっと小ぶりにしたグラス、または万能グラスがいいでしょう。どんな場面でも活躍し、全てのタイプのワインに合います。小さすぎるグラスは、力強い赤ワインの魅力を引き出すことができないので、避けるべきです。反対に、飲み口が広い、大ぶりのグラスは、デリケートな白ワインを不安定にさせてしまうので、おすすめできません。

他にも、いろいろな形のワイングラスが存在します。奇抜なデザインのものは別として、多くのグラスは、ワインの特徴を引き立てるように設計されています。シェフ＆ソムリエ社のオープンナップモデルなどのように、グラスの中央部が出っ張った形状で、ワインを十分に開かせ、香りを最大限に引き出せるように考案されたものもあります。芳香の豊かなワインが好きか、繊細な香りのワインが好きかによって、選ぶべきグラスのタイプも違ってきます。

ガラス、それともクリスタル？

クリスタルが究極の素材なのはどうして？

クリスタルはきめ細かな極薄のグラスで、縁の部分は紙と同じほどの厚さしかありません。粗く分厚いグラスとは違い、クリスタルグラスでワインを飲むと、軽やかで繊細な質感が唇に伝わり、さらにはその存在が消えて、液体のみが唇に触れているような感覚が得られます。クリスタルのもう1つの長所は、熱を通しにくいため、ガラスよりも長く低温を保つことができるということです。さらに、クリスタルはガラスより表面がざらざらしているため、空気を取り込むためにグラスを回すと、ワインがグラス表面に引っかかり、香りがより豊かに広がるという利点もあります。ただ、クリスタルは、高価で割れやすいため、不器用な人にはおすすめできません。ワインのボトルよりもグラスを買い替える数のほうが多いという方は、クリスタルは断念したほうがいいでしょう。クリスタルのような感覚を持ちつつ、割れにくい新素材のものも出てきています。

ワインオープナーの種類

引き出しの中に入っているワインオープナーはどんな形をしていますか？ 皆さんの好み、性格、予算、器用さによって、選ぶタイプはそれぞれ違うでしょう。腕力はあまり関係ありません。構造はいたってシンプル。スクリューとテコを使います。コルクが壊れにくい、先の尖った、ねじ込みやすいスクリューの付いたモデルを選びます。また、スクリューが短すぎると、コルクが割れてしまうリスクがあります。

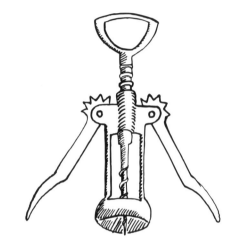

スーパーマーケットで購入できる
ウィング式オープナー

|1|

使い方はいたって簡単。スクリューをコルクにねじ込み、上がった左右のウィングを両手で押し下げるだけ。値段は安めで、フル活用に耐えられるほど丈夫ではないけれど、力をあまり入れなくてもいいので便利です。唯一の欠点は、スクリューがコルクを貫き、コルクのかけらがボトルの中に入りやすいこと。このタイプの中では、瓶口に固定する部分がテコの働きをして、ハンドルを同じ方向に回すだけでコルクが自然と上がってくるものが使いやすいでしょう。

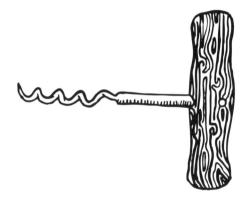

|2|

腕力だけが頼りのT字型オープナー

テコはなく、しっかり握むことのできる棒状のハンドルがあるだけ。腕っぷしが強くないと、ワインを飲めないという残念な結果に。反対に、力が強すぎるとコルクが割れてしまいます。力比べをしたい時にはいいかも。

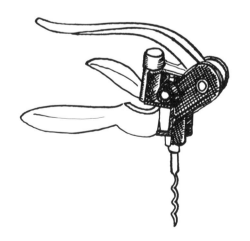

「うさぎの耳」型オープナー

|3|

超高速抜栓マシーン。90歳のお爺ちゃんが、手首を痛めることなく、20本のボトルを連続で開ける時には重宝するでしょう。ただし、かさばる、値段が高い、所作が機械的になり味気ない、などの欠点もあります。

4. ソムリエナイフ

栓抜きも付いているタイプは、「ギャルソンナイフ」と呼ばれています。レストランで使われているオープナーです。私のお気に入りで、コルクがどんな状態であっても、比較的やさしく抜くことができます。それに、ポケット（またはハンドバッグ）に入るコンパクトさで、どんな場面でも活躍します。使いやすいのは、構造がしっかりしていて、テコが2段式になったタイプ。引っ張る時にそれほど力が要らず、コルクが曲がりにくいです。

-4-

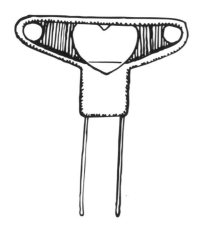

5. 二枚刃式オープナー

-5-

年代物のワインを愛する人たちのための魔法の道具。あまり知られていませんが、スクリューはなく、コルクに穴を開けないで抜くという特徴があります。瓶口の隙間に、2枚の刃を差し込み、コルクを挟まなければならないので、かなりのテクニックが必要。使い方が悪いと、コルクがワインの中に落ちてしまいます。コルクがぐずぐずになってしまった古酒を開けるための切り札です。

しまった、コルクが途中で割れちゃった！

慌てないで。解決法を2つ紹介します。

解決法1
ソムリエナイフを持っている場合は、残ったコルクにスクリューを斜めに刺して、穴を広げないようにコルクにねじ込み、瓶口にそって引っかけるようにしながら、垂直に引き抜きます。

解決法2
コルクをボトルの中に押し込みます（ワインの滴が跳ねないように気を付けて！）。すぐにキャラフ（ガラス瓶）へ移し替えて、コルクの臭いがワインに移らないようにします。

解決法1

解決法2

ワインオープナーがない時の開け方

準備は完璧だった、はずでした。ワインオープナーがないことに気が付くまでは……。こんな時のための対処法がいくつかあります。

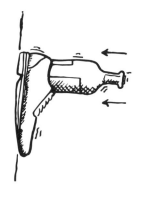

— 1 —

コルクをボトルの中に押し込みます。それから、コルクの臭いがワインに移らないように、すぐにワインをキャラフに移し替えます。ただし、たったの3分間でもワインにコルク臭が移ることもあるので、リスクはあります。

— 2 —

即席オープナーを作ります。機転が利く人、日曜大工が得意な人におすすめの方法。うまくいけば、パーティーでもてはやされること間違いなし。コルクにねじ込むものを探して、テコの要領で引き抜きます。道具はネジやペンチなどで十分。私も実際に試して、成功した経験があります。あるパーティーの時に、ハサミと電子レンジから抜き取ったネジを使って、ボトルを4本開けることができました。皆ハッピーで、一件落着!

— 3 —

圧力でコルクを押し出す方法で、壁または樹木と、木製またはゴム製の四角形の低いヒールの付いた靴が必要です。まず、瓶口の包装を取り除きます。ボトルの底を靴の中に入れます。そして、(ボトルを手で握ったままで)、靴のヒール部分を壁または樹木にしっかりと打ち付けます。衝撃波が靴から瓶口へと伝わり、コルクが外側に押し出されます。7、8回打ち付けると、コルクがかなり抜けてきます。圧力により、ワインが抜栓時にこぼれ出ることもあるので、気を付けて。瓶が割れてしまうリスクに備えて、キッチンタオルなどで手を保護しましょう。危ないというだけでなく、ワインに振動を与えて、品質を損なう可能性もあるので、あまり好ましい方法ではありませんが、ピクニックなどでは役に立ちます。

スクリューキャップのボトルを買っておいた運のいい人、あるいは用心深い人は、何の心配もありません。キャップを手で回して、開けるだけです。

— 4 —

シャンパーニュの開け方

コルクがパパの左目に当たって青あざができるのではないか、お婆ちゃんの大切な花瓶を割ってしまうのではないか……。シャンパーニュのボトルを開ける時は、慣れていないと、ちょっとビクビクしてしまいます。でも、実に単純なテクニックで、この荒馬も簡単に手なずけることができます。

1
開ける前にボトルを振らないこと。これは鉄則です。ボトルの入った買い物袋を振り回してしまった時は、冷蔵庫に入れて、1時間半以上落ち着かせます。

2
コルクを押さえているミュズレ（針金製の王冠）を外したら、すぐに親指でコルクを押さえます。ボトルから目を離してはいけません。

3
コルクを引っ張るのではなく、瓶を回します。コルクを手でしっかり押さえ、飛び出さないように気をつけながら、瓶をゆっくり回します。こうすると、コルクが徐々にゆるくなり、炭酸ガスの圧力を抑えることができます。

4
栓が完全に抜けるまで、コルクとボトルから手を離さないようにします。この方法をマスターすれば、より控えめでエレガントな「ポン！」という音を聞くことができます。

5
グラスを瓶の口に近づけて注ぎます。ちょっと急ぎすぎて、泡がボトルから溢れ出そうになったら、こぼさないようにすばやくグラスに注ぎます。

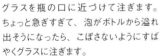

シーン別ワインの選び方

厳密なルールがあるわけではないので、好みと気分に合わせて選びましょう。ただ、ワインは場の雰囲気を盛り上げることも、壊すこともあるということに気を付けて。

グッドアイデア
エレガントな雰囲気：ブルゴーニュの赤（コート・ド・ニュイ）または白（シャブリ）
カジュアルな雰囲気：ボルドーの白
イタリアンでドルチェ・ヴィータな雰囲気：トスカーナ（イタリア）の赤
ちょっと色っぽいムード：ロワールの白（品種はシュナン）
セクシーなムード：コート・デュ・ローヌの赤
甘くとろけるようなひと時：極甘口の白

バッドアイデア
色素がつきやすい濃い赤ワイン。歯が黒っぽくなってしまい、せっかくの
甘いムードが台無しに。

恋人とのディナー

大宴会

グッドアイデア
発泡性ワイン：名門メゾンのノン・ヴィンテージの（収穫年の記載のない）
辛口シャンパーニュ。ブルゴーニュ、アルザス、ロワールのクレマン。スペインのカヴァ
白ワイン：フランス南部オック地方のシャルドネ種のワイン
赤ワイン：ラングドックまたはチリ（フルーティーでまろやかなもの）

バッドアイデア
デリケートな高級ワイン。プラスチックのコップでは、全く味わえません

フォーマルな食事会
（家族会議、ビジネス）

白ワインのグッドアイデア
スケール感を出したい時：ムルソー（ブルゴーニュ）
鷹のように飛翔したい時：ヴァン・ド・コルス（コルシカ島）

赤ワインのグッドアイデア
話がまとまった時：サン・テミリオン（ボルドー）
固く握手を交わす時：バンドール（プロヴァンス）
現実的な話をする時：シノンまたはブルグイユ（ロワール）
真摯な姿勢を示す時：モルゴン（ボージョレー）

友達との軽い飲み会

グッドアイデア

無名の小さなAOC（アペラシオン・ドリジーヌ・コントロレ＝原産地呼称統制）のワイン：トゥーレーヌのジャスニエール、カディヤック（キャデラックと同じ綴りなので、カーマニアの集まりの時にあると洒落ているかも）

ベルジュラックのペシャルマン（駄洒落仲間とともに）

忘れられた品種で造られた白ワイン（南西地方のモーザック種）または赤ワイン（南西地方のジュランソン・ノワール種、コルシカ島のニエルッキオ種）

不当に低く評価されている、良質なワイン：ミュスカデ・シュール・リー（ロワールの白。いいワインショップで選んで！）、またはシルーブル（ボージョレーの赤）

夏の暑い日に飲みたいワイン：プロヴァンスのロゼ

ソファーでまったり飲むワイン：リオハ（スペインの赤）

バッドアイデア

見栄っ張りでケチなイメージのある、スーパーのボルドーワイン。
フレーバードワイン

ビッグイベント

何かのお祝いの時：ブラン・ド・ブランのシャンパーニュ

家族が増える時：ピュリニィ・モンラッシェ（ブルゴーニュの白）

「いつもそばにいるよ」と誓う時：ポマール（ブルゴーニュの赤）

プロポーズする時：シャンボール・ミュジニィ（ブルゴーニュの赤）

厚い友情に感謝する時：コート・ロティ（ローヌの赤）

時の流れの速さを感じる時（誕生日、記念日）：ポイヤック、サン・ジュリアン、マルゴー（ボルドーの赤）

勝利に酔いしれる時：バローロ（イタリア、ピエモンテ州）

 豆知識：お一人様の場合は？

一人で飲む時は、すでに開いているボトルを選んだほうがいいでしょう。残ったワインを終わらせるというだけでなく、ワインの変化をじっくり評価するという楽しみ方もあります。いいボトルを新たに開けてしまうと、おいしさを分かち合う人がいないので、余計に一人ぼっちな気分になってしまうかもしれません……。

泡もの最高！

「シャンパーニュってワインなの？」と聞かれたら、答えは「イエス」。「100％イエス」です！ シャンパーニュだけでなく、クレマン、プロセッコ、カヴァなどの発泡酒の原型は、ぶどうを発酵させて作られたワインであり、泡はその後で、様々な方法を用いて生成されます。発泡性ワインは世界のワイン生産量の7％を占めています。主な生産国はフランス、イタリア、ドイツです。

泡もので乾杯したくなるのはなぜ？

軽やかで、溌剌とした泡が気分を盛り上げてくれる発泡性ワインは、パーティーのよき友であり、舌や頭を疲れさせないという特徴があります。さらにシャンパーニュ、クレマンなどの大半はアルコール度数が12.5％、プロセッコにいたっては11.5％で、赤ワインのように13％を超えることはあまりありません。アルコール度数10％ほどの発泡性ワインであれば飲みやすく、酔いの回りもゆるやかです。

何を選ぶ？

大切な夜会

その名だけでも特別感のあるシャンパーニュが最良のセレクション。それぞれの蔵元が豊潤な味わいのキュヴェ・プレステージュ（自社の最高級クラスのシャンパーニュ）を出していて、このタイプはフルコースの料理にもしっかり寄り添い、高級なスティルワインに引けを取らない役割を果たすことでしょう。さらに長期熟成型もあり、ミレジム（産年）が特別に表示されたシャンパーニュの中には、数十年後に最高の状態に昇華するものもあります。名門のメゾンは自社の最高傑作を10年熟成させてから出荷します。現在、市場には2006年、2008年、2009年、2012年のシャンパーニュ・ミレジム（ヴィンテージ・シャンパーニュ）が出ているので、例えば、2人が出会った記念日を祝う時にぴったりです。シャンパーニュの代わりにイタリアのフランチャコルタ、高級なクレマンなどを選んでもいいでしょう。

楽しいパーティー

どんな発泡性ワインでもOKですが、高級なシャンパーニュは、グラスが適していない、騒がしい雰囲気などの理由でその美味しさを十分に味わえないこともあるため、あまりおすすめできません。軽やかな泡とフルーティーな香りを楽しめて、しかもリーズナブルなものとして、イタリアのプロセッコやフランスのクレマンがあります。クレマンはアルザス、ボルドー、ブルゴーニュ、ディー（ローヌ）、ジュラ、リムー（ラングドック）、ロワール、サヴォワなど、フランスの各地方で生産されていて、いろいろなタイプがあります。ルクセンブルク産の珍しいクレマンもあります。

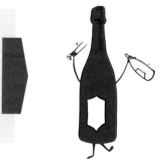

ちょっとした集まり

メトッド・アンセストラル（Methode ancestrale）、ペティアン・ナチュレル（Pétillant naturel）などはいかがでしょうか。「先祖伝来製法」で造られる前者は、アルコール発酵がまだ終わっていない段階でボトリングした弱発泡性ワインで、代表的なものとして、ブランケット・ド・リムー、クレレット・ド・ディー、ガイヤック、ビュジェ・セルドンなどがあります。ほんのり甘く軽やかな味わいなので、ランチ会、友人とのお茶会、食後のひと時に最適です。ペティアン・ナチュレルも同じ製法で造られますが、ヴァン・ナチュール（自然派ワイン）の弱発泡性タイプです。数はごく少なく、これまでの発泡性ワインとは趣の異なる、斬新なスタイルが魅力です。

発泡性ワインの甘辛度

フランスでは以下の7段階があり、ボトルのラベルを見ると辛口、甘口のレベルがわかるようになっています。

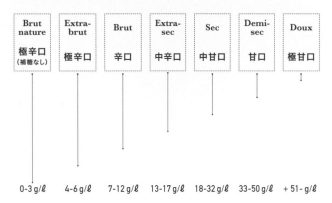

Brut nature 極辛口 (補糖なし)	Extra-brut 極辛口	Brut 辛口	Extra-sec 中辛口	Sec 中甘口	Demi-sec 甘口	Doux 極甘口
0-3 g/ℓ	4-6 g/ℓ	7-12 g/ℓ	13-17 g/ℓ	18-32 g/ℓ	33-50 g/ℓ	+ 51- g/ℓ

プロセッコ（Prosecco）：パーティーの新たな王様

この10数年間で驚くほどの成功を遂げたイタリアの発泡性ワイン。ヴェネツィアの代表的なカクテル、「スピリッツ」（アペロールまたはカンパリ＋プロセッコ）で特に有名となりましたが、本来はそのままで飲むべき、素晴らしい発泡性ワインです。

シャンパーニュよりもカジュアルなプロセッコは、若々しく今風なイメージがあり、どんなパーティーにも合う万能タイプです。上品な味わいと、エアリーで繊細な口当たりが好まれています。

一口にプロセッコといっても、辛口、甘口、きめ細かな泡、溌剌とした泡、など、そのスタイルは驚くほど多様です。微発泡性の「フリザンテ」（frizzante）もあれば、シャンパーニュのように泡立つ「スプマンテ」（supmante）もあります。シャンパーニュと同じ密閉型のタンクで醸造される高級なものもあれば、よりコストのかからない製法で造られるリーズナブルなものもあります。グレーラ（glera）という白ぶどう品種を主原料とするプロセッコは全て、ヴェネツィア周辺で生産されています。最上級クラスとして、DOCG認定の「コネリアーノ・ヴァルドッビアデーネ」（Conegilano Valdobbiadene）や「アゾロ」（Asolo）があり、その呼称はラベルに明記されています。

ワインを開けるタイミング

ワインをふるまう直前

フルーティーな辛口の白ワイン、軽めの赤ワイン、発泡性ワイン、シャンパーニュは、グラスの中で空気に触れさせるだけで十分に香りが開きます。

1時間前

発泡性ワイン以外のほぼ全てのタイプの白、赤ワインは、飲む1時間前に抜栓しておくとよりまろやかな味わいになります。ボトルのまま冷暗所に置いておくだけで十分です。

6時間前

フランス、チリ、アルゼンチンの若くて力強いワイン、イタリア、スペイン、ポルトガルの骨太なワイン、まだ非常に若い、頑強なワインの場合、食事の6時間前に抜栓して、3時間前からキャラフ（ガラス瓶）に移しておいたほうがいいものもあります。

なぜ、ワインを空気に触れさせるの？

酸素はワインに欠かせないパートナーですが、時には最悪の敵になることもあります。酸素に触れるとワインは変化、成長、熟成します。つまりワインにとって、酸素は時の経過を早める力を持つのです。

ワインと空気

ワインは呼吸しています。ボトルの中では液面とコルクの間のわずかな空間で、酸素に触れています。グラスに注いで、ワインに空気を含ませることで、アロマが開花し、タンニンがゆっくりと和らいでいきます。軽めのワインは、グラスの中で空気に触れさせるだけで十分です。

年代物のワインと空気

ブーケとタンニンがボトルの中で十分に磨き上げられる時間のあった年代物のワインは、空気に触れさせる必要はありません。反対に、急激に酸素を含ませると、すでにデリケートになっている香りが飛んでしまうことがあります。

ワインとキャラフ

ワインの中には、本来のポテンシャルを目覚めさせ、香りを十分に開花させるために、より大胆に、しっかりと空気に触れさせる必要があるものもあります。そこで登場するのがキャラフと呼ばれるガラス瓶です。ボトルからキャラフへ移し替えるキャラファージュを行うと、ワインの濃厚さと複雑さが増し、ストラクチャー（味わいの骨格）は口の中でよりまろやかになります。白ワインやシャンパーニュでもキャラフを使用したほうがいいものがあります。一般的に白ワインは赤ワインよりも酸素に敏感ですが、木樽で熟成された、オイリーでしっかりとした白ワイン（カリフォルニア、ブルゴーニュの上質なワイン、一部の特別なシャンパーニュなど）は、少しの間、キャラフに入れておくと、香りと味わいがより豊かになります。

キャラファージュは、ワインを空気に触れさせることを、デキャンタージュは、ボトルの中に沈殿した澱とワインを分離することを目的としています。若いワインにはキャラファージュを、年月の経ったワインにはデキャンタージュを行います。どちらの場合も、ボトルの中のワインを、キャラフと呼ばれるガラス瓶に移し替えますが、目的に応じて、違う形状のキャラフを使用します。

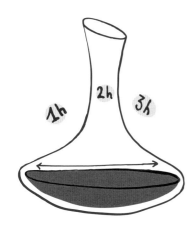

若いワインをキャラファージュする（空気に触れさせる）

どうして？
香りを十分に開かせるためです。また、若い赤ワイン特有の還元臭を消すこともできます。

その方法は？
ワインの力強さに応じて、食事の1時間、さらには2～3時間前にボトルの中のワインを、キャラフに一気に移し替えます。空気をより多く取り込むために、モロッコのミントティーを注ぐ時のようにワインを高い位置から大胆にキャラフへ注ぐというテクニックもあります。さらに、硬く閉じたワインを開かせるために、キャラフを横に振るのも効果的です。

どんなキャラフで？
ワインと空気の接触面積が広くなるように、キャラフは中央部が横に広く、底が浅いタイプのものを選びます。

年代物のワインをデキャンタージュする

どうして？
デキャンタージュは必須というわけではなく、細心の注意を必要とするテクニックです。年月が経つにつれて、タンニンと色素成分がボトルの中に沈殿し、澱を形成します。デキャンタージュは、この澱がグラスに入らないようにするために行います。

その方法は？
まず、食事の数時間前からボトルを縦にしておき、澱を底に沈殿させます。次に、明るい場所で、ワインを専用のキャラフに、ゆっくりと慎重に注いでいきます。ボトルの首の部分に黒っぽい物体が現れたら、すぐに注ぐのを止めます。それから、時間を置かずにワインをサーブします。ワインの質が酸素によって急速に悪くなる可能性があるため、デキャンタージュはワインをふるまう数分前に行うべきです。

どんなキャラフ？
空気との接触を抑えるために、中央部があまり膨らんでいない、幅の狭いもので、口の部分が狭まっているキャラフを選びます。

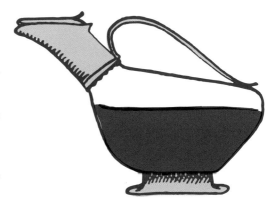

ワインの温度

ワインをサーブする時の温度はとても重要。香りの印象だけでなく、口の中で感じる味わいや舌触りにも影響するからです。試しに同じワインを8℃と18℃で飲み比べてみると、全く別のワインという印象を受けるでしょう。適温でないと、強い不快感を与えることもあるので要注意です。

高温：
特定のアロマを際立たせ、オイリーでまったりとした質感やアルコール感が強くなります。温度が高くなりすぎると、胸がむかつくような、ねっとりした重苦しい味わいになってしまいます。

全てのワインを同じ温度で出せばいいというわけではなく、それぞれのワインの個性に適した温度というものがあります。例えば、あまりフルーティーではない辛口の白は、酸味と爽やかさを楽しみたいため、低温で、時にはしっかり冷やして出すほうがいいでしょう。濃厚でスパイシーな赤は、タンニンを和らげて丸みを出したいので、室温と同じくらいの温度ででサーブします。

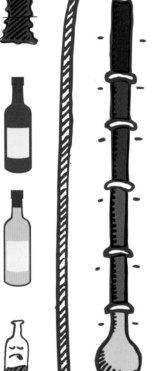

20℃以上：どのワインもNG

16-18℃：濃厚な赤ワイン

14-16℃：なめらかで果実味のある赤ワイン

11-13℃：濃厚な白ワイン、偉大なシャンパーニュ、軽やかな赤ワイン

8-11℃：極甘口ワイン、酒精強化ワイン、ロゼワイン、フルーティーな白ワイン

6-8℃： 発泡性ワイン、シャンパーニュ、酸味のキレの良い辛口の白ワイン

低温：
アロマが隠れ、酸味とタンニンが強くなります。あまり冷たすぎると、粗く硬い舌触りとなり、アロマが消えてしまうという残念な結果に。

 豆知識：ワインの温度は高すぎるよりも低すぎるほうがいい？

ワインを注ぐ時の温度は、高すぎるよりも、やや低すぎるほうがまだいいでしょう。グラスの中で温度が上がるからです（グラスに注いだ後、15分で4℃ほど上がります）。

 役立つワイン用語

「ワインを室温になじませる」という言葉をよく耳にしますが、この表現が生まれた時代の室温である17℃前後にするということに注意しましょう！

ワインの急速冷却法

通常、ワインは涼しい場所、冷暗所で保管されるべきです。
一般的に18℃以上の温度で保管すべきではありません。理想の温度は15℃です。
さて、この条件で保管できない場合はどうしたらいいでしょう？

3 ワインをふるまうまで 1時間もない場合

ワインクーラーに冷水と氷を半分ずつ入れ、一つかみの塩を投入します。塩には急激に温度を下げる作用があります。

1 ワインをふるまうまで 2〜3時間ある場合

適温になるまで冷蔵庫に入れておきます。

2 ワインをふるまうまで1時間しかない場合

氷水の入ったワインクーラーにボトルを入れます。冷凍庫に入れるのと同じぐらいの効果があります。または、冷水をしみ込ませたキッチンタオルをボトルに巻き付けて冷蔵庫に入れておくと、冷却が早まります。

パーティーの幕開け

お客様からワインをいただいた時のマナー

お客様が到着しました。プレゼントとして、1本のワインをいただきました。こんな時、その日に開けるべきかどうか迷ってしまいます。まずはお礼の気持ちを伝えて、ワインについてのコメントを聞きましょう。お客様がそのワインをすぐに飲みたいと思っているようであれば、パーティーで出しましょう。ただし、いただいたワインが料理にどうしても合わない場合は、次回のために取っておき、自分で予め用意しておいたワインを出します。

ワインがパーティーに合わない場合

パーティーの雰囲気に合わない場合（例えば、紙コップを使うカジュアルなパーティーにはもったいない高級ワインなど）：より相応しい機会のために取っておきます。
パーティーの料理に合わない場合（魚料理に濃厚な赤ワイン、肉料理に白ワインなどの場合）：次の機会で、いただいたワインに合う料理を出します。

ワインがパーティーに合う場合

▲ シャンパーニュまたはスパークリングワイン

十分に冷えたボトルをいただいた場合は、すぐに開けて、食前酒として出します。
冷えていないボトルをいただいた場合は、次の機会まで取っておきます。前菜によく合いそうなタイプのものであれば、急速冷却法で冷やします。
甘口タイプの場合、冷蔵庫に入れて、デザートの時にいただきます。

辛口の白ワイン

冷えていないボトルをいただいた場合は、急速冷却法で冷やし、前菜（ただし、ビネガードレッシング風味のサラダの場合を除く）に合わせて出します。
メインディッシュが魚料理、白身の肉料理、またはトマトベースではないパスタ料理の場合、一緒にいただきます。
チーズと一緒に味わいます。

▼ 赤ワイン

メインディッシュが赤身の肉料理、赤いソースを添えた料理である場合、冬場の窓際や冷蔵庫で30分ほど冷やしてから出します。

 豆知識：
お呼ばれのお礼に持っていくべきワイン

招待へのお礼として、ワインをプレゼントしたい時は、パーティーの前日に招待主に電話をして、メニューの大体の内容を聞いてから、適切なワインを選ぶことをおすすめします。

 ◀ 極甘口ワイン

冷蔵庫に入れておいて、デザートと一緒にいただきます。

どの順番でワインを出す？

数種類のワインを飲む場合、ワインをサーブする順番はとても大切です。順番が悪いと、最初に飲んだワインが、次のワインの魅力を奪ってしまうリスクがあります。舌を刺す、鈍らせる、締め付ける、混乱させるなどの事態を避けるために、細心の注意が必要です。

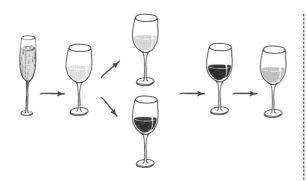

溌剌とした軽やかなワインから、骨太で力強いワインへと進めていくのが、基本的な順番です。
- 辛口の発泡性ワイン
- 辛口の白ワイン
- 濃厚な白ワイン、または軽めの赤ワイン
- 濃厚な赤ワイン
- 甘口ワイン

2番目に飲むワインが台無しになってしまう、残念な順番の例
- 極甘口のワインの後に、辛口のワインを出す。
- 食事の始めに、アルコール感の強い重厚なワインを出す。
- 力強いワインの後に、繊細で軽やかなワインを出す。
- 若々しいワインの後に、柔らかな古いヴィンテージのワインを出す。

 豆知識：類似したタイプのワインの場合

古いヴィンテージから若いヴィンテージへと飲み進めます。一般的に、古いヴィンテージのワインは、より繊細です。専門的な試飲会では、若いものから古いものという順番で味わうことが多いのですが、この場合、食事をしながらではないので、それほど舌に影響を及ぼしません。

ワインの注ぎ方

テーブルでボトルの栓を開けたら、まず自分のグラスにワインを少し注ぎます。これには2つの目的があります。1つは、開栓時にボトルに入ったかもしれないコルクのかけらを取り除くため。もう1つはワインの状態に問題がないか、味を見るためです。前もって味見をして、ワインをキャラフに移している場合は、このステップを省略します。

料理を出す時と同様に、まずは女性、次に男性という順にワインをサーブします（男女とも年配の方から若い方の順に注ぎます）。

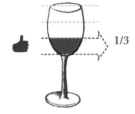

ワインを注ぐ量は、グラスの1/3以上にならないようにします。出し惜しみするということではなく、ワインに空気を含ませて、香りを開かせるためです。お客様にいい状態でワインを味わってもらうための気配りです。

自宅にグラスが十分にある場合は、ワイングラスの横に、水を入れたグラスを置くように心がけましょう。

お客様のグラスが空く前に、ワインを注ぎ足します。「もう結構です」、というサインがある場合は、それ以上無理にすすめないようにしましょう。

ワインの液垂れを防ぐコツ

大抵のボトルは、ワインを注ぐ時に滴がこぼれやすい形状になっています。厄介なのは、滴がボトルの下まで垂れて、テーブルクロスにシミが付いてしまうこと。面倒な洗濯を避けるための対処法が3つあります。

シミを防ぐボトルコースター
ステンレス製またはシルバー製のきれいなボトルコースターがあるので、その上にボトルを置きます。コーヒーカップのソーサーを代用してもいいでしょう。滴が垂れても、クロスが汚れる心配なし。ただし、常にボトルをコースターの上に置くようにしましょう！

液垂れ防止グッズ
滴を吸収する、あるいは滴が垂れないようにするグッズがたくさんあります。例えば、ボトルの首にはめる、ステンレスとビロード生地でできたリングは、滴を吸収してくれる。
また、とても便利なドロップ・ストップという、メタリックのフィルムを丸めて、ボトルの口に差し込むアイテムがあります。これを付けて注ぐと、液体のキレがよくなり、滴がこぼれません。

ハンドテクニック
ある程度の器用さ、あるいは練習が必要な液垂れ防止法。ワインを注いだ後、軽く手首を回しながら、ボトルの口を上に向けます。こうすると、滴はボトルの中に落ちます。

もしもの時、どうしたらいい？

ワインがおいしくない時

状態が悪かったせいか（P.50参照）、安いワインだからか。まず、原因を特定しましょう。

ビネガーの味がする？
調味料ケースに入れるか、シンクに流して捨てます。

コルク臭がしたら？
一旦飲むのを止めて、数分経ってからもう一度味を見てみましょう（コルクの臭いが弱まって、何とか飲める場合があります）。どうしてもだめなら、シンクに流します。

安いからイマイチ？

いいアイデアがあるので、捨てる前に下記の方法をぜひ試してみて。

白ワインの場合
− フルーツのリキュールを加えてキールを作ります。定番はカシス味。他にもフランボワーズ、桃、スミレ、マロン、マルベリーなどのリキュールがあります。
− 発泡性ワインにリキュールを合わせると、キール・ロワイヤルに。
− ロゼワインとグレープフルーツのシロップを合わせると、夏に大人気のサマー・キールに変身。
− また、白ワインに、オレンジの皮、オレンジジュース、グラン・マルニエを加えると、即席で爽やかなカクテルを作ることができます。

赤ワインの場合
− 夏であれば、フルーツとシナモンを漬けてサングリアを作ります（砂糖、炭酸水、ポルト・ワインを加えても美味）。
− 冬であれば、鍋にワイン、シナモン、クローブ、砂糖、オレンジを入れて温めて、ホットワインにしてみましょう。
− ディアボロ・ワイン：レモナードとブレンドします。
− カリモーチョ：赤ワイン50％、コーラ50％。
− コミュナール：赤ワインで作るキール。

ワインを何本用意したらいいかわからない時

フルボトル（750ml）はグラス6杯分（120mlの場合）です。発泡性の場合は、フルート、クープ7杯分。パーティーの時間、お客様の人数にもよりますが、最低でも一人3杯、パーティーが夜中まで続く場合は一人1本を目安として本数を揃えておくといいでしょう。友人の健康と品格が損なわれないように、食べ物を一緒に出すよう心がけて。

ワインクーラーがない時

街角のカフェではよくあること。ギャルソンに氷を頼みます。空のグラスに、氷を2個入れて、氷がグラス全体に触れるようにくるくる回します。グラスが曇ってきたら氷を取り出して、ワインを注ぎます。ワインが冷気と触れ、3分で数℃下がります。グラスワインを頼んだ時は、別のグラスと氷を頼んで同じ手順で冷やします。

プラスチックのコップしかない時

まだワインを買っていない場合は、果実味豊かなまろやかなワイン、セパージュ・ワイン（ぶどう品種名が明記されたワイン）を選んだほうがいいでしょう。ワインショップに行ったら、香りがすぐに立ち上るように醸造されている、「マセラシオン・カルボニック（炭酸ガス浸潤法）」のワインがあるか聞いてみてください。

ワイン・テイスティングのアイデア

テイスティングの楽しみは、いろいろなタイプのワインを鼻と舌で比較することです。

初心者の方は、正反対のタイプのワインを2本選んで、違いを知ることから始めます。経験をある程度積んだら、より複雑なテイスティングに挑戦します。試飲会を開く時は、なるべく同じ価格帯のワインを比較するようにしましょう。標準的なワインは10€程度、上質なワインは25€程度のものを選びます（高いと思われるかもしれませんが、参加者5名、ワイン2本の場合、一人当たりの参加費は10€です）。

初心者向けのアイデア

高級な赤ワイン

25€/本

ボルドーワインとブルゴーニュワインを比較します。ほぼ同じヴィンテージのものを選ぶようにしましょう。鼻腔でも口蓋でも、違いがはっきりとわかります。まず、香りについては、ブルゴーニュはチェリー、いちご、プルーン、さらにはキノコの香りがします。一方で、ボルドーはカシスなどのより黒い果実、スミレなどの花、タバコ、なめし革のアロマを放ちます。味わいについては、ボルドーは骨格と構成がしっかりしていて、タンニンが豊富。ブルゴーニュのピノ・ノワールは、より酸味があり、繊細で軽やかな風味が口の中に広がります。

カジュアルな赤ワイン

10€/本

ブルグイユとケランヌを飲み比べます。ブルグイユはロワール地方のワインで、主品種はカベルネ・フラン。グリオット、フランボワーズ、甘草のアロマが特徴的ですが、少しピーマンの香りがすることもあります。ぶどうの実を噛んだ時のような瑞々しい果実味が口いっぱいに広がります。ケランヌはコート・デュ・ローヌ地方南部のワインで、シラー種とグルナッシュ種で造られています。ブラックチェリー、マルベリー、胡椒などのスパイスの香りを放ちます。温かみのある、ふくよかで力強い味わいで、甘みも感じられます。

正統派の白ワイン

12-15€/本

ボルドー地方の白とブルゴーニュ地方、コート・ド・ボーヌ地区の白。ソーヴィニヨン種とセミヨン種（時々ミュスカデル種）を主品種とするボルドーの白は、レモン、菩提樹、時にはパイナップルなどが混ざり合った豊かな芳香を放ちます。対照的に、ブルゴーニュのシャルドネ種の香りの立ち方は控えめで、アカシア、レモン風味のメレンゲ、バターなどの香りがふわっと漂います。口の中に含むと、ボルドーは潑剌としていて爽やか、ブルゴーニュはよりまったりとした豊満な味わいで、舌にとろみを感じます。

ヴィンテージ（収穫年）の異なるワイン

10€/若いヴィンテージ
18€/古いヴィンテージ

同じ地方、同じAOCのワインで、ヴィンテージが若いものと古いものを比較します。産地はできるだけ狭い区画に限定し、（AOCボルドーよりAOCポムロル、AOCブルゴーニュよりもAOCシャブリから選ぶ）、同じ醸造元のワインを選ぶとさらにいいでしょう。2本のワインのヴィンテージの差は5年以上あると理想的。若いワインはフルーティー、フローラルなアロマで、樽の香りがすることもあります。古いワインは果実味と樽の香りは控えめで、なめし革やタバコ、キノコ、動物の毛皮などの複雑な香りを帯びています。若いワインは生き生きとした味わい、古いワインは穏やかな味わいです。

ワイン通向けのアイデア

同じ地方の複数のAOCを比較する
「馬跳び」テイスティング

例えば、ブルゴーニュ地方の白ワインのAOC、シャブリ、ムルソー、サン・ヴェランなどの違いを評価します。シャブリの凛々しさ、ムルソーの豊満さ、サン・ヴェランの気さくさ、など、同じシャルドネ種でも違いが感じられます。もう1つの例として、ボルドー地方のジロンド河岸の赤ワインのAOCをいくつか選んでみてもいいでしょう。メドックのエレガントなストラクチャーと、サン・テミリオンの心地よい滑らかさを比較してみてください。

同じ品種で産地が違うワイン

ブルゴーニュ、南アフリカ、アメリカのオレゴン州で生産されているピノ・ノワール種の赤ワインを比較します。すっきり辛口、濃厚、ほんのり甘め、などの違いが感じられます。

専門家向けのアイデア

ヴィンテージを当てる

同じワイン（同じドメーヌまたはシャトー）で、ヴィンテージの異なる3本のボトルを選びます。アルコールの強さ、酸味、果実の凝縮感などを比較して、ヴィンテージを当てることにチャレンジします。

テロワール（畑の区画）を当てる

アルザス地方の北から南にかけて、テロワールを3つ選び、それぞれで生産されたリースリング種の白ワインを比較します。例えば、グラン・クリュとして、キルヒベルク・ド・リボーヴィレ、ソンメルベルグ、キッテルレーなどがあります。

「海賊的存在（意表を突く）の
ワイン」のテイスティング

ワインの中には、意表を突く、驚きの表情を見せるものもあります。例えば、AOC サン・ブリは、シャルドネ種の王国であるブルゴーニュ地方で唯一、ソーヴィニヨン種から造られている白ワインです。ラングドック・ルシヨン地方のAOCリムーのシャルドネ種を使った白ワインの中には、素晴らしい爽快感を備えているものがあります。その他にも、ジュラ地方の白ぶどう品種のみで造られるクレマン、南西地方のワインだと思ってしまうほどパワフルなワイン、古いヴィンテージのバンドールの赤、「ボルドー風」に仕上げられたカリフォルニア州のカベルネ・ソーヴィニヨンの赤など、予想を裏切るワインが存在します。

À LA VÔTRE − 乾杯

Cheers!
（英語）

¡Salud!
（スペイン語）

Saúde!
（ポルトガル語）

Na zdorovie!
（ロシア語）
на здоровье!

Tchin, tchin!
（ケベック語）

Salute!
（イタリア語）

Yamas!
（ギリシャ語）
εια μα s

Prost!
（ドイツ語）

Kanpai!
（日本語）
乾杯

Saha!
（アラビア語）
صِحَّة

Skål!
（デンマーク語）

Mazel Tov!
（ヘブライ語）
מזל טוב!

Manuia!
（タヒチ語）

Gānbēi!
（中国語）
干杯

Egészségedre!
（ハンガリー語）

グラスを触れ合わせて乾杯するのはなぜ？

この習慣が生まれたのは中世の時代。当時は敵を抹殺するためにワインに毒を盛ることが多かったといわれています。グラスを合わせるのは、客人に対して敵意がないことを示すためでした。振動で各々の杯の中身が相手の杯に入るため、隣の客人に毒を盛っていないことを示すことができたのです。乾杯は信頼の証といえるでしょう。

チンチン！

乾杯の時によく使われる音頭。その語源には様々な説があります。グラス同士が触れる時の音を単に真似た擬声語だという説もあれば、中国語で飲み物をすすめる時に使う「どうぞ」を意味する「qing qing」の派生語だという説もあります。この表現はナポレオン三世の時代にフランスに伝わりました。

ワインと宗教

キリスト教

ワインはキリスト教の儀式に欠かせません。イエス・キリストによる最初の奇跡はカナの婚礼の最中に起きたもので、この時、彼は水をワインに変えたのです。イエス・キリストはパンとワインを、神と人間との間の契約の象徴としました。聖餐の時にはワインはキリストの血となります。「主は杯を手に取り、〈全てを飲みなさい。これは私の血である〉、と唱えながら民に与え給う」。もっとも、キリストは「控えめに飲む」ことには賛成でしたが、飲み過ぎは認めていませんでした。

ユダヤ教

婚礼と割礼の時、ワインは儀式の始まりと終わりに供されます。安息日の始まりに、ワインの杯を手にして、「創造主であり、葡萄の実の創造者」である神に、祈りの儀式と言葉「キドゥーシュ」を捧げます。ペサハ（ユダヤ教の過越祭）の間は、4杯のワインを飲む決まりとなっています。ただし、ユダヤ教は酔いや放蕩、偶像崇拝をもたらすとして、ワインの過度な摂取を戒める傾向にあります。

イスラム教

イスラム教徒にとって、ワインは快楽と禁欲を象徴するアンビバレントな存在。「乳の川と美酒の川が豊かに流れる」天国で許される快楽でもあるワインは、クルアーン成立の初期までは容認されていました。しかしそれから急速に人々を祈りから引き離す罪悪、不敬虔を象徴する飲み物と見なされるようになりました。「神がワインに永劫の罰を下された」。この戒律は時代や政情によってゆるめられることもありましたが、原則としてワインやアルコールの摂取は禁じられています。

アジアの宗教

アルコール（含むワイン）はヒンズー教では容認されていますが、仏教では不飲酒戒があり禁じられています。一方で、中国の道教では酒と酔いは人生の一部と見なされていて、日本の神道では神前式や神様への奉納などの祭式で米酒を供する風習があります。

ワインについて語ろう。
どんな場面でも通用する表現集

テイスティングの技法は知らないけれど、人前で気の利いたことを言えたら、おいしいワインについてコメントできたら、と思ったことはありませんか？
以下に挙げるフレーズを1つ選んで、納得顔で言ってみましょう。もしも、その場に専門家がいて、より詳しい感想を求められたら、その時はなんとか取り繕って、乗り切りましょう！

丁寧に醸造されたワイン。

このAOCの特徴が見事に反映されている。

香りには気品があり、味わいは濃厚。ストラクチャーがしっかりしていて、余韻が長く、奥行きがある。

第一印象は柔らかく、口の中で素晴らしい風味が持続する。

ミネラル感が際立ったワイン。

個性のはっきりしたワイン。口蓋をくすぐる、調和の取れたリッチな味わいで、余韻が素晴らしい。

アロマの力強さを感じる、凝縮された香り。舌触りは滑らかだが、タンニンの質感により、しまりがある。

深みのある美しい色調で、熟成感のある、表情豊かな贅沢な香りを放つ。滋味深い味わいで、絹のような質感だ。

調和の取れた、非の打ち所のないワイン。

美しいローブをまとった濃厚なワイン。アタックはキメの細かい滑らかな味わい。確立したスタイルだ。

長期熟成させると見事に開花する表情豊かなワイン。

色合いは素晴らしく、表情豊かな香り。率直で純粋な味わい。

香りはまだ少し閉じているが、すでに純粋さが際立っている。早く和らいでほしいものだ！

品種の特徴が優美に表現されていて、造り手の個性がよく出ている。

深みのある色調で、フルーティーな香り。そして豊満な味わい。何という複雑さ！

テロワールの特徴が見事に表れている！

パーティーが終わって

洋服のシミ抜き法

ああ、もう最悪！ お気に入りのシャツにワインがこぼれるまでは、パーティーは順調に進んでいたのに……。

赤、ロゼワインだと厄介です。

シミがまだ湿っている場合（こぼしてから 10 分以内）
以下の方法は忘れましょう。

▶ **塩**：布が変色して繊維が傷み、結局は染みが固定してしまうので NG。

▶ **熱湯**：特にデリケートな布の場合は NG。

▶ **漂白剤、重曹**：白い布以外には NG。

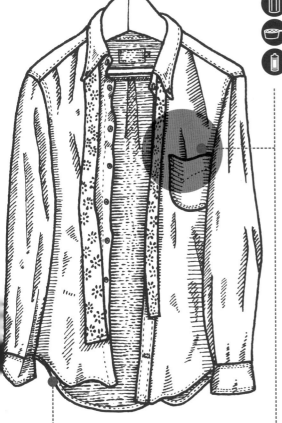

白ワインを 1 本使う。
理想的なのは酸味が強い、常温の、栓の開いた白ワインを戸棚に常備しておくことです。バケツに注ぎ、衣服を 1、2 時間浸し、時々、シミの部分をこすります。それから、白ワインで湿ったままの衣服を洗濯機に入れて洗います。

家庭にあるものを使う。
ペットボトルに水 1/3、家庭用アルコール 1/3、白ワインビネガー 1/3 を入れます。いつでもすぐ使えるように常備しておくのがベター。後は同様に、この溶液をバケツに入れて衣服を浸し、湿ったままの衣服を洗濯機に入れて洗います。

両方とも要領は同じです。酸とアルコールがしつこいシミの原因であるアントシアンを（溶解、脱色を速めて）溶かし出します。

白ワインやシャンパーニュがこぼれた場合
たいしたことはありません。丸い輪の跡が残ることがありますが、洗濯すると取れます。

シミが乾いてしまっている場合
一切手を付けず、できるだけ早くクリーニング店に持っていきます。

ワイングラスの洗い方

しっかり洗い上げたワイングラスとはどのようなものでしょう？　汚れをきれいに落とすのは言うまでもないことですが、臭いを付けないことが特に重要です。

洗浄

ピカピカに洗おうとして、洗剤の泡をグラスの底にしばらく入れておくのはNG。洗剤の臭いが付いてしまいます。

洗剤をたくさん使って、食洗器で洗うのは控えて。洗剤の香りがグラスに残り、ワインに苦い味が移ってしまいます。

 パーティーの後、すぐにグラスを熱湯ですすぐと、洗剤を使わずに汚れを落とせます。グラスの縁をスポンジでさっと拭い、水切りラックに入れて乾燥させるか、キッチンタオルで唇の跡の付いた縁の部分を集中的に拭きます。お湯が熱ければ熱いほど、汚れが残りにくくなります。

収納

ワイングラスホルダーがある場合、乾いたグラスを逆さに吊るします。食器棚の場合は、グラスの脚の部分を下にして、置きます。

段ボール箱への収納は避けるべき。独特の臭いがグラスに付いてしまいます。収納場所が他にない場合は、次にワインを注ぐ前に、グラスを水ですすぎます。

食器棚には、グラスを逆さにして置かないようにしましょう。密閉されたグラスの中に棚の臭いが籠もってしまい、次に使う時に、その臭いがワインに移ってしまいます。

開栓後のワインの保存法

パーティーの後、ワインが残ってしまうことがあります。その日のうちに、無理に飲み切る必要はありません。ボトルに半分ほど残った白ワインは、しっかり栓をして冷蔵庫で保管すれば、2〜3日はおいしく飲めます。赤ワインの場合は冷暗所で3日、冷蔵庫で4〜5日は十分に持ちます。

ボトル内のワインの残量と空気の量に注意します。残っているワインの量が多ければ多いほど、長持ちします。

ほとんど空に近い状態だと、ボトル内の大量の空気が底に残ったワインを攻撃し、急激に劣化させてしまいます。

また、開栓後のワインの賞味期限をさらに3〜4日延長させることのできる、優れたグッズも充実しています。密封性の高いボトル栓であるワインストッパーの他にも、瓶内の空気を最大限に抜き出し、瓶内の空隙を真空状態にするポンプ式ワインセーバーもあり、より効果的です。さらには、瓶内にガス（窒素と二酸化炭素）を充填して酸素を追い払うガスボンベも販売されています。シャンパーニュに関しては、24時間ほど泡を保つことのできる、特殊なシャンパーニュストッパーがあります。

残ったワインを料理に使いましょう

10日ほど前から冷蔵庫に入れっぱなしのワインの残りは、料理に活用できます。

ワインを使った伝統的な料理、デザート例

赤ワイン

- ポーチ・ド・エッグの赤ワイン煮
- ワインソースをベースとした料理：コック・オー・ヴァン（鶏肉の赤ワイン煮）、ブフ・ブルギニヨン（牛肉の赤ワイン煮）、庶民風煮込み（牛肉なしのブフ・ブルギニヨン。ベーコン、赤ワインに浸したじゃがいも、水とハーブを入れてトロトロになるまで煮込む）
- 赤ワインとスパイスに漬けた洋梨のコンポート、いちごの赤ワイン漬け、バニラ風味
- ジャム

白ワイン

- 仔牛または豚肉のソテー、キノコソース
- 鶏肉とモリーユ茸の煮込み
- オッソ・ブーコ（仔牛のすね肉の煮込み）
- ムール貝の白ワイン蒸し
- ホタテ貝のポワレ、ホワイトバターソース
- リゾット
- 魚の蒸し煮
- ツナソースのパスタ
- カエルのモモ肉のポワレ
- チーズフォンデュ

甘口の白ワイン

- サバイヨン（卵黄で作るムース状のクリーム）
- 洋梨のコンポート
- フルーツサラダ
- リンゴケーキ、ワイン風味
- 鶏モモ肉のワインソース添え
- フォアグラ

シャンパーニュ

辛口、甘口の白ワインと同じ料理に使えます。

二日酔いの特効薬

唯一の特効薬は、二日酔いにならないようにすることです……。

二日酔いの症状
頭痛、吐き気、強い疲労感などの症状がありますか？　前日に、ワインを何杯飲みましたか？
間違いありません。あなたは、明らかに二日酔いです。主な原因は腎臓からアルコールを排出したことによる脱水症状です。他には、メタノール（アルコールに内在する物質の一種）、ポリフェノール、特に粗悪なアルコール飲料中に存在する大量の亜硫酸塩（添加物）などの影響、低血糖症が挙げられます。

お酒を飲んだ日の夜にすべきこと
就寝前に水をたくさん飲みます。半リットル、できれば、1リットルがより効果的。頭痛を防ぐための最善策で、意識がまだはっきりしていれば、誰でもできる簡単な対処法です。余裕があれば、枕元にコップ1杯の水を置いて、夜中に喉が渇いたら、飲むようにしてください。

お酒を飲んだ翌日にすべきこと
朝起きたら、バナナかビタミンCを摂ります。ビタミンCは必要ですが、前日がぶ飲みしたアルコールの酸で胃が荒れている可能性があるので、酸味の強いオレンジジュースは避けるべき。プロテイン、ビタミン、糖分が豊富な果物（例えばバナナなど）を食べましょう。あるいは、ミネラルが豊富なブイヨンやスープもおすすめです。また、亜鉛を多く含んでいる牡蠣も非常に効果的です。

腹痛を和らげる方法
腹痛がある場合は、コップ1杯の水にコーヒースプーン1杯の重曹を溶かします。これを飲んで、酸によるダメージを和らげます。デトックス効果のあるハーブティーまたはカモミールティーを飲みます。紅茶やコーヒーは利尿作用があり、脱水を促進するので避けましょう。
胃に優しいお米を食べると、1日に必要な糖質を摂取できます。

最後の手段
トマトジュース、ウォッカ（少々）、セロリ、タバスコをベースとしたカクテル、ブラッディ・マリーを試してみます。トマトのビタミンCが元気を回復させ、メタノール含有量の少ないウォッカが、二日酔いの症状を緩和します。ただし、この特効薬には賛否両論があります。

「このワイン、すごく好きだ。特に気に入ったのは、この……」
「うん?」
「この香り……」
「この?」
「そう、ワインの香り、ワインのいい香りだ!」

大勢の人が経験したことのある場面でしょう。ギュスターヴもその一人。彼はワインが好きですが、ワインについては何も知りません。だから、いつも「おいしい」と言うだけで終わってしまいます。もちろん、それだけでも悪くないのですが、ギュスターヴはワインを味わう時に、何を感じ取り、何と言うべきか知りたいと思うようになったのです。彼は音感には自信がありませんが、それはワインには全く重要ではありません。その他の感覚を総動員するだけで十分です。冴えた目、よくかんだ鼻、きれいにすすいだ口、早く味わいたくてうずうずしている舌で、ワインを楽しみます。

そして「眺める」、「嗅ぐ」、「味わう」、「感じる」ことに意識を集中させます。それから知覚したものを形容詞で表現します。最初はひとつの言葉で十分です。繰り返し(でも「過度に」ならないように)経験していくと、ワインのテイスティングがそれほど複雑ではないことがわかってくるでしょう。

パーティーで、ギュスターヴはグラスに鼻をくっつけて、必要以上に感心した様子で、「おお!」とか「ああ!」とか唸ったりはしません。ワインの特徴をさっと評価して、パーティーを十分に楽しみます。そして、一口飲むたびに、ワインの変化を鼻と口で素早く、確認します。
ワインの楽しみは、量を多く飲むことではなく、味わって飲むこと。ギュスターヴはワインを見た目や銘柄だけで評価したりしません。ただ、ワインともっと親しくなりたいのです。

この章で、ギュスターヴと一緒にワインをもっと楽しみましょう。

GUSTAVE

ギュスターヴの章

テイスティングの心得を学ぼう

ワインのローブ（色）・ワインの香り

ワインの味わい・理想的なワインを見つけるためには

ワインのローブ（色）

なぜ、愛飲家たちはワインを飲む前に、グラスをじっと見つめるのだろうか？　物思いに耽ったふりをしているわけでも、グラスに映った自分に見惚れているわけでもない。これから飲もうとしているワインの状態を語ってくれる、色合いを観察するためである。ちょうど、洋服店に入る時に、ショーウィンドーのローブ（ワンピース）を見るのと同じで、ワインもローブ＝色を見よう。

色調

プロの技

ワインの色を評価するには、まず白いテーブルクロスの上に、グラスをかざす。それから、ディスク（液面）またはエッジ（縁の部分）を観察する。色調は、ワインの熟成度を教えてくれる。

どんな色調？

バイオレット

グリーン

若いワイン
赤：紫がかった色
白：緑がかった色

赤ワイン

白ワイン

ピークを迎えたワイン
赤：真紅、ルビー、ガーネット
白：レモン色、黄金色、麦わら色
飲み頃である。

オレンジ

オレンジ

年代物のワイン
（あるいは古すぎるワイン）
赤／白：レンガ色、オレンジがかった色

 役立つワイン用語

白ワインの色調を表現する言葉：緑がかった、灰色がかった、レモン色、麦わら色、黄金色、はちみつ色、赤胴色、琥珀色、栗色

赤ワインの色調を表現する言葉：紫がかった、紫色、ルビー色、ガーネット色、チェリー色、鹿毛色、マホガニー色、レンガ色、オレンジがかった、栗色

熟成ワイン

熟成したワインとは、必ずしも10年以上経ったものということではない。ワインはその骨格や保存環境によって、比較的早く熟成することもある。同じワインでも、温度差が激しい場所、空気や光に晒された状態で保管されたものは、12℃のカーブでゆっくり寝かされていたものよりも早く古くなる。熟成に長い年月が必要なワインは、10年経っても、新鮮な色合いを帯びている。反対に、1年目で飲み頃を迎えるワインもある。

色の濃淡

濃淡と年代

色調と同様、色の濃淡はワインの熟成度を教えてくれる。赤ワインは歳月が経つにつれて、色が淡くなっていき、色素が澱となって、ボトルの底に沈殿する。反対に、白ワインは年月とともに、色が濃くなっていく。そのため、1世紀以上経った赤と白は、同じような色合いになり、見分けがつかないことが多い。

濃淡と産地

一部の例外はあるとしても、一般的に、色の濃淡はワインの産地を語ってくれる。冷涼な気候のもとで育ったぶどうは、太陽が燦々と照りつける土地のものよりも淡い色のワインになる。ワイン造りに使用されるぶどうの品種は、地域と気候によって異なる。暑さに耐えるぶどうは、冷涼な気候のもとで育つぶどうよりも、果皮が厚く、色素を多く含んでいる。

赤ワイン

冷涼な気候から生まれた、軽やかで繊細なワイン。
（ブルゴーニュなど）

温暖な気候から生まれた、果実味豊かなワイン。
（ボルドーなど）

太陽の光が照りつける気候から生まれた濃厚なワイン。
（南西地方のマルベックなど）

白ワイン

冷涼な気候、または温和な気候から生まれた、溌剌としたフレッシュなワイン。
（ロワール地方のソーヴィニヨンなど）

温和な気候から生まれた、あるいは樽熟成させた、まろやかで香り豊かなワイン。
（コート・ド・ボーヌなど）

樽で長期熟成させた濃厚なワイン、または極甘口のワイン。
（ソーテルヌなど）

ロゼワイン

ロゼの場合、色の濃淡から、産地を知ることはむずかしい。

役立つワイン用語

色の濃淡を表現する言葉：淡い、薄い、強い、濃い、深い、暗い

色の濃淡と味わい

一般的に、淡い色のワインは濃い色のワインよりも酸味があり、繊細である。暗い色のワインは、大抵の場合、アルコール度数が高く、オイリーで甘みとタンニンが強い。

豆知識：ロゼワインの色合い

ロゼの場合、その色からは何も推察できない！　白や赤と違い、ロゼの色調や濃淡は、生産者の自由裁量で決まるからだ。生産者は、自分のイメージする色合いに近づいたら、着色の工程を止める。ロゼワイン造りには、黒ぶどう品種が使われる（ロゼシャンパーニュを除き、赤ワインと白ワインの調合は、欧州連合では禁止されている）。果肉そのものは無色であるから、果皮を果汁に浸漬して色を付ける。浸漬の時間が長けれ

ば長いほど、果汁の色は濃くなる。淡いピンク色に仕上げたい時は、素早く果汁から果皮を取り除く。色が濃いほうが、風味もアルコール感もより「強い」と思われがちだが、必ずしもそうではない。また、ロゼの色調は流行に左右されるということを知っておきたい。鮮やかなピンク色のロゼが流行った時期もあったが、現在は、淡い色調のロゼが主流で、さらに淡く、薄く、という傾向が見られる。

 役立つワイン用語

ロゼワインの色調を表現する言葉：灰色、アプリコット色、玉ねぎの皮色、サーモンピンク、バラ色、芍薬色、サンゴ色、さくらんぼ色、すぐり色、ざくろ色、フランボワーズ色、赤褐色

清澄度と輝き

色調と色の濃淡を鑑賞した後は、清澄度と輝きを見る。浮遊物があるか、靄がかかっているかをチェックする。

ワインの輝き

ごく稀に、微生物に汚染されて色がくすみ、飲めない状態になる場合がある。しかし一般的には、輝きはワインの外観のみに関係する特徴で、風味の傾向を示すものではない。

ボトルの底に沈殿した澱

たいした問題ではない。ワインの中の不安定な成分が結合して固まったものだ。澱は、酒石酸の結晶（白ワインの場合）、タンニン、色素（年代物の赤ワインの場合）でできている。澱の存在で、ワインが台無しになり、飲めなくなるということはない。もちろん、口の中でザラザラする感触はあまり心地よいものではないから、他の人のグラスには、瓶の底に溜まった澱を注がないようにしよう。

浮遊物のある、あるいは薄靄がかかったワイン

近年、ますますよく見られる特徴だが、昔とは違い、問題とは見なされなくなっている。かつては、ほどのワインも瓶詰めの前に濾過されていたので、濁りは欠陥だった。現在は、ワインを濾過しない、「ナチュラルワイン」の生産者が増えている。あまりきれいではない、うっすらと靄がかかったような外観になるが、風味が損なわれることはない。ノンフィルター・ワインの場合、「ワインが少し濁って見えることもありますが、品質には問題ありません」、とラベルに明記している生産者も多い。ただし、ひどく濁っているワインには要注意。

 役立つワイン用語

輝きと清澄度を表現する言葉：クリスタルのような、澄んだ、薄靄がかかった、濁った

ワインの脚と涙

ワインの脚は、その涙抜きで愛でることはできない。脚と涙はワインの同じ特徴、つまり、グラスの内壁に残るワインの滴の跡のことを指す言葉だからだ。鑑賞するには、グラスを2度回すだけで十分。そして、ワインの美しい脚を鑑賞しよう。もちろん、それが残っている場合に限るが。

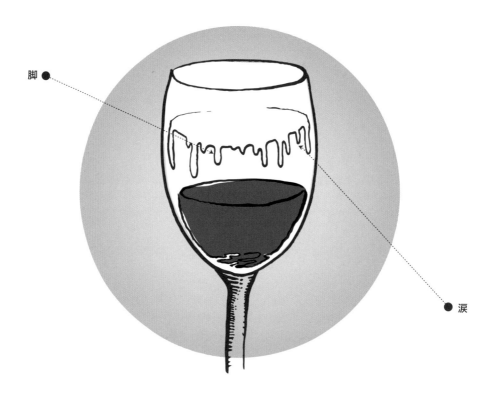

脚 ●

● 涙

ワインの涙は何を語ってくれる?

涙は、ワインのアルコール濃度と糖度を示している。涙が多ければ多いほど、グラスの中のワインは、より多くのアルコールと糖分を含んでいるということになる。例えば、さっぱりとした白のミュスカデは、ほとんど涙の跡を残さないが、コクのある赤のコスティエール・ド・ニームは、大泣きしたような涙の跡を残す。試しに、グラスに水とラム酒を別々に入れて比較してみてもいい。その差は歴然としている。

アルコール度数

グラスの中のワインの脚と涙を見て、アルコール濃度がだいたい想像できたとしても、必ずしも口の中でアルコールを強く感じるというわけではない。アルコール度数が14%以上のワインであっても、良質なものは強い酸味と、しっかりしたタンニンを備えているため、絶妙なバランスが保たれる。そのため、喉が焼けつくような感覚はなく、不思議にも調和のとれた味わいになる。

 豆知識：グラスの清潔度ですべてが変わってしまうので注意。

油のついたグラスでは、ワインは涙をだらだら流すことになるだろう。反対に、洗剤が残っていると、きれいな脚はすぐに消え去ってしまう!

泡の立ち方

言うまでもなく、泡立ちは発泡性ワインだけの特徴である！泡はスターだ。

泡の大きさ

発泡性ワインが上質なものであるかどうかは、グラスの中の泡の大きさを見ればわかる。グラスを目の高さまで持ち上げ、立ち上る泡のきめを見る。きめ細やかであればあるほどいい。じっくり時間をかけて丹念に発酵させたことの証である。泡が粗いワインは、必ずといっていいほど雑味を感じる。理想は、きめ細かい泡が潑剌と、1本あるいは数本の長い筋となって立ち上り、液面に泡の輪ができること。泡の輪はごく薄い、さらには消えてなくなりそうなほど儚いほうがいい。ビールの泡とは全く別物である。

泡の量

泡の量は、実はグラスの清潔度に左右される！目からウロコのような話だが本当だ。グラスがきれいであればあるほど、立ち上る泡の量は少なくなる。磨き抜かれた、表面がつるつるのグラスでは、泡はほとんど立たず、口に含んだ後でしか感じられないこともある。反対に、少し汚れた、または布拭きしたグラスでは、泡立ちが非常にいい。泡は、グラス壁面の微細な凹凸に触れて形成されるのである。ソムリエはグラスを布で拭くことをすすめるが、表面に付いた細かい繊維に泡が引っ掛かることで、泡立ちがよくなるためである。また、紙やすりなどでグラスの底をこすり、わざと傷をつけてみてもいい。

口の中に広がる泡の感触

泡を数えることにあまり時間をかけすぎないほうがいい。さっそく口に含み、泡の質を評価してみよう。デリケート、刺激が強い、気が抜けているなど、泡の質は様々である。

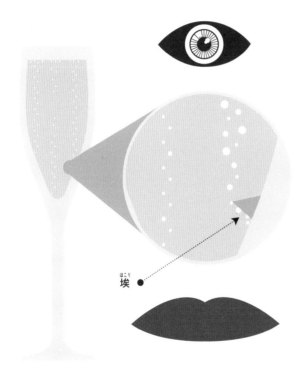

埃 ●

豆知識：
非発泡性ワインに、あるはずのない泡を感じた時

発泡性ではないワインに泡を感じたら？非常に若いワインにはよくあることで、アルコール発酵時に発生した炭酸ガスが残っているだけである。グラスを回すと微かな泡が立つ。

役立つワイン用語

非発泡性ワインは、「静止した」という意味でスティルワインと呼ばれる。口の中で感じられる、少量のCO_2が残ったスティルワインは、「微発泡」（ペルラン）と表現される。

ワインの香り

さあ、ワインの楽しみの控えの間に入る時が来た。香りは、味わいと同じくらいのワクワク感をもたらしてくれる。時には、香りはうっとりするほど魅惑的なのに、口に含むと味わいが乏しく、がっかりするという経験をすることもある。逆に言えば、香りを嗅ぐだけで、味わう前にそのワインに心を奪われることもあるということだ。

香りの嗅ぎ方

香りを立たせる。
香りを開かせるために、ワインに空気を取り込む。テーブルの上、あるいは（器用な人は）空中で、グラスの脚を小さな円を描くようにクルクル回す。

━1━

第一香
ワインをグラスに入れて、動かさない状態で感じる香り。テイスティングの時には、ワインをグラスの1/3以上は注がないこと。グラスいっぱいに注ぐと、香りが立ち上る空間がなくなる（レストランでもこのことを忘れないで。ソムリエはワインをなみなみと注いではいけない）。

第二香
空気に触れさせた後ではじめて表れる、あるいは変化する香り。通常、香りはよりはっきりとしていて強い。香りがあまり感じられない場合、ワインをしっかり回す。ワインがまだ眠りから覚めていない状態のことを、「閉じている」と表現する。

年代物のワイン、偉大なワインの場合
香りが飛んでしまう可能性があるので、ワインをあまり揺らさないようにしよう。グラスをゆっくりと傾けて、グラスの真ん中、端、というようにいろんな箇所で香りを嗅ぐ。ブーケの複雑さを感じるには、このやり方で十分だ。

豆知識：
香りは思い切り吸い込むよりも、くんくん嗅ぐほうがいい。

鼻の中に香りが充満してしまうので、一気に吸い込まずに、犬たちのように、くんくん嗅ぐほうがいい。頭の中がぼーっとして何も考えられなくならないように、香りは数回に分けて、ちょっとずつ嗅ぐべき。集中しやすいように、目を閉じてみてもいい。ひとつの香りに気を取られないで、全ての香りに身をゆだねよう。

香りの種類

香りの代表的な系統

ワインの世界には100以上の香りが存在する。 何の香りか、そう簡単に嗅ぎ当てられるわけではない。テイスティングの専門家は、香りをいくつかの系統に分けている。 代表的な系統とそこに分類される香りは、さらに細分化することもできる。果物は核果類、漿果類、果樹類などに分類することもできる。さらに、例えば、りんごなどを品種別に区別してもいい。

嗅覚を鍛える

リストの中で、どんな香りかわからないものがある? まずは、それぞれの香りを想像してみよう。それも無理な場合は、とにかくいろんな香りを嗅いで回る。季節の果物や花を買い、香水店に行き、チョコレートをかじり、森の中を散歩し、さらには石を舐めてみる! 音楽家が音階の練習をするように、テイスティングをする者も、鼻を鍛えなければならない。 代表的な香りを小瓶に詰めたアロマキットを試してみても面白い。

果実

柑橘類						
	ベルガモット	レモン	ライム	マンダリン	オレンジ	グレープフルーツ

赤い果実					
	チェリー	いちご	野いちご	フランボワーズ	すぐり

黒い果実					
	カシス	ダークチェリー	いちじく	マルベリー	ブルーベリー

南国の果実						
	パイナップル	バナナ	パッションフルーツ	ざくろ	ライチ	マンゴー

果実

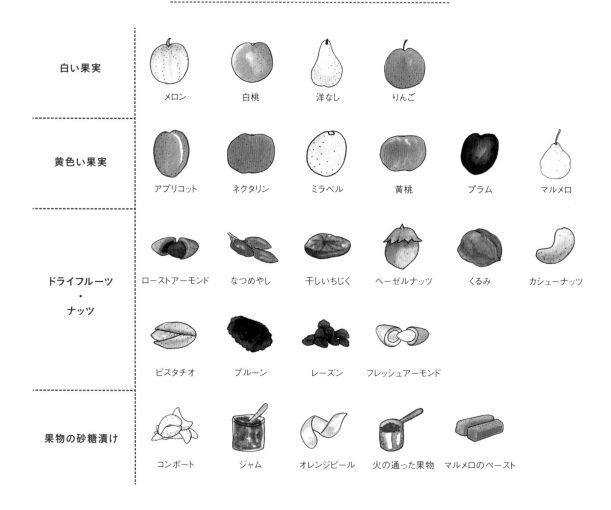

白い果実

メロン 白桃 洋なし りんご

黄色い果実

アプリコット ネクタリン ミラベル 黄桃 プラム マルメロ

ドライフルーツ・ナッツ

ローストアーモンド なつめやし 干しいちじく ヘーゼルナッツ くるみ カシューナッツ

ピスタチオ プルーン レーズン フレッシュアーモンド

果物の砂糖漬け

コンポート ジャム オレンジピール 火の通った果物 マルメロのペースト

砂糖菓子

グミ マシュマロ

花

アカシア

西洋さんざし

カモミール

スイカズラ

オレンジの花

ニオイアラセイトウ

アイリス

ジャスミン

ライラック

カーネーション

芍薬

バラ

スミレ

（花の延長として）
蜂蜜

菓子

フレッシュバター

ビスケット

ブリオッシュ

カスタードクリーム

生クリーム

ミルク

酵母

パンの身

タルト生地

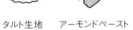
アーモンドペースト

ヨーグルト

樹木

バルサ

新しい木材

杉

オーク

ココナッツの実

パチョリ

松

樹脂

白檀

植物（フレッシュ / ドライ）

 レモングラス

 ユーカリ

 フェンネル

 干し草

 シダ

 牧草

 ラベンダー

ミント

 ピーマン

ニワトコ

タバコの葉

茶の葉

 菩提樹

レモンバーベナ

  ガリーグ
（南仏の野生ハーブ）

スパイス、ドライハーブ

 アニス

シナモン

クローブ

 コリアンダー

 カレー粉

 ジンジャー

 ローリエ

 ナツメグ

 白コショウ

 黒コショウ

 甘草

 ローズマリー

 タイム

 バニラ

 サフラン

 パプリカ

ロースト香、トースト香、焙煎香

（焦げ臭とも呼ばれる）

 カカオ豆

 コーヒー豆

 キャラメル

 チョコレート

 スモーク

 タール

 モカ

 トーストパン

 プラリネ

森の下草

マッシュルーム

枯葉

ジロール茸

腐葉土

苔

土

トリュフ

動物

龍涎香
りゅうぜん

蜜蝋

ジャコウネコ

なめし革

毛皮

ジビエ（狩猟肉）

肉汁

ジャコウジカ

ミネラル

チョーク

小石
（熱を帯びた）

炭化水素
（石油と軽油の中間）

ヨード

火薬（花火）

火打ち石
（熱を帯びた）

ミネラルのニュアンスは珍しいが、存在する。ミネラル香を感じたら、ほぼ確実に、上等なワインだ。

不快臭

ダンボール

カリフラワー

馬小屋

ゼラニウム

コルク

かび

玉ねぎ

腐ったりんご

腐敗物

酸敗した悪臭

物置

雑巾

硫黄

汗

猫のおしっこ

酢

季節の移り変わり

ワインの香りは不変ではない。ボトルの中で熟成し、年を重ねるにつれて変わっていく。パーティーの最中でも、最初に注いだ時と食事の終わる頃とでは、香りは変化している。

ワインのライフサイクルとシーズン

ワインにもライフサイクルがある。若々しい時期が過ぎると、だんだん成熟して最盛期を迎え、その後、徐々に老いていき、命の灯は消える。このライフサイクルの中で、ワインの香りは季節の移り変わりを反映している。若々しいワインは春の香りをまとっている。成長していくと夏のニュアンスが強くなる。飲み頃である最盛期と、衰退が始まる頃には秋の香りを、そして終生期には冬の香りを帯びる。ライフサイクルはワインの寿命とその熟成度を知るいい方法だ（熟成度はワインによって非常に異なる。5年経って、まだ若々しさを保っているものもあれば、すでに古くなっているものもある）。

 青年期のワイン
春
新緑、瑞々しい植物、新芽、花、新鮮な果物、酸味のある果実、キャンディー

 成年期のワイン
夏
ドライハーブ、香味料、熟れた果実、火の通った果物、スパイス、樹脂、トースト香、焙煎香、石油などのミネラル香

 熟年期のワイン
秋
ドライフルーツ、フルーツのコンポート、蜂蜜、ビスケット、森の下草、キノコ、タバコ、なめし革、毛皮、その他の動物香

老年期のワイン
冬
砂糖漬けの果物、ジビエ、ジャコウジカ、龍涎香、トリュフ、土
古すぎるワイン：腐りかけた肉、腐った果物、カビの生えたキノコ。そして、最後には何の香りもしなくなる。

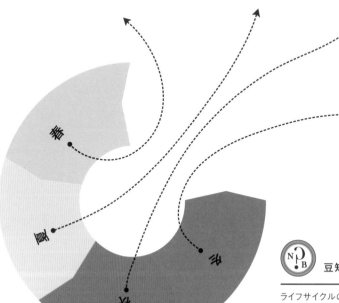

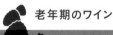

豆知識：ワインによって黄金期は違う。

ライフサイクルのどの段階でも素晴らしいというワインは滅多にない。優美な秋のブーケを帯びるワインが、若い時に同じくらい魅力的であることは稀である。人間と全く同じだ。年配の哲学者が、才能あるサッカー選手であることは滅多にない。

第一アロマ、第二アロマ、第三アロマ

発酵とアロマ

アロマの大半は、ワイン醸造中に表れる。ぶどうは、品種によってその強度は異なるが、その中にアロマのポテンシャルを秘めている。しかし、このポテンシャルはワインを生み出す発酵の過程なしには表出されない。さらに、醸造や熟成の過程で、ぶどう本来のものではない、別のアロマ

が表れてくる。ワイン造りは単にぶどう果汁をアルコールに変えることではなく、複雑なアロマを創造する営みでもある! ワインの醸造は三段階に分けられ、第一アロマ、第二アロマ、第三アロマに分類される。

1 第一アロマ

ぶどうの中に存在するアロマで、アルコール発酵時に抽出される。
果実、花、植物、ミネラル

2 第二アロマ

酵母の働きにより、あるいはマロラクティック発酵の過程で生成されるアロマ。
砂糖菓子、ケーキ類

3 第三アロマ

樽熟成、ボトルの中での長期熟成によって表れるアロマ。
樹木、スパイス、焦臭のニュアンス（トースト香、焙煎香）、森の下草、動物香

 役立つワイン用語

ブーケとは、成熟したワイン、年代物のワインの香りのことを指す。その大部分は第三アロマに由来するが、年月を経て変化し、物が古色を帯びるように深みを増した第一アロマも少し含まれる。フラワーアーティストの花束と同じように、偉大なワインの魅力は、ブーケのハーモニーにある。

不快な臭いがする！

ワインから変な臭いがしている？ 残念ながら、改善策はあまりなく、ワインをシンクに流して捨てるしかない。

改善不能な欠陥臭

ワインには、様々な種類の不快臭が発生する可能性がある。それぞれの臭いには原因がある。

ぶどうが十分に熟していなかった。
猫のおしっこ、芝生、緑ピーマンの臭い。

コルク臭がする（ブショネ）。
コルク樫に付いたバクテリアに汚染されている（100本に3〜5本の割合で発生している）。カビ、腐ったコルクの臭い。

ワインが酸っぱくなっている。
お酢、除光液の臭い。

ワインの保管状態が悪かった。
日光に晒されたり、湿った段ボール箱で保管されていたりすると起こる。埃、ボール紙の臭い。

ワインが酸化している。
マデイラ・ワイン、くるみ、腐りかけ/腐ったリンゴの臭い（ただし、マデイラ・ワインなどの酸化熟成型ワインの場合は、これらの臭いは欠陥ではない）。

メルカプタン臭がする。
酸素不足で硫黄化合物を発生させる酵母が原因である。腐った卵、いやな口臭の臭い。

ブレタノマイセス（酵母の一種）に汚染されている。
通称「ブレト」。ワインの育成中に起こる微生物汚染によって生じる。汗、馬小屋、雑巾、糞の臭い。

還元臭：若さゆえの欠点

ワインが還元的な状態（強い酸欠状態）にある。
キャベツ類、腐った玉ねぎ、おならの臭い。（他の欠陥臭と同じぐらい不快だとしても、）この臭いは一時的なものなので、ワインの欠陥の中でも軽症と言える。弱いメルカプタン臭と表現することができる。この還元臭は酸素不足によって発生する。

ワイン本来のいい香りを回復させることが可能である。

ワインを空気に触れさせる。
豪快なキャラファージュを行い、さらにキャラフ（ガラス瓶）をしっかり、グルグルと回す。最悪の場合、臭いが消えるまで数時間かかることがある（そう、残念ながら、今夜のディナーには間に合わないので、明日まで待たなければならない）。こうすると、臭いが消える。

銅を入れる。
緊急の場合は、キャラフに（清潔な！）銅の小さな塊を入れる。銅が硫黄分子を沈殿させる。

テイスティング時のトラブル

鼻が詰まっている。ワインが閉じている。

風邪を引いている。
呼吸経路が塞がっていて、粘液が詰まっている。こんな状態では、ワインの香りも味もわからない。がっかりするかもしれないが、まずは風邪を治して、次の機会にワインを楽しもう。

ワインが閉じている。
瓶詰めされてから数か月間は、ワインは閉じ込められたことに拗ねて、縮こまっていることがある。この気難しい時期は何か月も続くことがある。この場合、ワインをキャラフに移し替えて空気に触れさせ、目覚めさせる。中にはすごく頑固で、開くまで数時間かかるワインもある。パーティーの間にどうしても開かない場合は、翌日のランチまで取っておこう。

いやな臭いがする。

ワインを開ける時は、様々なトラブルに遭遇する可能性がある。空隙のあるコルクは空気を浸透させ、ワインを劣化させる。バクテリアで汚染されたコルクは、コルク臭（ブショネ）を発生させる。汗、おしっこ、堆肥など不快臭を放つワインもある。ワインの楽しみには、がっかりするリスク、お金を無駄にするリスクが常に伴う。こんなこともあるさ、と受け流して、たとえ飲めなくても、いつまでもぶつぶつ文句を言わないようにしたい。いいワインはパーティーを盛り上げてくれるが、悪いワインで場の雰囲気まで台無しにすることはない。

他の人とは違う香りを感じる。

グラスに注がれたワインから、あなたは素晴らしいルバーブの香りを感じた。だが、ピンチ！ソムリエは、「どうです、グレープフルーツの心地いい香りがするでしょう？」、とコメントしている。うーん、でも、どうしてもそんな香りはしない……。心配ご無用。香りの感じ方には個人差がある。嗅覚は、個人の食体験だけでなく、遺伝形質にも左右される。隣人のコメントに影響されず、自分自身が感じ取った香りに集中することが大切。ルバーブの香りを感じたのが一人だけだったとしても、ためらわずにコメントしよう。また、興味深いことに、人間は自分が嫌いな匂いをより敏感に感じ取るものだ。

ワインの味わい

ワインの味の利き方

ワインの味の利き方は二通りある。まず、ワインを口に含まないことには何も始まらない。

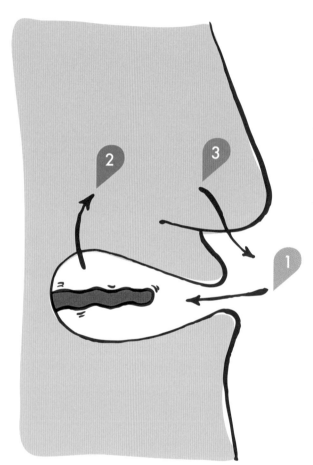

ワインを口の中で転がす。

試飲家がワインを口に含んで、ヒュルヒュルというおかしな音を立てているのは、ワインを口の中で転がしているから。ワインがまだ口の中にあるうちに、少し空気を吸い込む。
やり方を簡単に説明しよう。

1. 口を尖らせる。

2. 口から空気を吸い込む。ワインを空気に触れさせるために舌で転がし、温め、アロマを開かせる。

3. アロマを含んだ空気が循環し、嗅覚受容体に届くように、鼻から息を出す。

ワインを噛む。

そう、ビーフステーキを噛むように！ この方法はより簡単で、転がすのと同様の効果を得られる。アロマは十分に開花する。

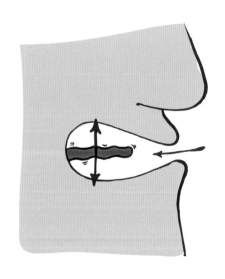

好みの方法を試してみよう。2つの方法を組み合わせることもできる。口の中で転がしてから噛む（順番は逆でもよい）。さらに、舌を口蓋に打ち付けて鳴らしてもよい。目的は**ワインの全ての風味**、つまり、味（甘み、酸味など）、口中香、触感（ピリピリ感、渇きなど）を感じ取ることである。

味の種類

 苦み：

かすかな苦みは、エレガントなワインの印である。白ぶどう品種の中には苦みを含むものがある。例えば、マルサンヌ種（コート・デュ・ローヌ地方）、モーザック種（南西地方）、ロール種（南東地方）など。苦みが強すぎる、あるいは渋みが伴うと、不快な味わいになる。苦みは他の味の後で、数秒間、「後味」として感じられることが多い。チコリ、ビール、強いお茶、コーヒーなどを口にする習慣がない人は、苦みにより敏感だ。

 甘み：

言うまでもなく、甘口ワインに顕著である！　ソーテルヌなどの甘口、極甘口の白ワイン、ボーム・ド・ヴニーズのミュスカ、モリー、バニュルスなどの天然甘口ワインまたは酒精強化ワインなどは糖度が高い。糖分が0g/ℓに近いものもあれば、200g/ℓ以上のものもある。甘みは口に含むとすぐに感じられる。糖分は多く取れば取るほど、感じにくくなる。

 塩味：

ミュスカデなどのすっきりした酸味のある白ワイン以外では、ほとんど感じられない。「塩気がある」と表現される。

 酸味：

ワインの脊柱とも言える、ワインが「しっかり立つために」必要不可欠な要素である。
酸味のないワインに未来はない。ほどよい酸味があると、唾液が分泌されて、食欲が出る。
反対に、酸っぱすぎると、口の中に不快感が広がり、舌や喉にピリピリした刺激を感じる。

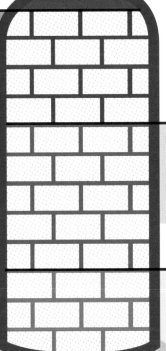

非常に甘い：

極甘口（糖度が45g/ℓ以上）の白ワイン。アルザス地方のセレクション・ド・グラン・ノーブル、ボルドー地方のソーテルヌ、バルサック。南西地方のモンバジャック、ジュランソン、ロワール地方のボヌゾー、カール・ド・ショーム、ヴーヴレー、ドイツのトロッケンベーレンアウスレーゼ、ドイツ、オーストリア、カナダのアイスワイン、ハンガリーのトカイなど。

甘い：

甘口の白ワイン。アルザス地方の遅摘みワイン、ロワール地方のコトー・デュ・レイヨン、モンルイ、ヴーヴレー。南西地方のジュランソン、パシュランク・デュ・ヴィク・ビル、コート・ド・ベルジュラック、ドイツのアウスレーゼなど。

ほのかに甘い：

中辛口、中甘口のシャンパーニュ、ロワール地方の中甘口の白ワイン（モンルイ、サヴェニエール）、南部の一部の赤ワイン、地中海地方の一部の白ワインなど。

 役立つワイン用語

酸味の強弱を表現する言葉（弱→強）：
平板な、張りのない、爽やかな、溌剌とした、すっきりと筋の通った、刺すような、攻撃的な

とろみがあるか、ピリピリするか

舌では味の他に、いろんな触感を感じる。例えば、金属のような（不快な）、ピリッとする、ねっとりする、熱くなるような、などの触感がある。

粘度

アルコール：度数が高すぎると、喉が焼けるように熱くなる。
グリセロール：発酵中に発生し、ワインにコクが生まれる。バターのような口当たり。
このオイリーでなめらかな感触はワインのタイプによって異なる。

ワインのストラクチャー

ワインのストラクチャーは主に2つの感覚、つまり酸味と粘度によって評価される。ワインの特徴は、下記のような図で表現することができる。特徴的な4つの例を挙げる。

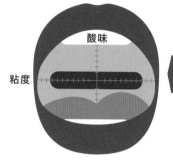

アルコール感が強く、温かみのある、どっしりした、さらには肉厚すぎるワイン。魅惑的でパワフルな赤ワイン。ただし、酸味が不足していると、喉が焼けるように熱く感じ、口の中が疲れ、ムカムカする味になる。例えば、日光を浴びすぎたぶどうで造られたワイン、酸味が不十分な甘口のワインなどである。
フランス南部のラングドック地方、南アメリカ、カリフォルニアの赤ワイン

フレッシュな、生き生きとした、酸味のやや強い、角々しい、さらには刺激の強いワイン。
きりっとした辛口の白ワイン、飲みやすく爽やかな、「喉ごしのいい」赤ワインに当てはまる。ただし、十分に熟していない、糖分が凝縮していないぶどうを使ったワインは、酸味が強すぎてピリピリする。
白ワイン：アルザス地方のピノ・ブラン、ロワール地方のミュスカデ、ブルゴーニュ地方のプティ・シャブリ、ボルドー地方、ジュラ地方またはサヴォワ地方のワイン
赤ワイン：ロワール地方、ボージョレー地方のガメ、ブルゴーニュ地方のピノ・ノワール

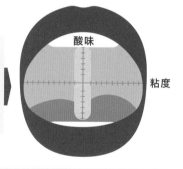

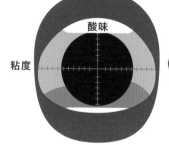

コクがある、凝縮感のある、豊満な、フルボディのワイン。
素晴らしいワイン！　酸味と粘度のバランスが申し分ない力強いワイン。非常に心地いい口当たり。長期熟成に向いていることが多く、またお値段も張る。
白ワイン：ブルゴーニュ地方、ボルドー地方、ロワール地方、ラングドック地方のワイン
赤ワイン：ボルドー地方、コート・デュ・ローヌ地方、南西地方、ブルゴーニュ地方のワイン

役立つワイン用語

粘度の強弱を表現する言葉：(弱→強) しまりのある、なめらかな、丸みのある、まったりした、とろみのある

弱々しい、薄い、生気のない、水っぽいワイン。
いずれにしても、いいワインではない。飲むべきではない。

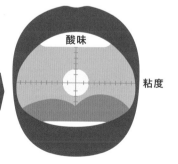

どんな太ももをしている？

「うーん、このワインは、実に肉付きのいい太ももをしている！」ラブレーがよく使ったこの古い表現は、丸みがあり、肉厚で魅惑的、しかも酸の筋が通ったワインのことを指す。現在では、専門家もほとんど使わなくなった表現だが、それぞれのワインがどんな太ももをしているか想像してみるのも面白い。例えば、ラングドックのカリニャン種の赤は、スポーツマンのようなたくましい、男性的な太もも。ブルゴーニュの赤はすらりとした、華奢な太ももと表現できるだろう。シチュエーションに合わせて、飲みたいワインを選ぼう！

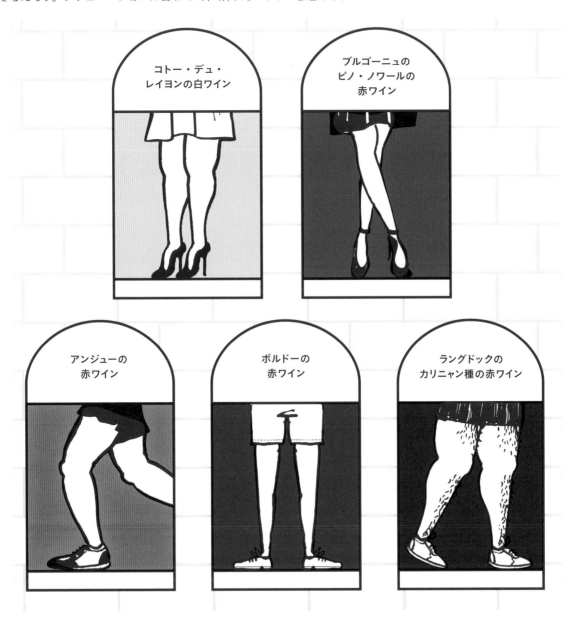

コトー・デュ・レイヨンの白ワイン

ブルゴーニュのピノ・ノワールの赤ワイン

アンジューの赤ワイン

ボルドーの赤ワイン

ラングドックのカリニャン種の赤ワイン

ワインのタンニン

ワインを味わうための基本要素であるタンニン。タンニンは、何と言っても赤ワインの決め手となる成分のひとつである。ロゼワインにも含まれることがあるが、一般的に白ワインには含まれない。

タンニンとは何か？

タンニンは舌、口蓋全体が渇くような感触を与える成分である。煎じすぎたお茶を飲んだ時と同じ感覚だ。タンニンがほとんどない赤もあれば、たっぷり含まれる赤もある。タンニンの特徴は様々で、上品であったり、渋みがあったり、さらには口の中が収斂し、やすりで削られるような感覚がすることもある。反対に絹のスカーフのようになめらかなものもある。

タンニンはどこからくるのか？

タンニンはぶどうの果皮、種、果梗に含まれている（茎の部分は、タンニンが強すぎるため、果実の圧搾前に取り除かれることが多い）。
白ワインとは違い、赤ワインの醸造では、搾られたぶどう果汁に、しばらくの間、果皮と種を浸漬させる。この過程でタンニンが果汁に抽出されるのである。タンニンはワインにストラクチャーを与え、長熟のポテンシャルを約束する成分である。

 役立つワイン用語

タンニンの量の違いによって、以下のような表現方法がある：
口当たりのいい、柔らかな、タンニンが豊かな、収斂性のある、渋い。
タンニンの特徴は以下のように表現できる：
荒削りな、ざらざらした、きめ細かい、シルキーな、なめらかな。
以上をまとめると、イラストでは以下のように表すことができるだろう。

タンニンがほとんど感じられない	攻撃的で荒削りなタンニン	収斂性のあるタンニン	きめ細かいタンニン	シルクのようになめらかなタンニン

口中香について学ぼう

鼻だけでなく口の中でも香りを感じていることを知っているだろうか。口中香、あるいは後鼻腔性香気と呼ばれるものであり、私たちは毎日、食べながら実感している！

嗅粘膜を刺激する方法は２つある。鼻先から入ってくる香りと、喉の奥から鼻に抜ける香りである。この方法で、私たちは食物の「味」を知覚することができる。試しに、食べている時に鼻をつまんでみるといい。何を食べているかわからなくなるだろう。口中香が弱いワインもあれば、強いワインもある。喉の奥から鼻に抜ける経路は、すでに鼻先で感じていた香りを再確認する、あるいは、最初は感じられなかった新たな香りを感知する役割を果たす。プロの試飲家の中には、後鼻腔は、食事の時に鍛えられているので、鼻先よりも敏感であると言う人もいる。

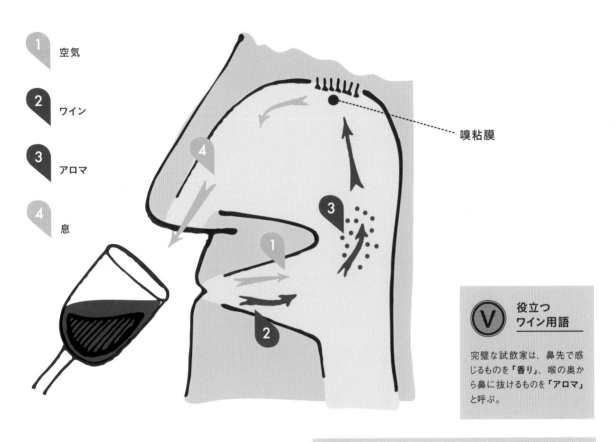

1 空気

2 ワイン

3 アロマ

4 息

嗅粘膜

> ## Ⓥ 役立つ ワイン用語
>
> 完璧な試飲家は、鼻先で感じるものを「香り」、喉の奥から鼻に抜けるものを「アロマ」と呼ぶ。

ワインを飲んだ後で、風味がまだ残っている。

飲み込んだワインが、数秒間、口の中にまだ残っているような感覚がすることがある。これはワインの余韻というもので、飲んだ後に口中に残る味わいや鼻に残る香りが持続することを言う。この感覚は長く続くこともある。この余韻の長さもワインの重要な特徴のひとつである。余韻が長ければ、いいワインという印。もちろん、心地いいものに限る！

> ## Ⓥ 役立つワイン用語
>
> コーダリーは、余韻の長さを図る単位。つまり秒のことである。口の中に残る余韻が、７秒続く場合は、余韻が７コーダリーのワインとなる。だが、試飲家の間では気取った表現という声も多く、あまり使われなくなっているので注意しよう。

ブラインドテイスティング

照明を消して何も見えなくするということではない！ ブラインド・テイスティングとは、ボトルのラベルを見ずに、生産地、産年、価格などの情報を一切知らない状態でワインの味を利くことである。ワインを知るための最も客観的かつ教育的な方法である。私たちを時に惑わす視覚の影響をシャットアウトするために、黒いグラスで味わう方法もある。

視覚の影響

視覚は私たちが日常生活の中で一番依存している感覚で、他の感覚に影響を及ぼす。私たちの判断を誤らせ、脳の他の部分に作用することもある。例えば、本当はおいしい料理でも見た目が悪いとまずそうに見える（仔牛の脳みそや昆虫の炒め物など）。ワインの場合、名高い産地が表示されていれば、それだけで上質そうに見える。視覚の影響についてはいろいろなテストが行われ、専門家の判断を惑わすことも実証されている。中身のワインは同じでも、有名なテロワールと高価格を表示したラベルを貼ると、平凡な産地と低価格を表示したラベルを貼ったものよりも上質と判断される。驚くべきことに、白ワインを赤く着色しただけで、赤ワインの特徴である赤い果実の香りを感じるテイスターもいる。嗅覚はとても気まぐれで、他の感覚に影響されやすい。テイスティングの時は、特に見た目に惑わされないように心がけよう。

地方名 - - - - - - - - -

名高いAOC - - - - - - - - -

黒いグラスでテイスティング

赤ワインと白ワインを混同することなどあるのだろうか？ それが意外とあるのだ。不透明な黒いグラスは究極のテイスティングを体験させてくれる。色を識別するために、まず鼻が香りを嗅ぎ分けようとする。柑橘類、ブリオッシュの香りは白ワイン、黒い果実、なめし革、タバコの香りは赤ワインの典型的な特徴である。だが、オーク樽で熟成させた樽の香りのする白ワインと、フレッシュな果実香を放つ軽めの赤ワインでは、区別がつきにくい。鼻に自信がない場合は、口の中、つまりは舌と口蓋に頼る。ワインにタンニンが含まれていることは、口の中が乾くことでわかる。乾きを感じたら、赤ワインに間違いないだろう。舌が酸味でしびれるように感じる場合は、白ワインである確率が高い。だが、特にわかりにくいのはロゼワインである！ 赤ワインのアロマと、白ワインのテクスチャーを併せ持つため、かなり混同しやすい。

手順

外側を覆った（例えば、靴下を被せる）ボトルの前に、友人を集める。可能であれば、不透明な黒いグラスを使う。試飲して、ノートに感想を書く。5分以上かける必要はない。グラスの中のワインが何かを考えることが目的なのだから、あれこれと自分に問いかけてみよう。全体の印象からより細かいニュアンスへという順序で評定を進めよう。

外観を見る
次の3つのポイントに着目する。
色調：ワインの熟成度を教えてくれる。
濃淡：一般的に冷涼な気候下で生産されたワインは淡く、温暖な気候下で生産されたものは濃いという傾向がある。ただし、例外もある。樽熟成させた白ワインは、ステンレスタンクで醸造された南仏の白ワインよりも濃い黄金色をしていることもある。
涙：グラスの内壁に残るワインの滴のこと。涙の数が多く、ゆっくり流れ落ちるワインはアルコール度と糖度が高い。

香りを嗅ぐ
一番際立っている香りに意識を集中させて、まず香りの系統を特定する。その系統の中から最も当てはまる香りを選び、さらに熟成度をメモする。それからこの第一香を頭の中から追い払い、第二香、第三香と嗅ぎ分けてみよう。
嗅ぎ取った香りから、どんなワインか想像してみる。樹木とバニラの香りは、樽熟成させたワインであることを物語っている。ジャムやコンポートの香りがしたら、日光をいっぱい浴びたぶどうで造られたワインだと推察できる。反対に、熟れていない、酸味の強い果実の香りは、冷涼な産地で造られたことを示している。

味を利く
ワインを口に含んだら、アルコール度、酸味、タンニン、そして糖度を分析する。一番強く感じられる味は？ アルコールで喉が熱くなる感じがする？ 口の中がタンニンで乾く感じがする？ 香りはだんだん変化している？ 味わいはシンプル、それともリッチ？ エレガント？ 軽やか？ 最終的に一番印象に残った特徴は？ 全体的な印象は？ 一言で表現するならば、どんな味わい？

推察する

もし感じ取ることができるようであれば、産地、AOC、ヴィンテージを推察してみる。さらに、チャレンジ精神がある場合は、造り手、シャトーまたはドメーヌの特定にトライしてみよう。

|4|

コメントを比較する。

友人のコメントと比較する。そして、いよいよ、ボトルからヴェールを取り払う! 香りの感じ方には個人差があることを忘れないで。自分のコメントが間違いだらけであったとしても、気にすることはない。疲れ、風邪、あるいはストレスのせいだったのかもしれない。もしくは、その前に飲んだ他のワインのせいで感覚が鈍っていただけかもしれない。とにかく、テイスティング会を楽しんで、また次回、いいコンディションでチャレンジしてみよう。

|5|

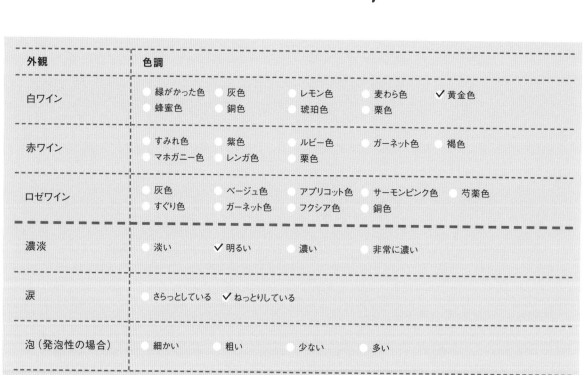

外観	色調				
白ワイン	○緑がかった色 ○蜂蜜色	○灰色 ○銅色	○レモン色 ○琥珀色	○麦わら色 ○栗色	✓黄金色
赤ワイン	○すみれ色 ○マホガニー色	○紫色 ○レンガ色	○ルビー色 ○栗色	○ガーネット色	○褐色
ロゼワイン	○灰色 ○すぐり色	○ベージュ色 ○ガーネット色	○アプリコット色 ○フクシア色	○サーモンピンク色 ○銅色	○芍薬色
濃淡	○淡い	✓明るい	○濃い	○非常に濃い	
涙	○さらっとしている	✓ねっとりしている			
泡(発泡性の場合)	○細かい	○粗い	○少ない	○多い	

テイスティング・ノートの例

香り	香りの系統			アロマ
第一香	✔ 果実 ○ 菓子 ○ 焦焙 ○ ミネラル	○ 花 ○ 樹木 ○ 動物 ○ 欠陥臭	○ 植物 ○ スパイス ○ 森の下草	黄色い果実 アプリコット、 熟したアプリコット
第二香	○ 果実 ○ 菓子 ○ 焦焙 ○ ミネラル	✔ 花 ○ 樹木 ○ 動物 ○ 欠陥臭	○ 植物 ○ スパイス ○ 森の下草	香りの強い白い花： ジャスミン
第三香	○ 果実 ✔ 菓子 ○ 焦焙 ○ ミネラル	✔ 花 ○ 樹木 ○ 動物 ○ 欠陥臭	○ 植物 ○ スパイス ○ 森の下草	花と菓子の中間：蜜
香りの強さ	○ 弱い	○ 中程度	✔ やや強い	○ 強い

味わい	香りの系統			アロマ
口中香	✔ 果実 ○ 菓子 ○ 焦焙 ○ ミネラル	○ 花 ○ 樹木 ○ 動物 ○ 欠陥臭	○ 植物 ○ スパイス ○ 森の下草	他の黄色い果実が 感じられる：マルメロ
香りの余韻	マルメロと蜂蜜の香りが長く続く。			
甘味	○ かすかな	○ 弱い	✔ やや強い	○ 強い
口当たり	○ しまりのある	✔ まろやかな	○ まったりした	○ とろみのある
酸味	○ 平板な	○ 爽やかな	✔ 溌剌とした	○ 筋の通った　○ 刺激的な
タンニン（質と量）	✔ 感じられない　○ なめらかな　○ 柔らかい　○ しっかりした　○ 収斂性のある　○ 渋い ○ ビロードのような　○ シルキーな　○ きめの細かい　○ きめの粗い　○ 荒削りの			
アルコール	○ 薄い	○ 弱い	○ 豊かな	○ 強い　○ 焼けるような
風味の強さ	○ 水っぽい　○ わずかな　○ 弱い　○ 爽やかな　○ 生き生きした　○ 酸味のきいた ○ 刺激的な　○ 強い　○ 温かみのある　○ 重い　○ ねっとりした　○ 豊満な ✔ ふくよかな　○ フルボディ　○ 荒々しい　○ コクのある　○ 骨格のしっかりした			
全体的な印象	甘やかで気品のある、バランスの取れたワイン。			

シュナン種を主体とした、ほのかに甘い、まろやかな口当たりの白。フランスのロワール地方のワイン。エレガントで、生き生きとしているので、ヴーヴレーではないだろうか？

バランスの問題

ここまでで、テイスティングの手順はほぼマスターできた。あとは、結論を導き出すだけ。ワインのいろんな特徴を並べ立てても、全体像をうまく描写することはできない。身長1.76m、体重75kg、青い瞳……という特徴だけでは、親友の人物像を説明するには不十分だ。ハンサムなのか、優しいのか、それとも面白いのか、大事なところが見えてこない。

特に際立った特徴がある。

アルコールで口の中が温かくなる。酸味で溌剌としている。タンニンが粗くて硬い。こういったワインは、きっとバランスがよくないのだろう。でも必ずしも悪いというわけではなく、逆に心地いいと感じる場合もある。

全てが調和している。

酸味と粘度の加減がちょうどいい白ワイン。酸味とアルコールとタンニンの存在感が同じくらいの赤ワイン。つまり、バランスの取れたワインだ！　でも、バランスがいいから最高というわけではなく、アンバランスなことで、絶妙な個性が表れるワインもある。また、個性は地方によっても異なる。南部のワインはよりアルコール感が豊かで、北部のワインは酸味がより強いという特徴がある。

調和よりも喜びを感じることが大切。

あとは、基本的な問いが残るだけだ。つまり、そのワインが好きかどうか、ということである。気に入ったワインについては、なぜか知りたいと思うはずだ。香りが好きなのか、テクスチャーがいいのか、それともバランスが取れているのか？　理由は人それぞれだろう。
反対に、自分が求めている条件にぴったり当てはまるのに、そんなに好きになれないワインもある。バランスもよく、欠点もないワインは、まさにこれといった特徴がないがために、つまらないということだってある。こうした印象も無視できない。小さな欠点がそのワインを魅力的にしているのかもしれない。例えば、年代物のシャトー・ディケムに特有の、微かな揮発性の香り（マニキュア、ボンド、ヴィネガーの間のような揮発酸の匂い）は、このワインの愛好家にとっては、まさに愛すべきチャームポイントなのである！

ワインのカテゴリー

テイスティングの終わりに、味わったワインが次のどのカテゴリーに当てはまるか、考えてみよう。

白ワイン

辛口ですっきりしている　　辛口でオイリー芳香豊か　　濃厚で樽の香りがする　　ほんのり甘くフルーティー　　砂糖漬けの果物のように甘い

赤ワイン

軽やかで喉ごしがいい　　シンプルでフルーティー　　シルキーで力強い　　パワフルでスパイシー

飲み込むか、吐き出すか？

ディナーやパーティーの時は、ワインを飲み干そう。

▶ 吐き出しているのが自分だけだったら、ワイン通を気取っていると思われてしまう。

▶ 吐き出すという行為は、あまりセクシーではない。

▶ 食事中だと、別のものを吐き出してしまうかもしれない。

▶ ほどよく飲むワインは、食事の楽しみのひとつなのだから、しっかり味わおう。

例外のケース：
複数のワインを飲む場合、車の運転をしなければならない場合、テイスティング・パーティーの場合、ワインの量が多すぎる場合、妊娠している場合。

ワイン市、試飲会、ワイン街道では、吐き出そう。

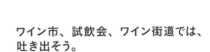

▶ 試飲中にただの酔っ払いになってしまうと、周りに迷惑をかけてしまうかもしれない。

▶ アルコールは反応を鈍らせるので、ワインのコメントができなくなってしまう。

▶ アルコールは嗅覚と味覚を鈍らせる。ある一定の量を超えると、香りも味もわからなくなる（ワインのアルコールで熱く感じるのか？ それとも自分の体が火照っているのか？）。

▶ 麻酔をされたように意識がもうろうとするので、何でも買わされてしまうかもしれない。

ワインのエレガントな吐き出し方

重力に逆らわず、下に向けて吐き出す。

頭を下げて、滴が顎に垂れないようにする。吐き出す方向に垂れている長い髪や、スカーフ、ネクタイなどは、手でしっかり押さえる。

唇を「O」の形にして、「おーいしーいワイン！」と感想を述べる。フランス語では、「le beauuuu vin（ル・ボーーー・ヴァン）」となるが、似たような発音で「牛」という意味の「le bovin（ル・ボヴァン）」と間違えないように！

« LE BEAUUU VIN »

プラスアルファのコツ

口笛を吹く時と同じ強さで、ワインを壺に向けて、ピュッと勢いよく吐き出す。ちょろちょろ出すと、トイレをしているような音がして、エレガントではない。

ワイン愛飲家とただの酔っ払い

アルコールの害、ワインの効能

ワインを愛する者ならば、適量を上手に嗜むべし。

 「どんなものでも、毒になるか薬になるかは、その摂取量によって決まる」
15世紀の医師、パラケルススのこの原則を忘れないように。

 ハーフサイズのグラスで飲む
テイスティング会でよく使われている。普通のグラス3杯分の量で、6種類のワインを味わえる。

 WHO（世界保健機関）の推奨
男性は1日3杯まで、女性は1日2杯までが適量。パーティーの時は、4杯以上は飲まないこと。週に1回、休肝日を設けること。

 コップ1杯の水
いつも手の届くところに置いておこう。有名な諺がある。「渇きをいやすのは水。喜びをもたらすのはワイン」

 暴飲
アルコールは肝臓、腎臓、胃、食道、咽喉、脳に害を及ぼし、肝硬変、癌などを引き起こすリスクがある。毎日のように飲んでいると、習慣性になり、とても厄介な依存症になってしまう可能性もある。フランスでは、回避し得る死亡原因の第2位は飲酒である（1位は喫煙）。

フレンチ・パラドックス

一人当たりのワイン摂取量が世界一（年間50ℓ）のフランス人が、他の国民よりも心血管疾患にかかりにくいのはなぜか？ これは、フレンチ・パラドックスと呼ばれている。ワインは節度を持って飲むと、体にいい効能をもたらす。18の科学的研究の結果をまとめた2011年の分析報告書で、適量のワイン（1日1〜2杯）を摂取すると、心血管疾患による死亡リスクが34%まで低減し、2型糖尿病、神経変性疾患（認知症、パーキンソン病）の予防に効果があることが確認された。脂っこい料理を食べ、驚くべき抗酸化特性を持つタンニンの多い赤ワインを飲んでいる南西部では、北部よりも心血管疾患にかかる率が低い。

理想的なワインを見つけるためには

ワインテイスティングの経験をもとに、自分の好みをきちんと把握しよう。そうすると、失敗のないワイン選びができるようになる。

タンク醸造か、樽醸造か?

好みのタイプ
何よりも果実と花、ドライハーブ、ハーブティーの香りが好きで、果実を噛んでいるような瑞々しい感覚、軽やかで爽快な、少し酸味のある味わいを好む場合。それはつまり、タンクで熟成させたワインが好みということである。

どうして?
コンクリート製でもステンレス製でも、タンクからアロマや風味が、ワインに移るということは一切ない。つまり、タンクは不活性である。そのため、生産者の手腕が反映された、ぶどう本来の香りがそのまま表出されたワインとなる。

好みのタイプ
オークなどの樹木の香り、樹脂、バニラ、ココナッツの実、クローブ、プラリネ、キャラメル、トーストしたパンのようなニュアンスが、果実香に溶け込んだ香りが好きで、口当たりが優しく、まろやかでコクのある味わいを好む場合。それは、樽の成分がワインに浸み込んだワインが好みということである。

どうして?
木樽はワインに反応するからである。樽が持つ新たな香り成分がワインに溶け込み、口の中で感じるワインのストラクチャーも樽の影響で変化する。タンニンが穏やかに変化し、深みが出る。

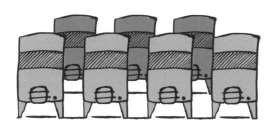

 豆知識:一世を風靡した樽香とは?

過去には、樽香が強いワインが非常に流行っていた。そのため、樽熟成による効果を、コストをかけないで作り出すために、タンクに木片や木くずを入れて発酵させていた生産者も多かった。現在は、樽香が強いワインはそれほど好まれない。

樽造りの工程は、ワインの味わいに大きく影響する。

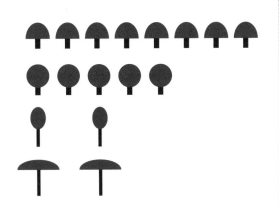

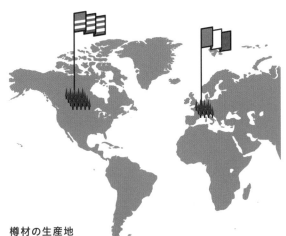

樽材選び
オーク材が主流である。栗材は質がよくないため、ほとんど使われなくなってきている。また、生産量の限られた特別なワインには、ケブラチョやアカシアなどの珍しい木材が使われることもある。

樽材の生産地
オーク材については、アメリカ産はココナッツの実（甘みが強い）、フランス産はバニラ、と潜在的なアロマの性質が大きく異なる。特に、フランス、アリエ県のトロンセの森のオークが素晴らしい。

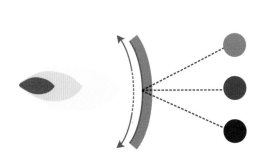

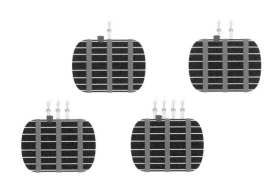

樽の焼き方
樽造りの際に、職人は内側を火で焼いて焦げ目をつける。焼き具合には濃淡があるが、濃くなるにつれて、スパイス香、トースト香、焦げたようなロースト香へと深みが増し、バニラからキャラメル、コーヒー豆、トーストパンなどの香りを帯びる。

樽の使用年月
新樽からは、多量のアロマとタンニンがワインに移る。ストラクチャーがしっかりした、力強いワインでなければ、アロマとタンニンを十分に吸収して溶け込ませることができないことがある。この場合、過剰な樽の成分がワインの持ち味を消してしまうことになる。反対に、4年以上経った古樽はほとんどアロマを移さないため、ほぼ不活性の容れ物となる。造り手はワインの特徴に合わせて、どのくらい使用年月が経った樽を使うかを吟味する。

理想的なワインを見つけるためには

若いヴィンテージのワインか、古いヴィンテージのワインか。

これは好みの問題であるし、また財布の紐の問題でもある。古いヴィンテージは一般的にとてもお高い。とにかく、そのほうが格好いいからといって、古いものを無理に好きになる必要はない。腐葉土、土、キノコ、ジビエなどの香りは独特なので、万人に受けるわけではない！

若いヴィンテージのワイン

鮮やかな色調、花畑の香り、もぎたてのりんご、ジューシーないちご、フレッシュなブラータチーズ、ピザが好きで、夏に農園で果物狩りをするのが好き？ 大当たり。きっと、あなたは若さ溢れる、瑞々しい、芳香豊かなワインが好きだろう。

古いヴィンテージのワイン

秋に紅葉した森の中を散策するのが好きで、ゆったりしたソファーのある雰囲気やシガーバー、猪の煮込み料理、くるみ、トリュフを好む？ その場合、貯金が減っても仕方ない。あなたの舌が求めているのは、長い年月をかけて熟成させたワインだ。

ヴァラエタル・ワインか、テロワール・ワインか？

ぶどう品種固有の特徴が反映されているワインはヴァラエタル・ワインと呼ばれる。反対に、土壌、気候、生産者の個性が際立っているワインは、テロワール・ワインと称される。

セパージュ・ワイン（ヴァラエタル・ワイン）

リーズナブルで（でもなかなかおいしい）、仰々しくも小難しくもないタイプ、友人と一緒にスナックを食べながら、テレビを観る時に飲みたいワインを探している？ そんな時は、あまり悩まずに、「セパージュ・ワイン」を選ぶといい。洗練された、感動的な味わいは期待できないが、おいしく仕上がっている。押し付けがましくなく、不快感を与えることもない、気持ちのいいワインである。スーパーマーケットで安いワインを買うのであれば、大げさなシャトー名の付いた、見かけ倒しのワインよりも、控えめなセパージュ・ワイン（例えばソーヴィニヨン、シラーなど）を選ぶほうがいい。

テロワール・ワイン

ワインに感動を求めている？ 粘土質がもたらすオイリー感、砂利の多い土壌から生まれる酸味、暑かった年の丸みのある味わい、珍しい土着品種の苦み、造り手の丁寧な仕事をワインから感じたい？ この場合、間違いなく、丹精込めて造られた「テロワール・ワイン」を求めているということだ。必ずしも高価というわけではないが、スーパーマーケットではあまり見かけない。いいテロワールのものを探すのであれば、小さなワインショップや醸造元を訪ねよう。

オールドワールドか、ニューワールドか？

ニューワールド・ワイン（アメリカ大陸、オーストラリアなど）でも、ヨーロッパのワインと瓜二つのものが存在する。逆に、香りと味わいに違いが見られるものも多い。

ニューワールド・ワイン

甘い飲み物、濃厚で脂っこい料理が好き？ あなたは、間違いなく、ニューワールドのワインに魅了されるだろう。飲みやすく、バニラとクリームの香りを放ち、丸みがあり、時には豊満すぎるというのが主な特徴で、白も赤も魅惑的で、挑発的でさえある。ジャムのような風味を帯びていることもあり、複雑さに欠けるところがあるが、飲んですぐにおいしいと感じられるタイプである。コストパフォーマンスもなかなかいい。白の場合、ヨーロッパのものではあまり感じられない、エキゾチックな果実の香りがすることも多い。だが、ニューワールドものはこうだと決めつけてはいけない。最近ではきめ細かな仕事をする造り手も増えてきて、知らないと損するほどの、生彩ある繊細なワインも造られている。

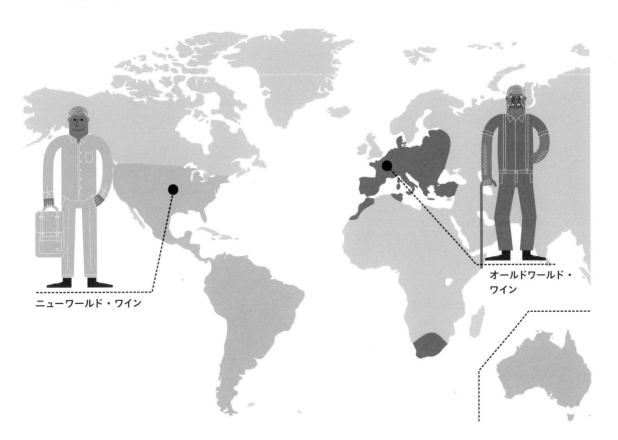

ニューワールド・ワイン

オールドワールド・ワイン

オールドワールド・ワイン（ヨーロッパのワイン）

キレのいい酸味のある、爽快な風味が好きで、強烈な味わいよりも控えめな味わいのほうを好む？ そんなあなたに相応しいのはヨーロッパのワインだ。だが、これらの褒めどころが、逆に批判されることもある。優しさに欠けていて、酸味が強く、タンニンが粗いこともある。でも、うまくいけば、より繊細で気品のあるワインに仕上がる。ここでも、ステレオタイプにとらわれないようにしよう。イタリア、スペイン、フランス南部のワインで、特に甘美で優しい表情を見せるものもある。

テクニカル、オーガニック（ビオ）、二酸化硫黄無添加、ナチュール（ナチュレル）？

テクニカルワイン

産年、時には土壌とも関係なく、どんな時でも一定のバランスを保つワイン。標準ラインからはみ出すことなく、常に安定している。ビジネスランチや真面目な話し合いの時、あるいは反対に、ちょっとお酒を飲んでくつろぎたい時に適したタイプだ。現代の醸造学では、最新技術を駆使してオールマイティーなワインを造ることができる。飲みやすく、外れが少ないため、どんなシチュエーションにも合う。特にロゼワインは、安定した品質を保つために高度な技術力を必要とする。

オーガニック（ビオ）ワイン

同じ価格帯の場合、有機農法で造られるワインは、減農薬法で造られるワインよりも必ずしも良質というわけではない。健康面に関しては、ワインに含まれる農薬よりもアルコールの影響が先に現われる。ただし、ぶどう栽培者への農薬の影響はより深刻である。土壌や生物多様性への影響も同様だ。有機栽培者に認められているボルドー液（硫酸銅と生石灰）の散布で、問題が全て解決するわけではないけれど、集約農法では問題が積み重なる一方だ。オーガニックワインを選ぶことは、その味が好きか嫌いかというよりも、むしろサステイナブルな選択といえる。

アドバイス

正直に言うと、このタイプのどこでも通用するワインは、お気に入りリストに入ることはあまりない。これといって際立つ特色がなく、平凡だと感じることもあるだろう。けれど、誰かをがっかりさせたり、不快にさせたりすることが少ない、つまり無難という長所もある。スーパーマーケットで売られている、大手メーカー産のワインは、このタイプであることが多い。手に入りやすいというのは、確かに便利だ。

アドバイス

化学物質漬けで疲れ果てた土壌とは違い、化学物質が使われたことがない土壌は、滋味深いワインを生む。もちろん、ぶどうの質がよく、醸造も栽培と同様の原則に基づいて行われていることが前提だ。世界の優れた醸造元によるビオワイン、ビオディナミワインの生産が増えている。フランスではこのタイプのワインは、Ecocert, AB, Demeter, Biodyvin などの認証を得ている。

二酸化硫黄無添加ワイン

このタイプのワインは、数は少ないものの、パリのおしゃれな
ワインバーで特に人気で、ワイン専門店だけでなく、スーパー
マーケットでも見かけるようになった。ただし、ヴィーガンワイン
（p.136参照）と混同しないように。醸造技術の進歩により、
醸造と瓶詰めの工程で二酸化硫黄を添加しないワインを商品
化できるようになった（ただし、添加しないのは、ワインがそれ
を自然に生成することができるから）。若いうちに飲むべき、潑
剌とした、フルーティーなスタイルが多い。一方で酸化を防止
し、安定させる二酸化硫黄を添加しないため、時とともに変質
しやすい。

アドバイス
SO₂フリーと表示したワインが増えているが、必ずしも「ヴァン・
ナチュール」（自然派ワイン）というわけではない。二酸化硫黄
を使わない代わりに、「フラッシュ・パストリゼーション」（70℃
で20〜60秒程度という短い時間で行う殺菌法）を行ったり、
ビタミンCを添加したりする生産者もいる。品質はより安定す
るが、このタイプに特有の「潑剌とした」ニュアンスは弱まる。
いずれにしても二酸化硫黄をたっぷり添加したワインよりも、
頭痛が起きないということは確かだ。

ヴァン・ナチュール／ヴァン・ナチュレル

フランスで馴染みのある「ナチュール」、自然派ワイン愛好家がよく
使う「ナチュレル」、あるいは「ヴィヴァン」などいろいろな表現が用
いられているのだが、区別するのは難しい。共通点は、有機農法
（さらにはビオディナミ農法）を用い、醸造時に添加物を加えない
製法（微量の二酸化硫黄だけ認められている）で造られているとい
うことだ。通常の醸造法では、40種の物質（補助剤、安定剤、
調整剤など）の添加が法律で認められていて、これらの物質は瓶
詰めの前に除去されるとしても、ワインのフレーバーに影響を及ぼ
す。好ましい結果をもたらすこともあるけれど、いつもそうだとは限ら
ない。

アドバイス
このタイプのワインに関しては、つい最近まで何の規制もなく、そ
の状況をうまく利用してきた生産者も少なくない。「ナチュール」と
大きく表示されているからといって信用できるわけではない。むしろ
用心すべきだ。可能な限り添加物を使わないワインをめざす生産
者は、隅々まで清潔に保たれた醸造所で、細心の注意を払って
作業を行わなければならない。栓を開けたら、がっかりするほどの
失敗作であることもあれば、奥深く豊潤な味わいの逸品に出合う
こともある。ヴァン・ナチュール／ヴァン・ナチュレルを得意とする
専門店で、どれを選ぶべきかアドバイスを得たほうがいい。

夏のバカンスの終わり。8月末から9月初旬にかけての数日は、学生にとっては新学期、社会人にとっては仕事始めにあたる再始動の時。けれど、ぶどうの収穫を待つ人たちにとっては、畑仕事の成就の兆しであり、大きな喜びの時でもあります。

エクトールは、大学の最終学年に入る前に、大自然を満喫できる夏のアルバイトを探していました。ある日、元気で熱心な若者である彼にぴったりの仕事が見つかりました。秋の風物詩、ぶどうの収穫です。野球帽をしっかり被り、ラングドック地方のピック・サン・ルー村にいざ出発。畑に着いたら、早速ハサミを借りて、シラー、グルナッシュ、ムールヴェードルなどのぶどうの摘み取りにかかりました。そして、収穫をしながら、多様な品種があること、ぶどうの木によって樹齢、寿命がそれぞれ違うこと、さらに農法もいろいろあることを知りました。日が暮れた後のお楽しみは、仲間たちと一緒に味わう、おいしい地酒と郷土料理。そして、収穫の最終日には大宴会を開き、思う存分盛り上がりました。

授業の再開まで、まだ数週間あったので、エクトールは醸造の仕事も手伝いたいと申し出ました。醸造元が快く承諾してくれたおかげで、醸造法、ヴィンテージ、育成についてもしっかり学ぶことができました。

この体験以来、エクトールは自分が飲んでいるワインがどのようにして造られたか、なぜ泡が立っているのか、なぜ甘いのか、よくわかるようになったのです。

この章では、エクトールのナビゲートで、ワインがどのようにして誕生するかについて学んでいきましょう。

HECTOR

エクトールの章

ぶどうの収穫を体験する

ぶどうにまつわる話：果粒から品種まで
白ぶどう品種・黒ぶどう品種・ぶどうの木の一生
収穫時期・ぶどうからワインへ・ワインの育成

ぶどうにまつわる話：果粒から品種まで

果粒について

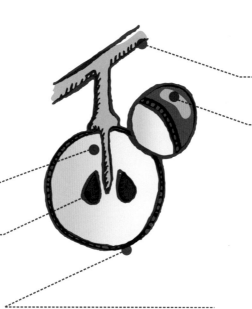

果梗：タンニンが豊富で、不快な青臭さがある。ワインの醸造前に取り除くことが多い。これは除梗と呼ばれているよ。

果粉：白っぽい油脂の層。外部の刺激から実を守り、酵母を含む。この酵母が、糖分に作用して、アルコール発酵が起こるんだ。

果肉：一部の黒ぶどう品種以外は無色。水分、糖分、酸を含んでいる。

種：素晴らしいタンニンを含んでいる（噛んでみると渋みを感じる）。タンニンは赤ワインの骨格の形成には必須の要素。

果皮：ワインの色付けに必要な色素を含んでいる。香り成分も含んでいる。

食用ぶどうとの違い

同じ条件は求められていない。デザートでは、果皮の薄い、種があまりないジューシーな実をかじりたいよね。でも反対に、ワイン造りには、色素とアロマを含む果皮が厚く、赤ワインの熟成に欠かせないタンニンを含む種が多いぶどうが必要なんだ。

果粒の違い

果粒の大きさや特徴は、タイプまたは品種によって異なる。さらに、同じ品種でも、天候、テロワール、栽培者の育て方によって差が出てくる。ぶどうの木に水を多く与えると、果粒は水を吸収し、弾力を失い、果皮は薄くなる。反対に、乾燥していると、果粒は小ぶりで果皮も厚くなり、未来のワインのためのアロマが凝縮される。

Hector participe aux vendanges

ヴィティス・ヴィニフェラ種

10 000

ワインを生む主なぶどう品種は、この種に属している。どの品種も独特の個性を持っている。世界には約10,000もの品種が存在し、フランスでは249品種が認められている。でも、12ほどの品種だけで、ワイン生産量の3/4を占めているというから驚きだ。

良質なワインは、ヴィティス・ヴィニフェラ種に属する品種から生まれる。ワイン用として最も栽培されている種で、その他にアメリカ系のヴィティス・ラブルスカ種もあるそうだ。2種とも、ブドウ科ブドウ属に分類される。ブドウ科には、家の壁を這うツタなども含む、あらゆる種類のぶどうの木が含まれる。

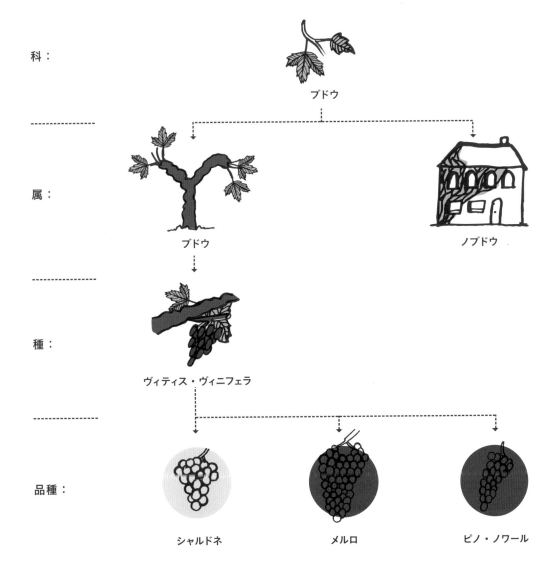

科： ブドウ

属： ブドウ　　　　　ノブドウ

種： ヴィティス・ヴィニフェラ

品種： シャルドネ　　メルロ　　ピノ・ノワール

CHARDONNAY

― シャルドネ ―

果実

 レモン ライム リンゴ フレッシュ・アーモンド 洋ナシ

花

 菩提樹 アカシア スイカズラ レモンバーベナ 蜂蜜

ボーナス

 バター ヘーゼルナッツ ロースト・アーモンド ブリオッシュ バニラ トーストパン

特徴

地域、テロワール、造り手によって七変化する品種。フローラルなものもあれば、フルーティーなものもある。ブルゴーニュ北部のシャブリ村では、ミネラル感豊かな、キリッとした印象になるけれど、カリフォルニア州ではバターのようになめらかで肉感的な味わいになる。全てを受け入れる寛容な性格のため、香りの特徴がなかなかつかみにくい。一般的に、レモン、アカシア、バターの香りと系統づけられる。トーストパンやブリオッシュのニュアンスを強めるために、樽熟成することも多い。

評価

頂点に君臨するトップスター。世界一の偉大な辛口白ワインを生む品種だ。そして、価格もトップクラス。シャンパーニュにも使用されているよ。

気候

暑い気候と冷涼な気候。どんな気候にも適応し、しかも多彩な表情を見せる。そこが人気の理由なんだ。冷涼な土地ではミネラル感豊かな、すっきりドライな仕上がりになり、暑い土地では、熟れた果実の香りをまとった、コクのあるワインになる。

栽培地

フランス：ブルゴーニュ地方、シャンパーニュ地方、ジュラ地方、ラングドック地方、プロヴァンス地方
その他の国：アメリカ合衆国（カリフォルニア州）、カナダ、チリ、アルゼンチン、南アフリカ、中国、オーストラリア

Hector participe aux vendanges

SAUVIGNON
― ソーヴィニヨン ―

果実 	 レモン	 ライム	 グレープフルーツ	 ベルガモット
暑い気候の 場合	 パイナップル	 パッションフルーツ		
草花	 ジャスミン	 刈りたての / 青々とした芝生	 カシスの芽	 ニワトコ
ボーナス	 スモーク	 火打ち石	 チョーク	

特徴

グラスの中で、とても生き生きした表情を見せる品種のひとつ。柑橘類、若草の清々しい香りが立ち上り、春の訪れと生きる喜びを感じさせる。栽培者の手腕とテロワールの力が秀でていると、スモークとミネラルの香りを開花させることもある。味わいも、潑剌としていて、ピンと筋が通っている。単一品種で、あるいはボルドー地方の相棒、セミヨンとのブレンドで、ワインは造られる。辛口、甘口ともに、軽やかなニュアンスをもたらす。

評価

ロワール地方のサンセールとボルドー地方の白ワインでとても有名になった。世界中に輸出されている。飲みやすく、好ましいソーヴィニヨンは、品種本来のアロマがはっきりと表れる「ヴァラエタル」ワインのスターだ。

気候

温和な気候。寒すぎると、酸味がきつくなり、猫のおしっこの臭いがすることもあるそうだ。暑い気候では、トロピカル・フルーツの香りが表れる。ただし、あまりに暑すぎると、ムカムカする味になってしまう。

栽培地

フランス：ロワール地方・中央フランス地区、ボルドー地方、南西地方
その他の国：スペイン、ニュージーランド、アメリカ合衆国（カリフォルニア州）、チリ、南アフリカ

CHENIN
― シュナン ―

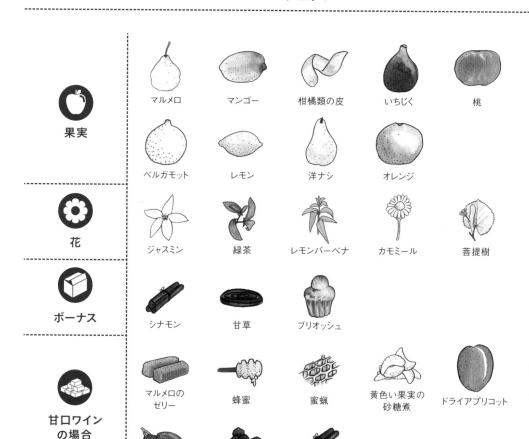

果実
マルメロ　マンゴー　柑橘類の皮　いちじく　桃　パイナップル
ベルガモット　レモン　洋ナシ　オレンジ

花
ジャスミン　緑茶　レモンバーベナ　カモミール　菩提樹

ボーナス
シナモン　甘草　ブリオッシュ

甘口ワインの場合
マルメロのゼリー　蜂蜜　蜜蝋　黄色い果実の砂糖煮　ドライアプリコット　フランベしたバナナ
なつめやしの砂糖漬け　コリント種のレーズン　スパイス

特徴

まろやかさの中に、潑剌とした爽快感があり、意外な驚きのある品種。酸味と甘みのバランスがよく、発泡性から辛口、中甘口、甘口、極甘口まで、幅広く活躍。マルメロやレモンバーベナまで多様な表情を見せる。他の品種とのブレンドは必要なく、単独で実力を発揮する。極甘口タイプでは、数十年も寝かせることのできるワインもあるそうだ。

評価

なかなか手のかかる気難しい品種だから、生産量はまだまだ少ないけれど、忠実かつ熱烈なファンが増えている。

気候

温和な気候を好む。寒すぎると酸味が強くなりすぎ、暑い気候では平板な味わいになってしまう。

栽培地

フランス：ロワール地方　その他の国：南アフリカ、アメリカ合衆国（カリフォルニア州）

Hector participe aux vendanges

GEWÜRZTRAMINER
― ゲヴュルツトラミネール ―

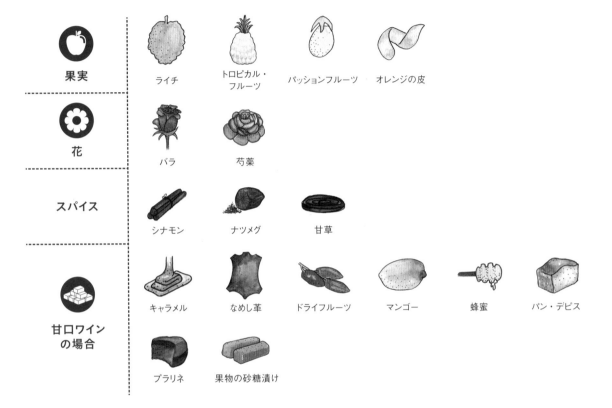

果実 ライチ　トロピカル・フルーツ　パッションフルーツ　オレンジの皮

花 バラ　芍薬

スパイス シナモン　ナツメグ　甘草

甘口ワインの場合 キャラメル　なめし革　ドライフルーツ　マンゴー　蜂蜜　パン・デピス　プラリネ　果物の砂糖漬け

特徴

バラとライチの独特な香りがするので、わかりやすい。スパイスの香りも印象的で、ドイツ語で「スパイス」を意味する「ゲヴュルツ」という語が名称の一部になっているのも頷ける。味わいはふくよかで、芳香豊か。ただし、甘口ワインで酸味が不足すると、不快な味になってしまうこともある。上手に仕込まれると、極上の美酒に変身する。他の品種とブレンドすることはほとんどない。

評価

好きか嫌いかが分かれる品種だ。食前酒、デザートに相応しく、クリスマス料理、またはアジア料理（中華、タイ）、寿司などに合わせることが多い。

気候

冷涼な気候。北部、内陸部。冬の霜によく耐える。

栽培地

フランス：アルザス地方　その他の国：ドイツ、オーストリア、イタリア北部

白ぶどう品種

VIOGNIER

— ヴィオニエ —

黄色の果実

 アプリコット

 黄桃

 白桃

 レモンの皮の砂糖漬け

 洋ナシ

 メロン

花

 スミレ

 アイリス

 アカシア

ボーナス

 ジャコウジカ

 スパイス

 蜜蝋

 ローストしたヘーゼルナッツ

 タバコ

特徴

アプリコットと桃の香りが際立つ芳しい品種で、まったりと濃厚で、アルコールが強いことが多い。丹念に醸造すると、稀有な気品が表れる。ただし、造り方がまずいと、重々しくねっとりしたワインになってしまう。ローヌ地方原産で、偉大なワインは、ヴィオニエのみで造られている。ブレンドする場合は、同じ地方のマルサンヌまたはルーサンヌと相性がいい。なんと赤ワインでも、シラーの強烈さを和らげるために、少量のヴィオニエをブレンドすることがある。

評価

香り高い、偉大なローヌの白はうっとりするほど魅力的。高値で取引されていて、ワイン入門者にはほとんど知られていない、希少価値の高いワインだ。

気候

温暖または暑い気候。栽培が難しく、生産量はごくわずか。この品種特有の丸みと、ほどほどの酸味が絶妙なバランスになった時を狙って収穫する。

栽培地

フランス：ローヌ地方、ラングドック地方
その他の国：アメリカ合衆国（カリフォルニア州）、オーストラリア

Hector participe aux vendanges

SÉMILLON
― セミヨン ―

果実

 レモン マンダリン オレンジ ベルガモット アプリコット 洋ナシ イチジク

花

 菩提樹 アカシア

ボーナス

 バター

甘口ワインの場合

 プラリネ 蜂蜜 蜜蝋 なつめやし マルメロのゼリー オレンジの皮 ジャム

特徴

ボトリティス・シネレア菌（偉大な甘口ワインを生む、ぶどうの糖分を凝縮させる貴腐菌）が付きやすいセミヨンは、ボルドー地方の優美な極甘口ワインを生む品種。辛口のワインにすると、まったり感が出て、香りが弱くなってしまうけれど、それでも、長期熟成に向いている品種。甘口ワインにこそ、そのポテンシャルの全てが惜しみなく発揮される。単一品種として醸造されることはなく、そのふくよかさを必要とするソーヴィニヨンがベストパートナーだ。この2品種のブレンドにミュスカデルが加わることもある。

評価

まさにチャンピオン。偉大なソーテルヌは、とびきり高価で、世界中のワイン通をとりこにしている。

気候

大洋性で温和、温暖な気候。秋に貴腐菌が繁殖できる環境が必要だ。

栽培地

フランス：ボルドー地方、南西地方
その他の国：オーストラリア、アメリカ合衆国、南アフリカ

RIESLING

― リースリング ―

果実

 レモン

 ライム

 ベルガモット

 リンゴ

 ミラベル

花

 スイカズラ

 アカシア

 ミント

 菩提樹

ボーナス

 石油

 火打ち石

特徴

このゲルマン系皇帝は土壌を手なずける。他のどの品種よりも、故郷のテロワールを体現する品種。武器は石。偉大なリースリングは、果実や花の香りよりもミネラル香が際立つ。数年寝かせると、極上のものは、何とも言えない独特な石油の香りを放つのだとか。さらに、柑橘類、微かな花の香り、塩気のある小石のような風味も感じられるそうだ。辛口だけでなく極甘口もある。秋に遅摘みしたぶどう、冬に選り摘みした貴腐ぶどうで造られたワイン、さらにはアイスワインもある。他の品種とのブレンドを必要としない。

評価

スター的存在。プロの試飲家の間では、白ぶどうの二大品種は、シャルドネとこのリースリングだといわれている。20世紀の大半は過少評価されていたけれど、近年は生産者の厳正な仕事によって、人気が復活している。

気候

寒いほうがいいに決まっている！北部で見事に育つ品種。暖かい気候にも適応できるが、複雑味、気品、個性はかなり弱まる。

栽培地

フランス：アルザス
その他の国：ドイツ、ルクセンブルク、オーストラリア、ニュージーランド、カナダ

Hector participe aux vendanges

MARSANNE

— マルサンヌ —

果実

 フレッシュ・アーモンド

 桃

 アプリコット

 リンゴ

 オレンジ

 ドライフルーツ

花

 ジャスミン

 アカシア

ボーナス

 くるみ

 トリュフ

 アーモンドペースト

 蜜蝋

特徴

ワインに力強さと丸みをもたらしてくれる品種。いろんなバリエーションのアーモンド香、そしてジャスミン、蜜蝋の香りを開花させる。マルサンヌ100%のワインは稀で、他の品種、特に、同じくローヌ地方原産のルーサンヌと優しく調和する。

評価

あまり知られていないけれど、フランスでは、ルーサンヌと並んで、栽培量がとても多い品種なんだ。ロール・ヴェルマンティノ、グルナッシュ・ブラン、ヴィオニエとの相性もいい。

気候

暑い気候。ぶどうの木の根元に小石があるような乾燥した土地のほうがいい。

栽培地

フランス：ローヌ地方、ラングドック地方、南部地方
その他の国：オーストラリア、アメリカ合衆国（カリフォルニア州）

ROLLE-VERMENTINO

― ヴェルマンティノ（ロール）―

 果実

 グレープ
フルーツ

洋なし

 リンゴ
（ゴールデン）

 桃

 パイナップル

 フレッシュ・
アーモンド

 花

 西洋さんざし

 カモミール

 ディル

 フェンネル

 アニス

特徴

コルシカ島の白ワインは、ヴェルマンティノ100％でできている。ただし、ロールという別の名前では、プロヴァンス地方のいろんな品種とブレンドされているんだ。例えば、ユニ・ブラン、マルサンヌ、グルナッシュ・ブラン、クレレット、シャルドネ、ソーヴィニヨンと仲がいい。とても爽やかで芳しい品種。洋なしと、特にフェンネルなどのアニス香が印象的。後味として微かな苦みを感じるけれど、強すぎなければ、とても心地いい。

評価

夏は魚料理と相性抜群。けれど、冬の料理と一緒では力を発揮できない。バカンス気分に浸りたい時に飲もう。

気候

もちろん、暑い気候！照りつける太陽、乾いた、痩せた土壌を好む。

栽培地

フランス：ラングドック・ルシヨン地方、南東地方、コルシカ島
その他の国：イタリア（サルデーニャ島、トスカーナ地方）

Hector participe aux vendanges

MUSCAT
― ミュスカ ―

果実

 ぶどう
 レモン
 リンゴ

花

 菩提樹
 バラ

**甘口ワイン
の場合**

 蜜蝋
 マルメロのゼリー
 ジャム
 オレンジの皮
 レーズン

特徴

ギリシャ発祥の品種で、古代ギリシャ・ローマ時代から栽培されているそうだ。小粒のミュスカ・ア・プティ・グランという品種（ミュスカ・ド・フロンティニャンまたはモスカートとも呼ばれている）は、ヨーロッパ全域で栽培されている。ドライでフローラル。ぶどうの実をかじった時のアロマがそのまま感じられるのは、この品種だけだろう。イタリアではきめの細かい発泡性ワイン、フランス南部やギリシャでは、甘い酒精強化ワインに変身する。果物の砂糖漬けのような甘いワインになり、ミュスカ・ド・ボーム・ド・ヴニーズ、ミュスカ・ド・リヴザルトなどは、デザートによく合う。大粒のミュスカ・ダレクサンドリー（ア・グロ・グラン）、ミュスカ・オットネル、あるいはミュスカデ（ロワール地方のムロン・ド・ブルゴーニュという品種）は全く別の品種なので混同しないように！

評価

お爺さん、お婆さんの世代にはデザートとして親しまれてきたワイン。若い世代にはあまり人気がない。この上なく甘美な魅力を秘めたものもあるので、味わう機会が少なくなるのは残念だ。

気候

温暖な気候。適応性が高く、育てやすい。

栽培地

フランス：アルザス地方（辛口）、フランス南部（酒精強化ワイン）、コルシカ島
その他の国・地域：イタリア（辛口で発泡性のモスカート）、ギリシャ（サモス島の甘口）、スペイン、ポルトガル、オーストラリア（ラザグレン）、オーストリア、東ヨーロッパ、南アフリカ

MELON DE BOURGOGNE (MUSCADET)

― ムロン・ド・ブルゴーニュ（ミュスカデ）―

果実

レモン

ライム

マンダリン

リンゴ

洋梨

ボーナス

ヨード

チョーク

炭化水素

玉石

火打石

火薬

特徴

ブルゴーニュといっても、実際はロワール地方、大西洋沿岸のナント地方の伝統品種だ。その葉の形がメロンの葉と、1635年ごろのブルゴーニュ地方の地形に似ていたため、こう呼ばれるようになった。AOCミュスカデの品種として唯一認められている王様のような存在で、他の品種とブレンドされることはない。海の香りを感じさせる味わいは爽快、繊細で、レモンとヨードのニュアンスを持つ。仕上がりのよいワインは、塩味の余韻が残り、ナント地方の砂利や岩を舐めているようなミネラル感を含む。合わせる料理は海の幸で決まりだ！

評価

ミュスカデの名は世界中で有名だが、残念ながらシンプルな味の安ワインというイメージが強い。ただその魅力があまり知られていないだけで、丹念に仕込めば40年もの熟成に耐える真のテロワールワインになる力も秘めている。

気候

冷涼で湿気の多い地域。1709年の大寒波（海岸沿いの海までも凍ったほどだった！）の後、ロワール河岸の斜面に植えられた。寒さに強い特性がこの地に合っている。

栽培地

フランス：ロワール地方
その他の国：アメリカ合衆国〈ごくわずか〉（オレゴン州、ワシントン州）

Hector participe aux vendanges

PINOT GRIS
― ピノ・グリ ―

果実
レモン　リンゴ　桃　パッションフルーツ

草花
ジャスミン　スイカズラ

ボーナス
スモーク　アーモンド　シナモン　バニラ　ジロール茸　アンバー

甘口ワインの場合
蜂蜜　果物の砂糖漬け　なつめやし

特徴

フランスではピノ・グリ、イタリアではピノ・グリージョというけれど同じ品種だ。果皮の色味が独特で、グレーがかった桃色、パルム産生ハムの色、ラベンダー色など様々なニュアンスがある。ロワール地方ではこの果皮の色を生かして、ごく淡い色のロゼワインが造られている。でも特に評価すべきなのはその複雑な芳香、気品、上質な甘口ワインを生むポテンシャルだ。イタリアで育つ果実はより軽やかでレモンの香りがする。一方でアルザス地方では濃縮感のある、スモーキーでスパイシーな風味が表れる。遅摘みぶどうで造られる甘口ワインは濃厚で力強い味わいになる。

評価

人気急上昇中！フランスではあまり普及していないため、ほとんど知られていないけれど、世界各地で注目を浴びるようになっている。爽やかなタイプもまろやかなタイプも好まれている。

気候

冷涼な気候を好む。暑さにも適応できるが、気温が高すぎると酸味不足で、重々しい味わいになってしまう。反対に厳しい冬によく耐える品種だ。

栽培地

フランス：アルザス地方、ロワール地方
その他の国：イタリア、ドイツ、オーストリア、ハンガリー、アメリカ合衆国、オーストラリア、ニュージーランド

白ぶどう品種

PINOT NOIR

― ピノ・ノワール ―

アロマ

 チェリー   フランボワーズ   イチゴ   カシス   アイリス   スミレ

樽熟成

 樹木   バニラ   シナモン   タバコ

熟成香

 毛皮   なめし革   森の下草   苔   トリュフ   ジャコウジカ

特徴

ブルゴーニュの王様だ。力強さよりも、繊細さが魅力の品種。色合いは淡いルビー色で輝度が高い。魅惑的な赤い果実の香り、絹のような滑らかな質感で、タンニンは心地よく、口の中が渇くような感覚はしない。何年も熟成させると、さらに奥深い表情を見せ、秋の森、なめし革、トリュフの芳香を開花させるそうだ。ほとんどの場合、他の品種とブレンドせず、単一品種で仕上げられる。

評価

絶対的な存在！ 世界中で絶賛されている（そしてまた、非常に多く栽培されている）品種のひとつ。偉大なワインには、一財産になるほどの高値が付く。幸運なことに、リーズナブルな価格で、飲みやすく、いつでも気軽に楽しめる良質なピノ・ノワールを見つけることもできる。

気候

冷涼な気候。果皮が薄いため、暑い気候では早く熟しすぎて、精彩を欠いたアロマになってしまう。

栽培地

ヨーロッパ、北米、南米、南アフリカなど、全世界的に栽培されている。その中でも最も相性がいいのは、フランス・ブルゴーニュ地方、シャンパーニュ地方、アメリカ合衆国（オレゴン州）、ニュージーランド、オーストラリアだ。

弱   強

タンニン

CABERNET-SAUVIGNON
― カベルネ・ソーヴィニヨン ―

アロマ: カシス / マルベリー / シダ / ピーマン / ジャスミン / 白檀 / 松樹脂

樽熟成: オーク / バニラ / クローブ / 甘草

熟成香: なめし革 / タバコ / ジビエ / 杉 / 鉛筆の芯 / トリュフ

特徴

ピノ・ノワールの次は、ボルドー地方の帝王の登場だ。カベルネ・ソーヴィニヨンで造られるワインは、マラソン走者のような耐久型。豊富なタンニンは、数十年もの月日をかけて、カシス、タバコ、ジビエ、杉など、この上なく複雑なブーケを開花させる魔法の種だ。パワフルで骨格のしっかりした、丸みのない、硬派なワインを生む。若いうちはいかめしく、強い渋みを感じることがある。そのため、おおらかな相方であるメルロとブレンドされることが多い。

評価

ピノ・ノワールと双璧をなす偉大な存在で、世界で最も高名な品種。極上の銘酒は、世界の最高級ワインに数えられる。

気候

十分に暑い気候。小ぶりな実を包む果皮はとても厚く、遅熟。そのため、太陽の光が必要だ。

栽培地

フランスから中国まで、世界中の至る所に広がっている。特にフランス・ボルドー地方とフランス南部、イタリア、チリ、アメリカ合衆国など。

弱　　　　　　　強

タンニン

CABERNET FRANC

— カベルネ・フラン —

アロマ

フランボワーズ

カシス

苔

ユーカリ

ピーマン

熟成香

森の下草

土

特徴

カベルネ・ソーヴィニヨンの祖先だが、より柔らかで濃縮感もほどほどだ。単一品種で仕込まれると、カシスと緑の葉のアクセントがある、シルキーなワインになる。収穫時期が早すぎると、ピーマンの香りが微かに表れることもあるそうだ。ボルドー地方の右岸地区ではメルロとブレンドされることが多く、ふくよかで、なおかつ爽やかなワインが生まれる。

評価

ロワール地方のワインは、パリのビストロで親しまれている。ボルドー地方のものは、若いうちからおいしく飲めるので、人気があるんだ。

気候

温和な気候。カベルネ・ソーヴィニヨンよりも早熟。

栽培地

フランス：ボルドー地方、ロワール地方、南西地方
その他の国：イタリア、チリ、オーストラリア、アメリカ合衆国

弱　　　　　　　　　　強
タンニン

Hector participe aux vendanges

MERLOT
― メルロ ―

アロマ

プルーン　　マルベリー　　ブルーベリー　　ダークチェリー　　スミレ　　ミント

熟成香

なめし革　　ジビエ　　肉汁

特徴

カベルネ・ソーヴィニヨンの最高の相方。まるで、トーキーの時代に活躍していたアメリカのコメディアン「ローレル＆ハーディ」のような名コンビだ（メルロは太っちょのハーディのほう）。メルロは単独でも、親しみやすく、ふくよかで口当たりの優しいワインになる。また、偉大なボルドーワインになるために、長熟の力を補給してくれるカベルネ・フランとタッグを組むこともある。

評価

シンプルなおいしさが人気。フルーティーで若いうちから楽しめるため、セパージュ・ワインとしても親しまれている。また、ボルドー地方の右岸地区のワインに目がないファンをとりこにしているんだ。

気候

温和、暑い気候。育てやすく、果皮の薄い大粒の実なので、完熟しやすい。

栽培地

フランス：ボルドー地方、南西地方、ラングドック・ルシヨン地方
その他の国：イタリア、南アフリカ、チリ、アルゼンチン、アメリカ合衆国（カリフォルニア州）

弱　　　　　タンニン　　　　　強

SYRAH

― シラー ―

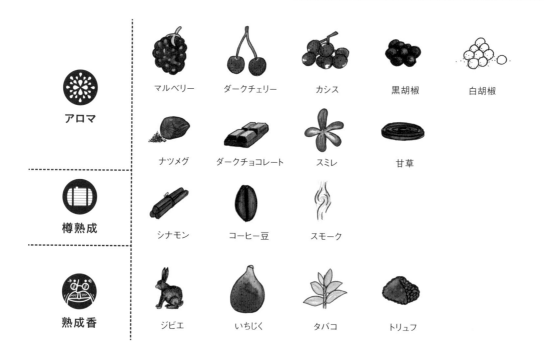

アロマ

| マルベリー | ダークチェリー | カシス | 黒胡椒 | 白胡椒 |

| ナツメグ | ダークチョコレート | スミレ | 甘草 |

樽熟成

| シナモン | コーヒー豆 | スモーク |

熟成香

| ジビエ | いちじく | タバコ | トリュフ |

特徴

シラーは深紫色のイブニングドレスのようだ。魅惑的なシラーは、優しいスミレのニュアンスに包まれた、胡椒、ナツメグ、甘草などの強い香りを放つ。ワインは長期熟成タイプで、単一品種で造られると濃厚でパワフルな味わいになり、グルナッシュとブレンドするとよりフルーティーで飲みやすくなる。

評価

長い年月を経て真価を発揮するエルミタージュ、コート・ロティ、サン・ジョゼフを世界的に有名にしたのがこのシラーだ。オーストラリアでは、黒ぶどう品種としては、最も栽培量が多い。

気候

温和または暑い気候。

栽培地

フランス：ローヌ地方、南部地方
その他の国：イタリア、南アフリカ、オーストラリア（この国ではシラーズと呼ばれる）、ニュージーランド、チリ、アメリカ合衆国（カリフォルニア州）

弱　　　　　　　　　　強
タンニン

GRENACHE

― グルナッシュ ―

アロマ

 いちじく
 イチゴ
 ブルーベリー
 ナツメグ
 ガリーグ（タイム、ローリエ、ローズマリー）
 カカオ豆

 シナモン
 リキュール

樽熟成

 バニラ
 コーヒー豆
 甘草
 キャラメル

熟成香

 干しいちじく
 プルーン
 モカ
 なめし革

特徴

スペイン原産の品種で、プルーン、チョコレート、ガリーグ（南仏の野生ハーブ）の香りがストレートに感じられる、ジューシーなワインを生む。口に含むとすぐに甘みが感じられ、アルコール度数がとても高いこともある。他の品種とのブレンド、または単一品種による辛口の赤ワインが主流で、ロゼや天然甘口ワインにもなる。ローヌ地方では、タンニンが力強いシラーを優しく包み込むパートナーになることも多い。

評価

黒ぶどう品種では栽培量が世界一。偉大なシャトーヌフ・デュ・パプ、またバニュルスやモリーなどの天然甘口ワインを生む品種として高く評価されている。チョコレートとの相性がとてもいいんだ。

気候

暑い気候。春の冷たい雨を嫌う。乾いた空気は問題ない。

栽培地

フランス：ローヌ地方、ラングドック・ルション地方
その他の国：スペイン、オーストラリア、モロッコ、アメリカ合衆国など

弱　　　　　　　　強

タンニン

GAMAY
― ガメ ―

果実	チェリー	イチゴ	フランボワーズ	スグリ	マルベリー	バナナ
花	ジャスミン					
ボーナス	チョコレート					

特徴

ガメといえばボージョレー地方、が合言葉。この地方のぶどう畑の99％を占めている品種で、とびきりフルーティーでチャーミング。ジューシーな赤い果実の香りが立ち上り、タンニンの弱い、爽やかで柔らかな味わい。どんなシチュエーションにも合う、飲みやすいワインだ。ボージョレー・ヌーヴォーの流行、バナナやキャンディーの香りが出る発酵法のせいで酷評されがちだが、丁寧に造られると、ガメは美しく年を重ねることができるワインになる。

評価

過剰生産のせいで、人気が落ちてしまっていたが、凝縮感のある上質なワインを造る熱心な生産者のおかげで、美食のテーブルに相応しいワインとして復活してきている。

気候

冷涼または温和な気候。早熟で多産な品種だ。

栽培地

フランス：ボージョレー地方、ロワール地方、アルデッシュ地方、ブルゴーニュ地方
その他の国：スイス、チリ、アルゼンチン

弱　　　　　　　　　強
タンニン

Hector participe aux vendanges

MOURVÈDRE

― ムールヴェードル ―

アロマ

マルベリー

甘草

ガリーグ

シナモン

胡椒

ジャコウジカ

熟成香

なめし革

ジビエ

トリュフ

特徴

黒色に限りなく近い、パワフルでアルコール度数の高いワインになる。若いうちは硬くて、土臭い感じもするけれど、年を重ねるとなめし革やトリュフの香りを開花させる。ムールヴェードルは、フランス南部の赤やロゼに骨格を与えるためにブレンドされることが多い。

評価

この品種は一般的にはほとんど知られていない。熟成にはかなりの忍耐が必要だけれど、プロヴァンス地方の極上のバンドールを生む。

気候

暑い気候が大好き！果皮が厚いので、完熟するには、太陽の光をふんだんに浴びないといけない。

栽培地

フランス：ローヌ地方、ラングドック・ルシヨン地方、プロヴァンス地方のバンドール
その他の国：アメリカ合衆国（カリフォルニア州）、オーストラリア、スペイン

弱　　　　　　　強
タンニン

MALBEC

― マルベック ―

果実

ダークチェリー

ブルーベリー

プラム

ボーナス

杉

なめし革

特徴

アルゼンチンではなくてはならない存在。この国では、豊満でコクのあるワインに変身する。一方で、フランス南西地方では、素朴で、タンニンの強い特徴が強くなる。ロゼ、赤に使われていて、単一品種でも、多品種とのブレンドでもOK。

評価

昔はフランス全土に普及していたが、今ではもうあまり知られていない。アメリカ大陸で人気。

気候

どちらかというと暑い気候。霜に弱い。

栽培地

フランス：ボルドー地方、南西地方
その他の国：アルゼンチン、チリ、イタリア、アメリカ合衆国（カリフォルニア州）、オーストラリア、南アフリカ

弱　　　　　　　　　強
タンニン

Hector participe aux vendanges

CARIGNAN

— カリニャン —

果実

 マルベリー

 バナナ

 プルーン

ボーナス

 ガリーグ

 甘草

 火打ち石

特徴

大量生産されると、個性に乏しく、酸味が強く香りの弱いワインになるが、収穫量を減らし、化学物質を控え、古木になるまで育て上げると、色の濃い、個性的で力強い、コクのあるワインに変身する。もちろん素朴なところはあるけれど、ガリーグと小石の香りが飛びぬけている。他の品種とブレンドされることが非常に多い。

評価

フランス南部の赤やロゼに使われることが多い。ただあまり評価されていないのが残念だ。栽培が難しく、不屈の精神を持った一握りの造り手のみ、単一品種で仕込むことに成功していて、ワインの達人たちを唸らせるほどのワインを生み出している。

気候

暑い気候。太陽、乾いた空気、風を愛する。

栽培地

フランス：ローヌ地方、ラングドック地方、プロヴァンス地方
その他の国：スペイン、マグレブ諸国（北アフリカ）、アメリカ合衆国（カリフォルニア州）、アルゼンチン、チリ

弱　　　　　　　　　　　　　　　　強

タンニン

SANGIOVESE

— サンジョヴェーゼ —

アロマ

 ブラックチェリー   スグリ   マルベリー   プルーン   スミレ

緑茶   黒胡椒   タイム   ローズマリー

熟成香

 タバコ   なめし革   腐葉土   コーヒー豆   白檀

特徴

種までイタリア生まれの品種。半島の中心部で育ち、定番のキャンティから珠玉（かつ高額）のブルネッロ・ディ・モンタルチーノまで多彩なワインを生む。その名は「ジュピター（ローマ神話の主神）の血」を意味するそうだ。ワインは淡いルビー色、生き生きとした酸味、しっかりしたタンニン、ブラックチェリーとハーブの香りなどを特徴とする。格式あるアペラシオンのワインの場合は40年以上の熟成に耐えるものがあるというから驚きだ。

評価

イタリア、特にトスカーナ地方で最も栽培されている品種。「スーペルトスカーナ」の成功はこの品種の力によるところが大きい。コルシカ島ではニエルキオという名で親しまれ、素晴らしいAOCパトリモニオとなる。

気候

夜温が低い温暖な気候でよく育つ。十分に熟さないと、色の薄い、酸味と渋みが強いワインになってしまう。

栽培地

フランス：コルシカ島（ニエルキオと呼ばれる）
その他の国：イタリア（トスカーナ州、ウンブリア州、カンパニア州）、アメリカ合衆国、アルゼンチン、チリ、オーストラリア

弱   強

タンニン

Hector participe aux vendanges

NEBBIOLO
― ネッビオーロ ―

アロマ

 マルベリー
 ブルーベリー
 スモモ
 イチジク
 タール
 バラ

 スミレ
 アイリス
 アニス
 カカオ豆
 甘草

熟成香

 トリュフ
 ジャム
 キノコ
 スモーク
 なめし革

特徴

イタリアで絶賛されている品種のひとつ。ピエモンテ州の偉大なバローロやバルバレスコはこのぶどうから生まれる。若いうちは強烈なタンニンと渋みを持つので、多種多様な香りを開花させるには長い年月（10年以上）が必要だ。とてもデリケートな品種で霜や病気に弱い。ぶどうの木1本当たりの収穫量は少ないけれど、一度飲んだら忘れられないほど魅惑的なワインに化ける力を秘めている。

評価

絶賛に値する魅力！ なかなか手に入らない超高級ワインで、最高の熟成状態になるまで、恐ろしいほどの忍耐を求められる。熟成のピークに達したボトルは、全世界のワイン通が我先にと争奪戦を繰り広げるほどの魅惑の1本となる。

気候

温暖湿潤な気候。開花が早いのに果実の成熟が遅いため、タンニンの荒さが和らぐまで長い日照時間が必要となる。その名称はイタリア語で「霧」を意味する「ネッビア」に由来。ピエモンテ州は霧が出やすい地域で、秋の収穫時に霧がかかることが多い。

栽培地

イタリア（ピエモンテ州、ロンバルディア州）、オーストリア、ブルガリア、キプロス、ギリシャ、アメリカ合衆国、メキシコ、チリ、アルゼンチン、オーストラリアなど

弱　　　　強

タンニン

ぶどうの木の一生

ワインは人間による2つの偉業の結晶。ひとつは畑でぶどうの木と向き合う栽培、もうひとつは酒蔵でぶどうをワインに変える醸造だ。

1年を通して、ぶどうの木は成長し、剪定され、成熟期を迎える。

冬
休眠期：ぶどうの木は眠っている。寒ければ寒いほど、翌年の収穫が期待できる（ただし、樹液が寒さで凍らないことが条件だ）。

剪定：樹液が循環しないこの時期にぶどうの木を剪定する。枝が多すぎると、樹液が枯渇してしまうからだ。たくさん実をつける木は、できるだけ短く剪定する。

春先
ぶどうの木が涙を流し始める。樹液が剪定した枝先まで上がり、滴が垂れる。

耕作：土壌に空気を取り込むために、畝の間を耕す時。土壌を活性化させて、水を吸収しやすくする。土をよく耕すことは、数回の雨と同じくらいの価値があるという諺があるそうだ。

発芽：芽が膨らみ、開いて、若い枝が現れる。新芽をすぐに死なせてしまう春の霜に注意。

晩春から初夏にかけて
発葉：青々とした若葉が次から次へと顔を出し、全体に広がっていく。

開花：太陽の光が強くなり、気温が上がると、たくさんの小さな白い花が咲く。すでに果房の形になっている。

結実：ぶどうの実が受粉した花の中にできる。栽培者はここで初めて収穫量の予測を行う。

Hector participe aux vendanges

先端の切り詰め：ぶどうの木が育ちすぎないようにして、果粒に活力を集中させるために、枝の先端を切り詰める。

落葉： 栽培者は果房に朝日が当たるように余分な葉を切り落とす。ただし、地方によっては、強すぎる太陽の光で焼けつかないように、十分に葉を残して日光を調節する。

 豆知識：ぶどうの木が一生の間で遭遇するリスク

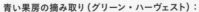

風が十分に吹かなかったり、降水量が多かったり、暑すぎたりすると受粉がうまくいかない。実がならないリスク：樹液が上まで届かないせいで、実が落ちてしまう。実が育たないリスク：実が大きくならない。さらに、ぶどうを打ちのめす雹のリスクもある。

夏

成長期に入り、順調にいけば、果房が大きくなる。

青い果房の摘み取り（グリーン・ハーヴェスト）：一部の産地では、ぶどうの木に実がなりすぎると、まだ熟していない青い果房を摘み取り、収穫量を抑えて、残りの果房が成熟しやすいようにする。一般的に、収穫量を少なくしたほうが、より良質なワインができる。

色付き：ここまでは、果粒は不透明な緑色で硬い。そして、徐々に色付き始める。白ぶどうは淡い黄色へ、黒ぶどうは青味がかった赤色へと変わっていく。

成熟：収穫の時まで続く。その年のワインの特徴を左右するため、一番重要な時期だ。成熟していくと、果粒の中の糖度が上がり、酸味は弱まる。果皮は薄くなっていく。この時期に天候がくずれると、ワインに直接的な影響が出てしまう。

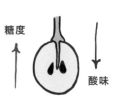

糖度 ↑

酸味 ↓

収穫：開花からおよそ100日後、ようやく果房を摘み取ることができる！栽培者は十分に成熟するのを待ち、熟れすぎる前に、ほどよく熟したところで収穫する。

秋

葉が黄金色になり、落ちる。再び冬の休眠期に入る。

ぶどうの木のルックス

地方、気候、品種に応じて、栽培者は最適な剪定法を選ぶ。ぶどうの木が蔓植物だということを忘れてはいけない。冬の剪定が悪いと、果実ではなく、幹と枝のほうが成長しすぎてしまう。

ぶどうの木の仕立て方はいろいろある。

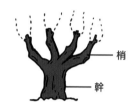

梢

幹

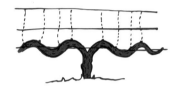

支柱

ゴブレ式

地中海沿岸地域（フランス南部、スペイン、ポルトガル、イタリア）の畑に多い。この仕立てにすると、強烈な太陽の光を葉で遮り、果房を守ることができる。幹はとても低く、主枝から梢が出ていて、まるで人間の指のようだ。ワイヤーは必要ないけれど、その代わり、作業を機械化することはできない。

ギュイヨ式（サンプルまたはドゥーブル）

広く普及している仕立て方。ブルゴーニュ地方では（図のように）サンプル（一組）、ボルドー地方ではドゥーブル（二組）が多い（長い枝を両側に残す）。実が育ちにくい品種の収穫量を増やすことができ、畝の間にトラクターを通すこともできる。ただ、この仕立て方はぶどうの木を疲れさせるため、毎年、支柱を取り換える。

コルドン・ド・ロワイヤ式

幹がとてもしっかりしているので、（剪定も収穫も）機械で作業しやすい。果房の間隔が広くなるので、風通しがいい。頑健な品種に適している。

若株と老株

株（幹）の樹齢は長い。平均で50年、最高で100年というから驚きだ。老いた木から採れる果房の量は少なくなるけれど、その分、良質なワインを生むことができる。だから、古木の畑は貴重で、栽培者は丹念に世話をする。最初の3年間は、ぶどうの木はすくすく成長するけれど、ワインに変身できるほど十分にいい実を付けることができない。10〜30年までは、とにかく多産な絶頂期だ。その後、活動が穏やかになり、実の中により多くの果汁を凝縮させるようになる。その一生は人間のものとあまり変わらないね。成長し、生命力を発揮し、そして穏やかに老いていく。

台木の歴史

現在、フランスで栽培されているぶどうの99.9％は、植え付けの前に接木した台木の上で育っている。地球上のほぼ全ての栽培地でも同様だ。栽培者は苗木を植える時、台木に蝋で接木したものを仕入れている。

この慣習が生まれた理由を知るためには、フィロキセラが出現した1863年まで時を遡らなければならない。この時までは、ヨーロッパのワインは順風満帆だった。ところが突然、フランスのガール県付近でぶどうの木が病に侵された。その病気が蔓延し、フランスのぶどう畑の大半を壊滅させてしまい、ヨーロッパ大陸は20年もの間、深刻なワイン危機に苦しめられることになった。

フィロキセラ

災いの元凶は、北アメリカで発生した、破壊力が凄まじいアブラムシ。フィロキセラはほんの数週間で、ぶどうの木の根を攻撃し、衰弱、枯死させてしまう。

アメリカで、フィロキセラに免疫のある在来種が発見され、これを台木にするという技法が、現代の栽培法に大きな変革をもたらした。現在も、アメリカ系品種の株がヨーロッパ系品種の台木の役割を果たしているんだ。この技法は1880年頃から普及し、ぶどう畑の救世主になったのだが、全てが元通りになるまで、なんと半世紀もかかった。

今では、世界中のほぼ全てのぶどうの木が接木されている。例外はほんの一部で、耐性の強い土着品種、またはこの害虫が生きられない砂質の土壌で育つものだけだ。

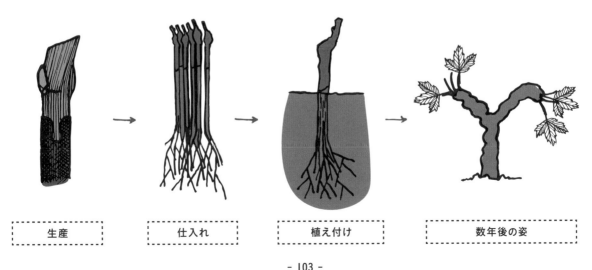

| 生産 | 仕入れ | 植え付け | 数年後の姿 |

ぶどうの病害

ブドウ樹と収穫にダメージを与える様々な病害が存在する。生産量だけでなく果実の風味も低下させる。最悪の場合、ブドウ樹の株を枯死させることもあるというから恐ろしい。カビによる病害と害虫、寄生虫による病害を区別しないといけない。

ベト病（ミルディウー）

ブドウ樹の最大の敵。雨の多い暖かい春に主に発生するカビが原因だ。その攻撃はブドウの成熟期まで続き、葉や実に蔓延し、収穫量を激減させる恐れがある。ボルドー液または硫黄を含む農薬を散布して予防する。

うどんこ病（オディウム）

ベト病と同様にカビが原因の病害で、葉や実を攻撃する。暑くて湿気の多い時期に繁殖し、収穫まで脅かす。最初は目立たないのが厄介で、そのうちに灰色の粉状のカビ胞子が若い枝や果粒を覆いつくし、さらには他の樹へと急速に飛び火していく。

灰色カビ病
（プリチュール・グリーズ）

正式名称はボトリティス・シネレア菌で、2つの顔を持つ。特定の産地、品種では「貴腐菌」と呼ばれる。偉大な極甘口の貴腐ワインを生むからだ。ただし、貴腐菌を受け付けないブドウ樹で繁殖すると、深刻な被害をもたらす。ブドウ樹の成熟期から収穫期にかけて活発になり、果粒を覆い、味を劣化させる。

エスカ病

古くから存在する病害のひとつで、非常に複雑な作用を及ぼすため対策が難しい。根を壊死させ、ブドウ樹を死滅させてしまう恐れがある。その繁殖を防ぐための特殊な剪定法がある。

ファイトプラズマによる病害（フラヴサンス・ドレ）

オオヨコバイ（虫）が運んでくるバクテリアによる病害で、収穫量をほぼ全滅させ、さらにはブドウ樹の枯死を招くこともある。一度感染した株は、根こそぎ引き抜いて焼き尽くす以外、対策はない。

天候の影響

気候と天候が意味するものは、全く異なる。気候はある地域の長期的な大気現象を総合したもの。例えば、フランスでは、ボルドー地方は海洋性気候で、ブルゴーニュ地方は半大陸性気候だ。この気候に基づいて、栽培計画、つまり、品種の厳選、剪定法、収穫日などが決定される。一方で、天候はワインの産年（ヴィンテージ）の大気の状態のことを指す。暑くて乾燥した年と、寒くて雨の多かった年とでは、ワインの特徴に大きな差が出る。特に重要なのは、収穫前の数週間の天候だ。

天候の問題

ジリジリとした暑さ：
果実の成長が遅くなり、糖度が高くなりすぎる。アルコール度数の高い、酸味不足のワインになってしまう。

雹：
季節に関係なく、突然降りだす雹は、ぶどう栽培者にとって悪夢のような存在だ。たったの10分でブドウ樹に打撃を与え、収穫を全滅させる恐れもある。

霜：
春の発芽の時期に発生すると、畑は致命的なダメージを受ける。芽が凍結して育たず、果実ができなくなる。

過剰な雨：
早く成長しすぎて果粒が膨張し、糖度が低く酸味の強い、色素の薄い実になってしまう。

雨不足：
ブドウ樹の渇きをいやすことができず、成長を妨げる。果実の成熟が止まってしまう可能性がある。

温暖化の影響

30年ほど前から、ぶどうの成熟過程に微妙な変化が現れている。伝統的な栽培地域で成熟が以前より早い、さらには早すぎる現象が起きていて、その結果、ぶどうの糖度、ワインのアルコール度数がだんだん高くなってきている。その結果、消化しにくい、ねっとりした触感の重々しいワインになりやすい。フランス南部、スペイン、イタリア、オーストラリア、アメリカの一部では温暖化は悩ましい問題となっている。ワインの爽やかさをどうやって保つか？葉の残し方、収穫時期、さらには品種の性質をもこの変化に適応させる必要がある。反対に、温暖化は一部の地域にとっては思わぬ好機となっている。例えばシャンパーニュ地方では、ぶどうが十分に成熟するかという心配をしなく

てもよくなってきている。さらにイギリスでは前代未聞といえるほど、ぶどうがよく生育するようになった。半世紀後、ぶどうの栽培地図はどのようになっているのだろう？地中海沿岸を起源とするブドウ樹はその生まれ故郷を離れ、北極、南極の方向へと移動することになるかもしれない。そうなれば、新しい品種、新しい土地を発掘、開拓する必要がある！

ぶどうの健康管理

栽培者は1年を通して、害虫やカビ、ウィルス、腐敗病からぶどうを守る。そして、肥料を撒いて土壌に栄養を与える。

調剤の散布

化学的、非化学的な調剤がある。例えば、化学肥料または有機肥料、農薬、殺虫剤、ボルドー液（硫酸銅と生石灰の混合液）、硫黄、イラクサ液など。栽培者は減農薬法、有機農法（ビオ）、ビオディナミ農法など、自分が実践する農法に応じて、調剤を選ぶ。

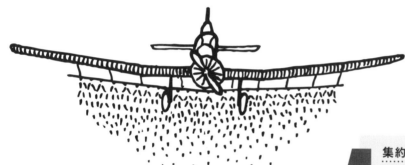

集約農業

だんだん減ってきている。化学物質の乱用は、土壌を疲弊させる。栽培者の健康にリスクがあることは言うまでもない。ぶどう栽培はフランスの生物多様性にとって最も有害な農業活動であることを知っておいたほうがいい（フランスの農地面積の3％に20％の農薬が使われている）。

減農薬法

現在は、この栽培法が主流だ。化学物質の使用は少量だけ認められている。事前に予防するのではなく、有害性の許容上限に達した時に、的を絞って薬剤を撒く。

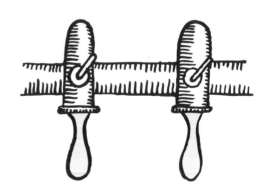

Hector participe aux vendanges

有機農法（オーガニック、ビオ）

ビオワインは有機農法から生まれるワインだ。特にぶどうの栽培法に関係している。

ぶどう栽培

フランスのABロゴ（有機農法認証ロゴ）を得るためには、慣行栽培から有機栽培への転換期間として3年の年月が必要だ。栽培者は化学肥料、除草剤、農薬、殺虫剤を使用してはならない。その代わりに家畜糞の堆肥などの自然由来の肥料を使い、ガなどの害虫駆除には交尾阻害を行う。病害に対しては、石灰硫黄合材とボルドー液（硫酸銅と生石灰）の散布が認められている。ただし、その蓄積量が多いと土壌には有害であることに変わりない。

ビオワイン（オーガニックワイン）

ワイン醸造法に対しても、2012年施行の欧州規則で厳しい基準が設けられ、オーガニックワインというカテゴリーは正式に承認され、ユーロリーフロゴが表示できるようになった。酵母などの添加物もオーガニックでなければならない。その実践にはより丹念な仕事と管理、より多くの努力と資金が必要だ。気候的に適していない地域（湿気が多く、病害が発生しやすいボルドー地方など）では導入することさえ難しい。けれど成功すれば、栄養分と微生物でいっぱいの健康な土壌、生物多様性を促進する生産を約束してくれる。

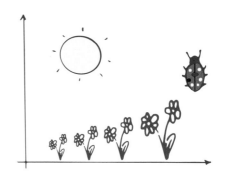

地方

有機農法はフランス全土で盛んだ。プロヴァンス地方、コルス地方、ジュラ地方で特に進んでいる。その後を追っているのがラングドック地方、アルザス地方、ローヌ地方で、ボルドー地方も遅れを取り戻している。フランスでは2017年時点で、ぶどう栽培地の10%が「AB」ロゴを取得している。

ビオディナミ農法

有機農法よりもさらに一歩踏み込んだ農法。土壌のエネルギーと自然界に存在する要素の力を引き上げ、ぶどうの木の生命力を高めることを目的としている。実践している生産者の数はまだまだ少ないけれど、熱狂的なファンが増えているよ。

ビオディナミの始まり

単に「ビオディナミ」と呼ばれることの多いこの農法は、オーストリアの哲学者、ルドルフ・シュタイナーの（物議を醸した）研究、特に1924年に農業者に対して行われた一連の講義に基づいている。農地全体を多様で自律した、生きた有機体と見なす考え方で、その機能を理解し、尊重しなければならない、と説いている。栽培者は、ぶどうの病気を治すのではなく、病気を発生させる自然の不均衡を補正することに努める。

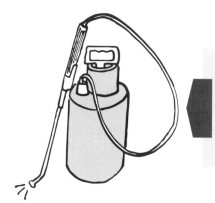

メソッド

有機農法の原則を採り入れるだけでなく、秘教主義に基づく、月と惑星の動きを考慮した、プレパラシオンという調合物を使用する。天然由来のプレパラシオンは、ブドウ樹を強化し、土壌に活力を与え、寄生虫の繁殖を抑えるために、ごく少量散布される。通常の有機農法と同じく、ベト病予防にはボルドー液が使われる。それから畑の耕作が行われる。

デメテル・ラベル (Label Demeter)

ビオディナミ農法の国際的な認証ラベル。通常の有機農法に、月、太陽、惑星の動きに合わせて、ぶどうの木に調剤、手入れを施すための特別なカレンダーを合体させた、厳しい仕様書を設けている。

ビオディヴァン・ラベル (Label Biodyvin)

1996年に、国際的なビオディナミ生産者組合によって考案された認証ラベルで、フランスの認証機関であるエコセールに認められたビオディナミ・ワインに表記されている。このラベルは、フランスで最も高名な、一部のビオディナミ生産者によって使用されている。

ビオディナミ調剤の例

牛の角に詰めた牛糞
この変てこな名前のプレパラシオンは、ビオディナミで特に有名で、広く使用されているものだ。土壌の活力とぶどうの木の根の成長を促進させるための調剤。雌牛の角に牛糞を詰め込んだもので、これを冬の間、土の中に埋めて十分に熟成させる。それから、中身を水で薄め、力いっぱいかき混ぜた後、畑に散布する。

上昇月と下降月
水や植物への月の影響は、ビオディナミ農法では極めて重要だ。根、葉、花、果実の成長には、それぞれ最良の時期があると考えられている。例えば、月の下降期に畑を耕して堆肥を施し、月の上昇期に実を収穫するのがよいとされているそうだ。月の満ち欠けの周期と混同しないようにしよう。

太陰暦
ビオディナミ実践者は、月相と、「根の日」、「葉の日」、「花の日」、「果実の日」という4つのシンボルを記した太陰暦に基づいて農作業を行う。4つのシンボルは、ワインをおいしく味わえる最良の日を選ぶ時に使われることもあるらしい。

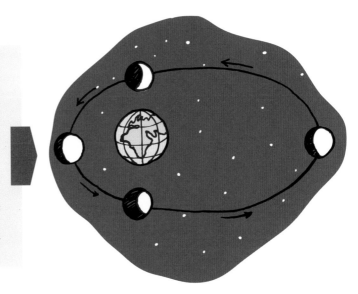

98 %

2 %

ビオディナミの効果
この農法がワイン造りにもたらす実際的な効果については大きな疑問があるという意見、さらには懐疑的な見方も少なくない。けれど、世界的に名の知れた一握りの生産者は、この農法の実践に成功している。ロワール地方のドメーヌ、ラ・クーレ・ド・セランのニコラ・ジョリー氏は、ビオディナミの伝道師の一人として有名だし、ブルゴーニュ地方で最も高名なドメーヌである、あのロマネ・コンティでも採用されているんだ。

ビオディナミが実践されている畑の割合
農薬嫌いな消費者の間で人気が高まっているが、その割合はごくわずかで、フランスの全栽培面積の2%以下にとどまっている。

ビオディナミ　　その他のワイン

ヴァン・ナチュール（自然派ワイン）

ヴァン・ナチュール？　ヴァン・ナチュレル？

どちらが正しい呼称かについての議論はまだ決着がついていない。どちらでも好きな呼び方を選んでいい。延々と続く議論を終わらせるために、ヴァン・ナチュール保護組合は、「nature'L」と綴ることをすすめている。

ヴァン・ナチュールは存在するのか？

100%自然な状態のワインは存在しない、と批判する人はいる。ワインは人間の手で造られるからだ。ワインを「ナチュール」と呼ぶのは不誠実という意見もある。人間の介入なく、ブドウ果汁をワインに変える自然発酵はあり得るとしても、自然に委ねられたワインは、ビネガーに変質するという末路を辿ることになる。そのため、このタイプのワインを嫌う人の間では「ヴァン・ナチュールだって？　ビネガーのことだろう」、というジョークが定着した。ただ、ヴァン・ナチュールの生産者は、美味しいワインを造るために、人間の力が必要であうことを心得ている!「ナチュール」は、全てを自然に委ねるということではなく、ぶどう以外の材料を極力使わないことを意味する。

ようやく法的に承認されたワイン！

コロナ禍の只中で、あまり話題にならなかったけれど、ヴァン・ナチュールの大勝利といえる出来事があった。フランスの国立原産地品質研究所（INAO）と競争・消費・不正防止総（DGCCRF）が、2020年5月から、「Vin Méthode Nature」（ヴァン・メトッド・ナチュール）というラベルを正式に承認したのだ！

それまでは、このタイプのワインには何の規制もなかった。欧州委員会が「ワイン」と「ナチュール」を併記することを禁止していたため、ボトルに明記することができなかった。そのため、生産者はスペルを工夫したり、造語を作ったりして、なんとか自然派であることをアピールしてきた。

そして満を持して、「ヴァン・ナチュール」を明確に定義する認証制度が誕生した。このラベルを堂々と表示したワインはまだ多くないけれど、今はまだ始まりでしかない！

二酸化硫黄 (SO₂) の使用は?

多くのワイン愛好家は、ヴァン・ナチュール、ヴァン・ナチュレルは
二酸化硫黄無添加のワインと認識していることだろう。だが、全くそ
の通りというわけではない。「Vin Méthode Nature」(ヴァン・メトッ
ド・ナチュール)は、発酵が完全に終わった段階で最大1リットルあ
たり30mgまで添加することを認めている。「結構多いのでは?」と思
われるかもしれないが、ごく少量だ。フランスの規制では、1リットル
あたり白ワインに210mgまでの添加を認めているのだから! 何年も
二酸化硫黄無添加のワインを造り続けてきた生産者の一部は、ナ
チュールの精神は捨てず、ワインを安定させ、できるだけ長く保存で
きるように、ごく微量のSO₂を加えることを選んだ。もちろん、素晴ら
しいぶどう以外は何も必要ないという信条を貫き、SO₂を一切加えな
い生産者もいる。

似て非なる「シャンパーニュ・ブリュット・ナチュール」

「ブリュット・ナチュール」と表示されたシャンパーニュを見て、ヴァン・
ナチュールと思ってしまう人もいるかもしれないが、そうではないので
要注意。シャンパーニュの場合、最後の
仕上げで糖分をプラスした「リキュール・
ド・ドザージュ」を添加していない、極
辛口タイプであることを意味する。この
タイプのシャンパーニュは数少ない。造
り手は「ブリュット・ゼロ・ドザージュ」と
表記することもできるので、この表現
だとヴァン・ナチュールとの混同を避
けられる。

ヴィンテージ（産年）

ヴィンテージ（フランス語でミレジム）は、ぶどうの収穫とワインの醸造の年を指す。エチケットに表示されることが多いけれど、義務というわけではない。ある地域の天候が良好であったか否かを示すもので、ワインの特徴を知るためのひとつの目安となるので、重要な情報となっている。

よいヴィンテージとは？

よいヴィンテージとは穏やかな気候に恵まれ、ぶどうの実が申し分なく成熟し、糖と酸をバランスよく蓄え、しかも実が落ちたり、腐ったりしない条件が揃った産年のことをいう。

反対に、天候が芳しくなかった産年の場合、悪天候の跡がぶどうの果実に深く残り、ワインの味にも表れる。一般的によいヴィンテージはよいワインであることを示す。さらに特別なヴィンテージは、より長い時間をかけて熟成させることのできるワインであることを示す。

ヴィンテージをどう評価する？

天候によって、ある地域では素晴らしいヴィンテージになったが、他の地域ではぱっとしない出来だったということもある。それでも、フランス全土で特に恵まれた年があった。それは2005年、2009年、2010年、2015年だ。ヴィンテージの違い、つまり収穫年の天候の違いを知るためのベストな方法は、同じワインで年号の違うボトルを数本、同時にテイスティングしてみることだ。若いものから古いものという順序で飲み比べる。ヴィンテージが違うと、熟成度だけでなく個性も違うということがよくわかるので試してみよう。

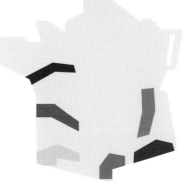

2005 2009 2010 2015

豆知識：ヴィンテージの採点についてどう思う？

ヴィンテージを採点することに賛成というわけではないので、本書ではあえて触れていない。というのも、点数が高いヴィンテージは、長期熟成力を備えたワインであることを示すことが多い。でも全てのワインが長期熟成に適しているというわけではない！「そこそこの」年でも、若いうちに飲むと、とてもおいしいワインができることだってある。全ては生産者の手腕にかかっているんだ。そのため、ヴィンテージの点数は時に消費者を惑わす。点数が低いがために買うのをためらってしまい、実はおいしいワインを味わう機会を逃してしまうことだってある。反対に、ヴィンテージの点数が高いという理由で、高級なワインを買ってみたものの、早すぎる段階で飲んでしまい、結局はそのワインを最高の状態で味わえなかったという残念な結果に終わることもある。さらには適切に評価されなかったヴィンテージのものが、数年後に予想に反して素晴らしいワイン（あるいは反対にひどいワイン）に化けることだってある！

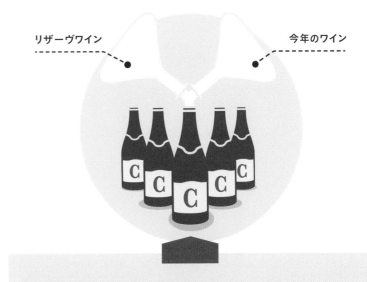

リザーヴワイン　　今年のワイン

特別なケース：ノン・ヴィンテージのシャンパーニュ、クレマン

ほとんどの発泡性ワインに「年号」の記載がないことをご存じだろうか？　一般的に発泡性ワインは、ある年のヴィンテージのワインに、過去のヴィンテージのワイン（リザーヴワイン）をブレンドして造られることが多い。毎年ほぼ変わらない、一定した味わいに仕上げるためだ。反対に、特に天候に恵まれた当たり年には、その年に収獲されたぶどうのみを使用して、その年の「年号」を記載したヴィンテージワインが造られる。

収穫時期

いつ収穫する?

収穫日の見極めはものすごく重要だ

早すぎると、実は糖分不足で、酸っぱいままだ。ワインも酸味が強くなる。遅すぎると、実が熟しすぎてしまい、糖分が過剰になり、酸が少なくなる。この場合、ワインは重くなり、ねっとりしてしまう。気まぐれな天候が作業をさらに複雑にする。ぶどうの実は雨が多いと腐り、猛暑になると干からびてしまう。

全てのぶどうが、同じ速度で成熟するわけではない

成熟の速さが品種によって違うのは当然だけれど、土質、畑の標高、日当たり、風通しなどの影響によっても早くなったり、遅くなったりする。ベストな状態で収穫するために、栽培者は、条件のひとつひとつに柔軟に対応しないといけない。例えば、ラングドック地方では、グルナッシュ、シラー、カリニャン、ムールヴェードル、サンソーを栽培しているけれど、収穫は15日から3週間かけて行われる。まず、一番早熟の品種を区画ごとに摘み取って、成熟のより遅い品種へと収穫を進めていくんだ。

収穫間近の数日に全てがかかっている!

突然のにわか雨で、収穫直前の実が水を吸収し、傷んでしまうリスクがある。特に収穫前の数日間は、空模様とぶどうの房から目が離せない。

— 114 —

Hector participe aux vendanges

収穫量

ぶどうの木の育て方、土壌、収穫年、品種により、ある一定面積の収穫量が多いこともあれば、少ないこともある。よく1ヘクタール当たりのワインのヘクトリットルという単位が使われるね。生産者の収穫量を調べたほうがいいとよく言われるけれど、これは、その生産者の方針が、大量に生産することか、それとも実に果汁を凝縮させて品質を高めることか、知ることができるからだ。例えば、テーブルワインや発泡性ワインの収穫量は80～90hl/haに及ぶ。一方でAOCワインは平均45hl/haだ。さらに偉大なワインは、35hl/haを超えることは滅多にない。

遅摘み

甘口ワインのための収穫法で、かなり複雑だ。最高の極甘口ワインは、ボトリティス・シネレア菌と呼ばれる「貴腐菌」の付いた果粒で仕立てる。この菌は果粒を乾燥させ、糖分とアロマを凝縮させるという素晴らしい役割を果たす。ただし、果房全体にまんべんなく付着することはないので、数か月かけて（ヨーロッパでは9月から11月末まで）、干しぶどうのようになった、完璧な果粒だけを摘み取っていく必要があるんだ。

凍結ぶどうの収穫

アイスワインを造る生産者は、気温が氷点下7℃以下になるまで待ち、果粒が霜の膜で覆われた時に収穫を行う。遅摘みぶどうよりもさらに糖分が凝縮され、水分がほとんどなくなる。作業が大変なだけでなく、ロスもかなり多く、収穫量が少ない（10hl/ha）ため、1本当たりの価格がどうしても高くなる。ドイツやカナダなど、気温が十分に下がる土地でのみ可能な収穫方法だけれど、地球温暖化の影響が忍び寄っているようだ。

手摘み

そのやり方は？

畑の大きさによるけれど、栽培者は家族や友人、あるいは期間限定のアルバイト（エクトールもその一人）の手を借りて収穫を行う。手摘みをする人たちは果房を切り取り、小さなかごの中にそっと入れていく。それから、大きめの収穫かごを背負った人たちが、摘み取られた果房を集めて、潰さないように気を付けながら運び出す。

長所

収穫する人たちは、ぶどうの木をいたわりながら、細心の注意を払って、選果と切断を行う。手摘みの場合、どんな地形の畑でも作業することができるし、十分に熟した果房のみを選りすぐりながら摘み取ることができる。数週間かけて、何度も畑に入って、選果をしながら摘み取らないと造れないワインの場合は、手摘みしかあり得ない。上級ワインを造る時にも、この収穫方法が支持されている。

短所

太陽の光で傷まないうちに摘み取らないといけないから、大勢の人手が必要だ。それに、圧搾機にかけるまで、果皮が割れないようにしないと、果汁が酸化し、劣化してしまうリスクがある。栽培者にとってコスト高になることは言うまでもない。

機械収穫

そのやり方は？

収穫機が、1列に並んだぶどうの木を跨ぐような形で進んでいく。完熟した果粒が、機械による振動で果房からふるい落とされ、ベルトコンベヤーが落ちた果粒を採取する。機械の調整が適切で、操作が正しければ、果粒はよい状態のまま果梗から離れてくれる。ただし、動きがちょっと荒いだけでも、果粒に傷がついてしまう。精巧な機械、正確な調整が必要だ。

長所

経済的で速い。少ない人手で賄えるし、昼でも夜でもベストなタイミングで収穫することができる。

短所

ぶどうの木はあまり強く揺さぶられると、寿命が短くなってしまう。果粒の成熟度が均一でない場合は、収穫の前あるいは後に、状態のよい果房のみを残すための選果作業が必要になる。また、収穫機の使用は、急斜面や入り組んだ地形では難しく、不可能でさえある。さらに、シャンパーニュ地方、ボージョレー地方などの一部のAOCでは、機械収穫が禁止されている。

赤ワインの醸造法

収穫後、果房は直ちに酒蔵に運ばれ、ワインに変えられる。状態の悪い果粒は収穫の最中、あるいは除梗後、選果台の上で取り除かれる。

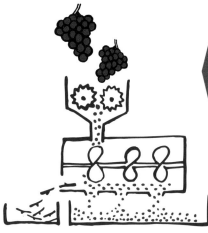

除梗と破砕（エグラパージュ / エラフラージュ、フラージュ）
生産者は、果房から果粒を外し、青臭い苦みのある茎（果梗）を除く（ただし、ブルゴーニュの場合、タンニンのあるストラクチャーを保つために、一部しか除梗しない）。破砕を行うことで果粒から果汁が流出する。

浸漬（マセラシオン）
タンクの中で2～3週間、果粒と果汁を漬け込む。果皮の色素が果汁に移る。

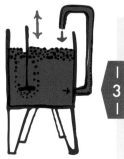

櫂入れまたは液循環
（ピジャージュまたはルモンタージュ）
浸漬の間、果皮、果肉、種が表面に浮かび、丈夫な果帽ができる。これはマールと呼ばれる。アロマ、色素、タンニンを果汁に移すために、このマールを果汁の中に押し込む（櫂入れ）、または、タンクの底から果汁を汲み上げて、マールの上に注ぐ（液循環）作業を行う。

液抜きとマールの圧搾
（デキュヴァージュ、プレシュラージュ・デュ・マール）
ワインとマールを分離する。圧縮をかけずに自然に流れ出すワインは、フリーランワインと呼ばれる。マールを圧搾して絞り取られたワインは、プレスワインと呼ばれ、フリーランワインよりもタンニンと色素を多く含む。

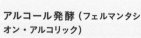

アルコール発酵（フェルマンタシオン・アルコリック）
浸漬の間、酵母（自然に存在する、あるいは添加される酵母）が、果肉の糖分をアルコールに変える。ワインが誕生しようとしている！発酵はおよそ10日間続く。

フリーランワイン

プレスワイン

調合
（アサンブラージュ）
フリーランワインとプレスワインをブレンドする。

— 6 —

育成とマロラクティック発酵
（エルヴァージュ、フェルマンタシオン・マロラクティック）
ワインは数週間から36か月（長期熟成タイプ）の間、タンクあるいは樽の中で過ごす。この休息の間にワインのアロマとストラクチャーが発達し、落ち着く。同時に、3、4週間かけて、二次発酵、つまりマロラクティック発酵が行われる。この発酵で、ワインはより安定し、酸味が和らぐ。

— 7 —

SO_2

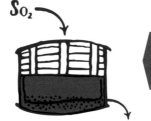

澱引きと二酸化硫黄添加
（スティラージュ、シュルフィタージュ）
〈必要に応じて〉
底に溜まった酵母とその他の沈殿物が除去される。酸化を防ぐために、少量の二酸化硫黄を加える。

— 8 —

調合（アサンブラージュ）
〈産地による〉
産地によっては、品種別、畑の区画別に醸造された数種のワインを調合しているところがある。

— 9 —

清澄、濾過（コラージュ、フィルトラシオン）
〈必要に応じて〉
タンパク質の吸着剤（卵白など）を用いて、浮遊物を凝集させて取り除く。ワインの透明度、輝きをより高めるためには濾過を行う。この過程はワインのアロマとストラクチャーに影響を及ぼす可能性があるため、必ず行われるというわけではない。

— 10 —

瓶詰め（アンブテイヤージュ）
ワインは瓶詰めされ、コルク栓またはスクリューキャップで閉栓される。シンプルなワインは、瓶詰め後すぐに出荷されるが、多くの場合は、瓶の中でさらに熟成させる。

— 11 —

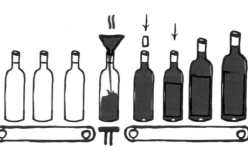

白ワインの醸造法

赤ワインとは違い、浸漬の工程はない。白ワインは酒蔵に入ったらすぐに圧搾される。造りたいワインのタイプに合わせて、育成はタンク（辛口で爽やかなタイプ）か木樽（力強い熟成型）で行われる。

圧搾（プレシュラージュ）
除梗後、そのまま果粒を圧搾し、果皮を取り除いて、果汁のみ集める。

|1|

不純物の沈澱（デブルバージュ）
果汁をタンクに入れる。圧搾の時にできた不純物を底に沈殿させ、除去する。この作業をすることで、よりきめの細かい白ワインを造ることができる。

|2|

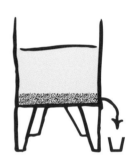

アルコール発酵
（フェルマンタシオン・アルコリック）
（自然に存在する、あるいは添加される）酵母が、糖分をアルコールに変える。ワインが誕生しようとしている！発酵はおよそ10日間続く。

—3—

テクニック１

爽やかな早飲みタイプに仕上げる場合

—4—

育成（エルヴァージュ）
ワインをタンクに移し、安定させるために数週間ほど寝かせる。あえて酵母を残したまま、つまり、澱の上で育成するワインもあるが、それ以外は澱引きして、酵母を取り除いて育成する。

A

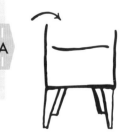

Hector participe aux vendanges

コクのある長期熟成タイプに仕上げる場合

— 4 —

— A —

樽育成とマロラクティック発酵
ワインは木樽に移され、二次発酵であるマロラク
ティック発酵が始まる。この工程によって、ワインは、
コクのあるまろやかな味わいになる。

— B —

撹拌（バトナージュ）
数か月続くこともある育成の間、澱を浮遊させるため
に、定期的に棒でワインを撹拌する。こうすることで、
ワインがより一層ふくよかになる。

2つのタイプに対して

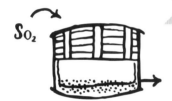

— 5 —

二酸化硫黄添加、調合、清澄、濾過
（シュルフィタージュ、アサンブラージュ、コラー
ジュ、フィルトラシオン）〈※必要に応じて〉
酸化を防ぐために、少量の二酸化硫黄を加える。
産地によっては、別々に醸造された、品種別、畑の
区画別のワインを調合（ブレンド）する場合もある。タ
ンパク質の吸着剤（卵白など）を用いて、浮遊物を
凝集させて取り除く。ワインの透明度、輝きをより高
めるためには濾過を行う。この過程はワインのアロマ
と構造に影響を及ばす可能性があるため、必ず行わ
れるというわけではない。

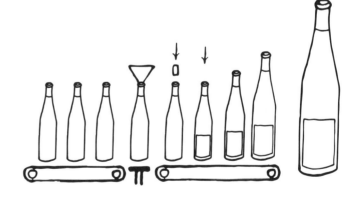

— 6 —

瓶詰め（アンブテイヤージュ）
ワインは瓶詰めされ、コルク栓またはスクリューキャップで閉栓される。瓶の
中でさらに熟成させるか、あるいは瓶詰め後すぐに出荷する。

ロゼワインの醸造法

ロゼワインは果皮の黒いぶどうから造られる。赤ワインに似た造り方と、白ワインに似た造り方がある。

セニエ法

一番よく使われている醸造法。赤ワインのように、果皮を果汁に漬けてマセラシオンを行うのだが、その期間は非常に短い。しっかりした色の、力強いロゼに仕上がる。

直接圧搾法

モダンなスタイルにしたい時、灰色ワイン（ヴァン・グリ）を造る時に用いられる。白ワインのように果粒をすぐに圧搾するが、ゆっくり時間をかけて行う。淡い色の軽やかなロゼができる。

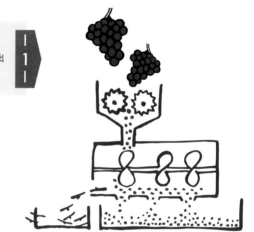

除梗と破砕（エグラパージュ / エラフラージュ、フラージュ）
| 1 |

果房から果粒を摘み取り、茎（果梗）を除く。破砕により、果粒から果汁が流出する。直接圧搾法の場合、この作業は省かれることもある。

2つのテクニック

直接圧搾法
| 2 |

圧搾（プレシュラージュ）
出来上がりの色のイメージに合わせて、ぶどうの果粒をプレス機で段階的に、徐々に力を加えて圧搾する。搾り取られた果汁のみ集める。

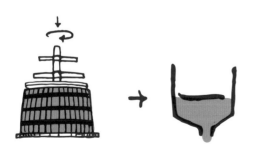

セニエ法
| 2 |

浸漬（マセラシオン）
果粒と果汁を一緒にタンクに入れ、果皮の色を果汁に移す。出来上がりの色のイメージに合わせて、8〜48時間、浸漬を行う。その後、果汁から果皮を取り除く。

Hector participe aux vendanges

| 3 |

不純物の沈澱 (デブルバージュ)
果汁をタンクに入れる、浮遊物を底に沈殿させ、除去する。この作業により、香りがよりはっきりしたロゼワインを造ることができる。

アルコール発酵
(フェルマンタシオン・アルコリック)
(自然に存在する、あるいは添加される) 酵母が、糖分をアルコールに変える。ワインが誕生しようとしている! 発酵はおよそ10日間続く。

— 4 —

育成 (エルヴァージュ)
ワインをタンクに移し、安定させるために数週間ほど寝かせる。ロゼの場合、木樽熟成やマロラクティック発酵を行うことは稀だ。その後、必要に応じて、二酸化硫黄の添加、調合 (アサンブラージュ)、清澄、濾過が行われる。

— 5 —

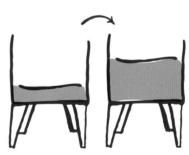

瓶詰め (アンブテイヤージュ)
ワインは瓶詰めされ、コルク栓またはスクリューキャップで閉栓される。夏のバカンスに向けて、春に出荷されることが多い。

| 6 |

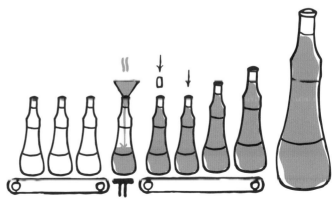

ロゼワインの成功

ロゼワインの人気は、今までにないレベルまで来ている。20年ほど前から世界的なブームとなっていて、ワイン史において、フランス、さらには世界で今ほどロゼワインの需要が増えたことはなかった。今ではフランスの至る所で生産されている。

ロゼワインは世界最古のワイン？

そうかもしれない！ ロゼは50年前に考案された流行のワインではない。古代の醸造法は現代とは違っていた。当時は赤ワインの色を出すマセラシオン（果皮浸漬）はほとんど行われず、さらにはその存在すら知らなかった地域もあったという。つまり、黒ブドウから造ったワインはすでにロゼワインだったのだ！ それから、その人気は浸透していった。中世の時代（13～15世紀）、ボルドーワインはまだローズ色で、「クレレ」と呼ばれていた。シャンパーニュ地方のワインも同様で、その当時はまだ「発泡」していなかった。ロゼワインが廃れて赤ワインが食卓を席巻す

るようになったのは、さらに数世紀経ってからで、特にナポレオンの時代になってからだ。ロゼワインは1930年代、さらに1945年以降に再び流行したものの、1975～2000年にその人気は急落した。重厚な赤ワインが特に好まれるようになり、ロゼワインは見向きもされなくなってしまった。2000年以降、消費者たちはより爽やかでライトな、飲みやすいワインを求めるようになった。ロゼはまず夏にぴったりのワインとしてもてはやされ、今では他の季節でも飲まれるようになっている。

地域別のロゼワイン

プロヴァンス地方
フランス一、さらには世界一の生産量を誇るロゼの王国。全体的に淡い色で、白に近いものもある。柑橘類、ベリー類、花の香り。軽やかでとても爽やかな味わい。

ロワール地方
フランス第2位の産地。アンジューのロゼが特に有名。フクシアの花の色に近い鮮やかなピンク色をしている。やや甘いため、アペリティフやデザートワインとして飲まれることが多い。

南西地方、ラングドック・ルシヨン地方
生産者の好みによって、淡い色もあれば、濃い色もある。とてもフルーティーで、ふくよかなタイプのものもある。

コルシカ地方
2タイプある。お隣のプロヴァンス地方から着想を得た、淡い色のフルーティーなロゼ。そして在来品種のニエルキオやスキアカレロによる、素晴らしいテロワールを体現したロゼ。

ローヌ地方
この地方で最も有名なロゼはタヴェルだ。鮮やかな色とアルコール感の高いしっかりした味わいを特徴とする。プロヴァンス地方とは真逆のスタイル。

シャンパーニュ地方
劇的な成功を収めたのがロゼシャンパーニュだ。近年、赤ワインにも負けないような、濃厚で力強いタイプも出てきている。

ボルドー地方
ローブもアロマもテクスチャーも、ロゼと赤の中間のような特徴を持つ「クレレ」が今も存在する。

ヴァン・グリ（灰色ワイン）
ロゼの変種ともいえるワインで、淡い色調と繊細な味わいを特徴とする。代表的なものは、ロレーヌ地方の「グリ・ド・トゥール」、ラングドック地方のグルナッシュ・グリ種、サントル・ヴァル・ド・ロワール地方のルイィ地区のピノ・グリ種のワインなど。

Hector participe aux vendanges

渇望されるロゼワイン

この数十年でロゼワイン市場は爆発的に拡大した。フランスでは消費されるワインの30％を占めている。世界でも急成長を見せていて、今のところ、ワイン消費量全体の10％ほどの割合ではあるけれど、販売量はこの20年間で20％もUPしているんだ。フランスでの平均価格は今でも低い（ボトルよりもボックスで販売されることが多い）。一方で、高級ロゼワインも年々増えている。

白：17%

ロゼ：30%

赤：53%

オレンジワインの醸造法

オレンジワインは目新しいものでも流行りものでもない。実は古代ギリシャ、ローマ時代から存在している。おそらく、人類が造った最初のワインのひとつでもあるだろう。フランスでは（再）発見はあまり進んでいないけど、イタリアやジョージアではかなりポピュラーで、アメリカでは約20年前から、「オレンジワイン」という呼称が与えられている。まさに、白ワインと赤ワインの中間に位置するもので、醸造法は赤ワインとほぼ同じだけれど、なんと、白ぶどうを使用する！ その結果、香りとテクスチャーがとてもしっかりした、濃いオレンジ色のワインができる（その分、アルコール度数もそれ相応）。タンニンを含み、白ワインよりも酸味が控えめなので、消化しやすいものが多いそうだ。

浸漬（マセラシオン）
除梗後、破砕を行い、果粒から果汁を流出させる。容器はタンクや樽も使われるが、一番多いのはアンフォラ（壺）で、その中に果粒と果汁を一緒に入れてしばらく漬け込む。果皮（場合によっては果梗も）が果汁に色を付け、アロマとタンニンを浸み込ませる。数週間、果皮を果汁に漬けておく。これは8か月まで続くこともあるというから驚きだね！

櫂入れ（ピジャージュ）
浸漬の初めと途中で、果皮が果汁によく漬かるように、表面の果粒を底に押し込む。こうすると、香り、色、タンニンがより豊かなワインに仕上がる。

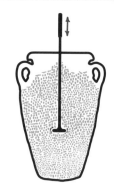

アルコール発酵（フェルマンタシオン・アルコリック）
浸漬の間、酵母（自然に存在する、あるいは添加される酵母）が、糖分をアルコールに変える。ワインが誕生しようとしている！ 発酵が終わると、アンフォラは密閉される。

**澱引きと瓶詰め
（スティラージュ、アンブテイヤージュ）**
ワインから果皮を取り除く。必要に応じて、タンク、樽、アンフォラでさらに熟成させた後、瓶詰めする。

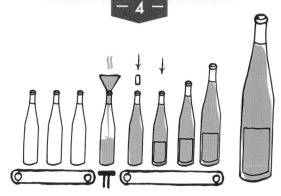

Hector participe aux vendanges

黄ワインの醸造法

黄ワインはフランスのジュラ地方の名酒だ。この土地のテロワールと特殊な酵母の力なしでは成り立たない、「産膜酵母による育成」というとても珍しい育成法で造られている。樽に酸素を残すことで独特な香りを引き出すため、「酸化熟成」とも呼ばれている。このワインの魅力は、何と言っても、くるみ、カレー粉、ドライフルーツの力強い香りだ。白ぶどう品種であるサヴァニャンのみで仕込まれる。ポルト・ワインやシェリーも同じ醸造法で造られているんだよ。

|1| **醸造（ヴィニフィカシオン）**
最初の工程は、白ワインと全く同じ。つまり、圧搾（プレシュラージュ）、不純物の沈殿（デブルバージュ）、アルコール発酵（フェルマンタシオン・アルコリック）だ。

育成（エルヴァージュ） **|2|**
最低でも6年と3か月、オーク樽の中で寝かせる。

|3| **補酒（ウイヤージュ）はしない！**
普通のワインとは違い、樽に補酒をしない。通常は、木樽からの自然蒸発で目減りしたワインの分（有名な天使の分け前）を、定期的に補充し、ワインを劣化させる恐れのある空気を樽の中に残さないようにする。けれど、黄ワインに限っては、生産者は意図的に酸素を樽の中に入り込ませるんだ。

酵母の膜の生成
（フォルマシオン・デュ・ヴォワル）
酵母が自然にレスキュー隊として現れ、ワインの表面に保護膜を作り、空気でワインがお酢に変わるのを防ぐ。この膜の働きによって、待望の「黄ワインの味」が生まれる。樽の中で膜がうまく生成されないと、黄ワインはできない。
|4|

瓶詰め（アンブテイヤージュ）
ワインは濃い金茶色になる。黄ワイン専用の62cl※のボトル、クラヴランに瓶詰めされる。

|5|

※ cl＝10ml

- 127 -
ぶどうからワインへ

シャンパーニュの醸造法

シャンパーニュは白ぶどう（シャルドネ）と黒ぶどう（ピノ・ノワール、ピノ・ムニエ）から造られる。クラシックなスタイルは、3品種を調合したものだけれど、1品種のみ、あるいは2品種で仕込まれることもある。いずれの場合も、出来上がりの色は白。醸造法は途中まで白ワインと同じで、さらに特殊な工程、つまり泡を発生させるための瓶内二次発酵が加わる。伝統製法とも呼ばれているシャンパーニュ製法は、クレマンの醸造にも用いられている。

圧搾（プレシュラージュ）
除梗の後で、黒ぶどう、白ぶどうの果粒を圧搾し、果皮を取り除いて、無色の果汁のみ集める。一般的に、この果汁は、非発泡性のものよりも酸味が強く、糖分が少ない。

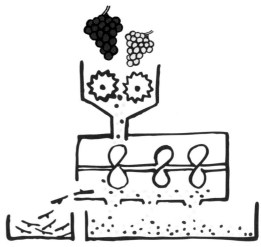

アルコール発酵
（フェルマンタシオン・アルコリック）
果汁をタンクか木樽に入れ、不純物を除去する。酵母が、糖分をアルコールに変える。ワインが誕生しようとしている！　タンクの場合、より辛口となり、木樽の場合、よりコクのある味わいとなる。

調合（アサンブラージュ）
ワインは木樽またはタンクで育成される。この間に、マロラクティック発酵が行われることもある。その後、多くの場合（ノン・ヴィンテージ）、3品種のワインと古いヴィンテージのワイン（リザーヴワイン）をブレンドする。リザーヴワインは、毎年均一なスタイルを維持するために加えられる。

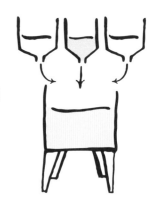

豆知識：ロゼシャンパーニュの醸造法は？

黒ぶどう品種の一部で造った赤ワインを、アサンブラージュの工程で白ワインに少量（10%）加え、ロゼ色に変える。赤ワインと白ワインの調合が認められているのは、実はシャンパーニュのみ。

瓶詰め（アンブテイヤージュ）

ワインは瓶詰めされ、リキュール・ド・ティラージュ（天然酵母と糖液）が添加される。仮の口金で栓をする。

I 4 I

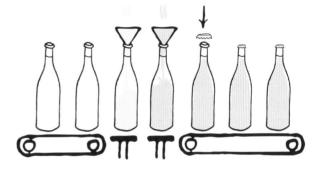

瓶内二次発酵（プリーズ・ド・ムース）

酵母が糖分を分解して、瓶内二次発酵が始まる。密閉した瓶の中で炭酸ガスが発生し、ワインの中に溶け込む。泡が誕生しようとしている！

— 5 —

育成と動瓶（エルヴァージュ / ルミュアージュ）

シャンパーニュの個性に合わせて、瓶詰めしたままの状態で2～5年間、特別仕込み（グラン・キュヴェ）の場合はもっと時間をかけて、地下蔵で寝かせる。最初は横に寝かせて保管し、徐々に、少しずつ瓶を回しながら、瓶の口が下になるように瓶を傾けていく（伝統的には手作業だったが、今は機械化されている）。この動瓶により、澱となった酵母が、瓶の仮栓のところに集まる。

— 6 —

澱抜き（デゴルジュマン）

瓶の口の部分を冷却する。仮栓を抜くと、気圧により、凍った澱の部分が自然に飛び出る。

— 7 —

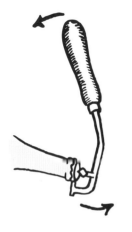

ドザージュ

コルクとミュズレ（針金付の王冠）を取り付ける前に、ワイン原液と糖分を混ぜたリキュール・デクスペディション（門出のリキュール）をシャンパーニュに補充する。この時の糖分の量によって、シャンパーニュの甘さ、辛さの度合いが決まる（糖分を加える場合は、「ドゼ」と言われる）。

I 8 I

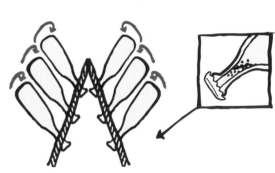

(V) 役立つワイン用語

糖分の量によって、シャンパーニュは以下のように表現される。ノン・ドゼ（糖分無添加）、エクストラ・ブリュット（極辛口）、ブリュット（辛口）、セック（中甘口）、ドゥミ・セック（甘口）、ドゥー（極甘口）

様々な発泡性ワイン

発泡性ワインは世界全体のワイン生産量の7%を占めていて、これはボトル24億本に相当する！ その生産量と消費量は常に増え続けている。主な生産国はフランス（世界のボトル本数の1/4に相当）、イタリア、ドイツだ。

泡はどのように出現した？

泡はワインの発酵度や気温の影響で、様々な地域で偶発的に発生した。ワインの発酵は冬の低い気温下で自然に止まり、その後、室内での保管や春の到来で気温が上がると再開する。発生した炭酸ガスは容器の中に留まり、ワインは自然に発泡した。

発泡性ワインの種類

Vin perlant
（ヴァン・ペルラン／微発泡性）

非発泡性の白ワイン（ヴァン・トランキル）に限りなく近い。瓶内の炭酸ガスは0.5〜1気圧ほどで、開栓時にコルク栓が飛ぶことはなく、ワインの表面上に泡の膜ができることもない。目には見えず、口の中で微かに感じる程度の泡であることも多い。アルコール発酵後、澱の上で育成した若いワインによく表れる特徴で、熟成が進むにつれて泡は消えていく。

Vin pétillant
（ヴァン・ペティヤン／弱発泡性）

瓶内の炭酸ガスの圧力が1〜2.5気圧のワイン。その泡はスタンダードな発泡性ワインよりも繊細だ。コルク栓はミュズレの王冠なしで、針金だけでも留められる。このタイプのワインはアルコール度数が低いものが多い。ロワール地方のアンジュー・ペティヤン（白・ロゼ）、ソミュール・ペティヤン、モンルイ・ペティヤン、ヴーヴレ・ペティヤン、イタリアのヴィーノ・フリザンテ（プロセッコ・フリザンテ、ランブルスコ・フリザンテ）、ポルトガルのヴィーニョ・ヴェルデ、スペインのヴィノ・デ・アグハ、ドイツのパールヴァインなどがある。

Vin mousseux
（ヴァン・ムスー／発泡性）

最も典型的な発泡性ワイン。「ムスー」はフランス語ではあまり上品な表現とはいえないけど、シャンパーニュもクレマンもこのタイプに分類される。瓶内の炭酸ガスの圧力が3気圧以上（6気圧前後のものもある）もあるので、瓶には分厚いガラスが使用され、コルク栓はミュズレ（針金付の王冠）でしっかりと留められる。フランスのシャンパーニュ、クレマン、イタリアのプロセッコ・スプマンテ、フランチャコルタ、スペインのカヴァ、ドイツのゼクト、アメリカのスパークリングワインなどがある。

Hector participe aux vendanges

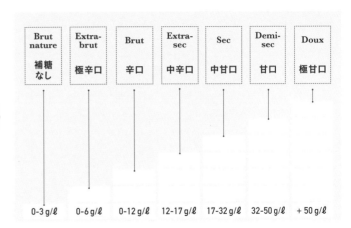

Brut nature 補糖 なし	Extra-brut 極辛口	Brut 辛口	Extra-sec 中辛口	Sec 中甘口	Demi-sec 甘口	Doux 極甘口
0-3 g/ℓ	0-6 g/ℓ	0-12 g/ℓ	12-17 g/ℓ	17-32 g/ℓ	32-50 g/ℓ	+ 50 g/ℓ

ドザージュの糖分量

ヴァン・ムスーは、澱抜き後に補充するリキュール・デクスペディション（門出のリキュール）に含まれる糖分の量に応じて、甘口、辛口などに分類される。

メトッド・アンセストラル（先祖伝来製法）

発泡性ワインの最古の製法。メトッド・リュラル、メトッド・アルティザナルともいう。アルコール発酵がまだ終わっていない段階で、ワインの瓶詰めを行う。瓶内で発酵し、炭酸ガスが発生することで泡が生まれる。AOCガイヤック、AOCビュジェ・セルドン、一部のAOCブランケット・ド・リムーなどがこの製法で造られている。

メトッド・トラディショネル（伝統製法）

クレマンの醸造に義務付けられている製法で、シャンパーニュと全く同じなので、メトッド・シャンプノワーズとも呼ばれる。瓶内で二次発酵させる方式だ（詳しくはP.128、129参照）。一次発酵が終わった後、瓶詰め時に天然酵母と糖液を添加する。二次発酵が起こり、瓶の中に閉じ込められた炭酸ガスがワインに溶け込む。

 豆知識：フランス全国で造られているクレマン（Crémant）

「クレマン」という名の発泡性ワインは、フランスのほぼ全ての産地に存在する。アルザス地方、ボルドー地方、ブルゴーニュ地方、ディー地区（ローヌ地方）、ジュラ地方、リムー地区（ラングドック地方）、ロワール地方、サヴォワ地方などだ。ルクセンブルク産もある。製法はシャンパーニュと同じでも、使用するぶどう品種は各地方で異なる。またクレマンには、9カ月以上の瓶熟成が義務付けられている。

ワインの育成

アルコール発酵と瓶詰めの間に行われる、タンクまたは木樽による育成は、ワイン造りに欠かせない工程だ。

育成の目的

アロマを表出させる。

ワインを熟成させる。

色を安定させる。

タンニンを和らげる（赤ワインの場合）。

ワインから不純物（酵母など）を取り除く。

タンク育成

育成用のタンクに使用するステンレス、コンクリート、プラスチックは、どれも不活性な素材だから、アロマがタンクからワインに移ることはない。この育成法は、フルーティーで潑剌とした、軽やかなスタイルにしたい白、ロゼ、赤の仕込みに適しているんだ。タンク育成の期間は比較的短く、軽めのワインで1、2か月、よりしっかりしたワインで12か月。特に赤ワインは、出荷前に1年間熟成させる必要がある。

樽育成

ワインと木樽、特に新樽は互いに作用しあう。材質や樽の内面の焼き具合に応じて、様々なアロマ（ロースト、トースト、バニラ、ブリオッシュなど）がワインに移る。樽の隙間や栓から、微量の空気が流れ込み、ワインの一部が蒸発する。この蒸発した部分は、天使の分け前というんだ。わずかな空気に触れることで、ワインは変化し、タンニンが和らぎ、熟成が進む。その後、熟成は瓶の中でも続く。樽育成は骨格のある濃厚ワインにのみ適している。樽由来のアロマを巧みに加減するために、生産者は、使用年月の違う複数の木樽を使い分けている（例えば、新樽から古樽までの4段階の樽に分けて育成）。12 〜 36か月かけて育成する。

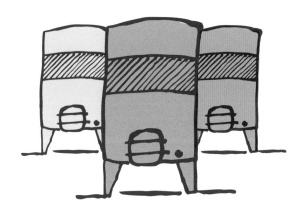

Hector participe aux vendanges

マロラクティック発酵

育成の間、赤ワイン、一部の力強いロゼと白ワインに対しては、マロラクティック発酵が行われる。つまり、（青リンゴの酸味に似た）リンゴ酸が、より酸味の弱い、まろやかで柔らかな乳酸に変わる発酵だ（乳製品に含まれる酸）。17℃前後の温度で始まるので、冷涼な環境ではできない。軽やかさを残したい白やロゼワインには行われない。

酸化熟成

通常、育成はワインをタンクや樽の上縁までいっぱいに入れた状態で行われる。生産者は蒸発による目減り分を補うために、ワインを定期的に注ぎ足している（ウイヤージュと呼ばれる）。ワインと空気が接触する面積を最小限にして、ワインの劣化を防ぐための作業だ。
ただし、樽の中の空洞部をわざと残したまま育成するタイプのワインもある。
酸化熟成させたワインは、クルミやカレー粉、ドライフルーツ、ビターオレンジなどの独特な香りをまとう。

時には、酵母が液面に保護膜を形成することもある。これはヴァン・ド・ヴォワル（特にジュラ地方のワイン）と呼ばれる。酸化熟成が行われるワインの例：ジュラ地方の黄ワイン、シェリー・フィノ（辛口）、ポルト・タウニー、バニュルス、マデイラ・ワイン。

 豆知識：ミクロ・オキシジェナシオン（またはミクロ・ビュラージュ）

（樽ではまれで主にタンク）育成中のワインに、少量の酸素の泡を人工的に吹き込むこと。樽育成と同じような作用、あるいはタンニンを滑らかにするなどの効果を短期間で得ることができ、熟成を早めることができる。この技法は、ワインの特徴を単調にしてしまうという理由で、反対する声も多い。

甘口と極甘口のワイン

甘口と極甘口は区別される。甘口はアルコール発酵の後で糖分が1ℓ当たり20 〜 45g残ったワイン、極甘口は1ℓ当たり45g 〜 200g残ったワインだ。

安価な甘口ワインの造り方はいたってシンプルで、醸造中に糖分を添加する（シャプタリザシオン）。アルコール発酵で、許容アルコール度数（約12.5%）に達したら、二酸化硫黄を加えて発酵を止める。

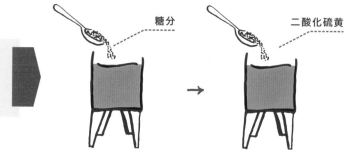

糖分

二酸化硫黄

様々な収穫法

上質な甘口、極甘口ワインは、ぶどう本来の糖分のみで造られる。生産者は様々な方法で、通常よりも糖度の高いぶどうを収穫する。

遅摘み（ヴァンダンジュ・タルディヴ）
辛口ワインの場合よりも遅い時期に収穫する。最良のものは、果粒にボトリティス・シネレアという菌が付いた貴腐ぶどうだ。この菌によって、果粒の中に糖分が凝縮され、焼いた果物のアロマが生まれる。

藁ワイン（ヴァン・ド・パイユ）
収穫は比較的早く行われるが、藁やござの上で、数か月間乾燥させる。イタリア、ギリシャ、スペイン、フランスのジュラ地方で行われている。

干しぶどう化（パスリヤージュ）
枝についたままの状態で、秋の日差しと風の作用で、果房を乾燥させる。この方法を行うには、フランス南西地方やスイスのヴァレー州などのように、秋の気候が暖かく、乾燥していて、風がよく吹くという自然条件が必要だ。

貴腐ぶどうの選果（セレクション・ド・グラン・ノーブル）またはベーレンアウスレーゼ
貴腐ぶどうは遅摘みぶどうよりも糖度が高い。さらに遅い時期に収穫し、ボトリティス・シネレア菌が付いた果粒のみを選り摘む。

アイスワイン（ヴァン・ド・グラス）
ドイツ、オーストリア、カナダなどの寒い地域では、冬になるのを待ってから、凍結したぶどうを摘み取る。

醸造の時、果粒に残っている微量の果汁を搾り出すために、圧搾はゆっくり時間をかけて行われる。発酵の期間も辛口ワインよりも長い。それから、二酸化硫黄を添加し、冷却して発酵を止める。ワインから酵母を取り除くために、濾過する。

天然甘口ワインのアルコール添加 (ミュタージュ)

発酵途中でアルコールを添加した赤または白ワインは、「天然甘口ワイン」、「ミュタージュ・ワイン」または「酒精強化ワイン」(この呼び名は英語に由来する)という。辛口のものもあるけれど、大抵の場合は甘口だ。瓶詰め後のアルコール度数は15%以上になる。

醸造法
アルコール発酵の初期段階で、ぶどうを原料とするアルコール (96%) を添加して、発酵を止める。味も香りもないこの中性アルコールが、酵母を死滅させるため、ぶどうに含まれる糖分がアルコールに分解されないで残るという仕組みだ。

フランス産としては以下のものがある。
白ワインの例：ミュスカ・ド・ボーム・ド・ヴニーズ (ローヌ地方)、ミュスカ・ド・リヴザルト (ルシヨン地方)、ミュスカ・ド・フロンティニャン (南西地方)、ミュスカ・デュ・カップ・コルス (コルシカ島)

世界一有名な天然甘口ワインは、間違いなくポルトガルのポルト・ワインだ。

赤ワインの例：グルナッシュ種から造られる。ラストー (ローヌ地方)、バニュルス、モリー (ルシヨン地方)

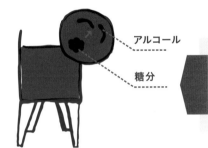

シェリー (ヘレス)
スペインのヘレスで造られているシェリー酒は、瓶詰めの直前にアルコール添加が行われる。発酵中にぶどうに含まれる糖分が全てアルコールに分解されるため、仕上がりは辛口になる。ただし、より早い段階で糖分を添加するタイプもある。酸化熟成が行われる場合もあるそうだ。

マデイラ・ワイン
発酵中にアルコールを添加した後で、大きなタンクの中で約45℃を保ちながら、数か月間、加熱処理する。極上のものは、さらに育成の工程も、高温の倉庫に置かれた樽の中で行われるそうだ。この方法は酸化熟成をさらに促進させる。

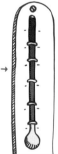

蒸留酒による酒精強化ワイン (ヴァン・ド・リキュール)
醸造法は中性アルコールではなく、蒸留酒 (オー・ド・ヴィー) を添加するという点を除いて、天然甘口ワインと同じだ。特に有名なものとして、シャラント地方のコニャックを添加するピノ、ガスコーニュ地方のアルマニャックを添加するフロック、フランシュ・コンテ地方のマールを使用するジュラ地方のマクヴァンがある。

清澄と濾過、そしてヴィーガンワイン

ワインはぶどう果汁を発酵したものなのに、どうして動物由来成分を使用していないことを示す「ヴィーガン」とわざわざ明記する必要があるのだろうか？ それは、ワインの清澄の工程で、卵、魚、豚のゼラチンなど、動物由来のタンパク質を使うことが多いからだ！ 清澄していないワイン、または粘土や植物性のタンパク質で清澄したワインのみ、ヴィーガンワインと表示できる。

清澄
タンパク質の物質を添加し、これにタンニンや浮遊物を付着させること。不純物はワインから分離され、取り除かれる。この方法は古代ローマ時代にすでに存在していた。
清澄用の物質：卵白（赤ワイン）、ミルク由来のタンパク質（白ワイン）、魚膠（ぎょこう）、ゼラチン、粘土、豆類、麦、じゃがいも

濾過
ワインをひとつまたは複数のフィルターに通して濾過すること。厚みや目の細かさが異なるいろいろなフィルターがある。

長所
清澄と濾過は澱を取り除き、濁りを解消するので、ワインの清澄度と輝きが増す。悪臭の一部も取り除くことができる。

短所
清澄と濾過によって、フェノール化合物や芳香族化合物の一部も取り除かれてしまうので、ワインの味わいや香りが変化する可能性がある。そのため、あえてエチケットに「清澄も濾過もしていない」と表示されたワインもある。

この工程はワインの醸造法と密接に関係している。ワインが1年以上育成される場合、澱とその他の粒子が、タンクや樽の底に沈殿する十分な時間があるので、この工程を省くことができる。反対に、育成をしないワインには必要だ。

時代によって変わるワインの味わい

人類は有史以来、ずっと同じワインを飲んでいたわけではない。甘口、辛口、重いもの、軽いもの、暗めの色、または明るい色のものなど、醸造法の違いによって多様な個性のワインが造られてきた。昔のワインはもっと自然だった、と思い込まないように！ 先人たちは味をよくするために、あるいは薬酒を造るために、むしろワインにいろいろな材料を加えることを好んだ。

古代エジプトのグランクリュ

4000年前の古代エジプト王国では、ワインはコルク栓をして、封蝋で密封されたアンフォラという壺で保管されていた。すでにぶどうの栽培地や収穫年が壺に記載されていた。古代エジプト人はワインを意図的に熟成させ、また産地と品質に応じて格付けをしていたという。当時は白ワインが主流だった。

タイム？ それともシナモン？

古代ギリシャ・ローマ時代には、ワインの色は主に白、黄色、オレンジで、赤、ロゼは珍しかった。しかもそのまま飲むことはなく、タイムやシナモン、花、根などの植物や、蜂蜜、海水を混ぜていた。そのため、ワインはどちらかというと甘口だった。ワインを詰めたアンフォラは海水の入った槽の中で保存されていた。この時代にも、ギリシャの島々など、より評価の高い産地があったため、アンフォラにラベルが貼られていた。

アルコール控えめで衛生的

中世の時代、ぶどう畑は修道士、領主、貴族によって管理されていた。1224年、国際的なワインの品評会と格付けが行われたが、この当時称賛された産地は今も高く評価されている。白ワインが変わらず主流だったが、赤も徐々に普及していった。またこの時代に、アンフォラに代わって樽が使用されるようになった。味わいは現代のワインに近づいたが、熟成に耐えるものではなく、できるだけ早く飲むタイプが多かった（ガラスのボトルがまだ存在していなかったので、余計に早く飲む必要があった）。またアルコール度数も今よりも低かった（9～10%）。当時の人たちは1日に平均3リットルも飲んでいたのだから、そのほうがよかったに違いない。水が汚く、病気の根源となっていたこの時代、ワインは衛生的な飲み物だった！

接木のなかった時代

1880年より前のワインの味を想像できる人はほとんどいないだろう。醸造と育成の方法は現代とあまり変わらないとはいえ、ブドウ樹の形状が今とは違っていた。この年までは接木が必要なかった。害虫フィロキセラがヨーロッパ全土の畑を壊滅させてからは、ほぼ全てのブドウ樹が他のぶどうの根の上で育っている。味わいの違いはわずかであっても、テイスティングのプロは、接木をしていないブドウから造られた希少なワインからは、より奥深く、余韻が長い香味が感じられると評価している。

ボトルのサイズと種類

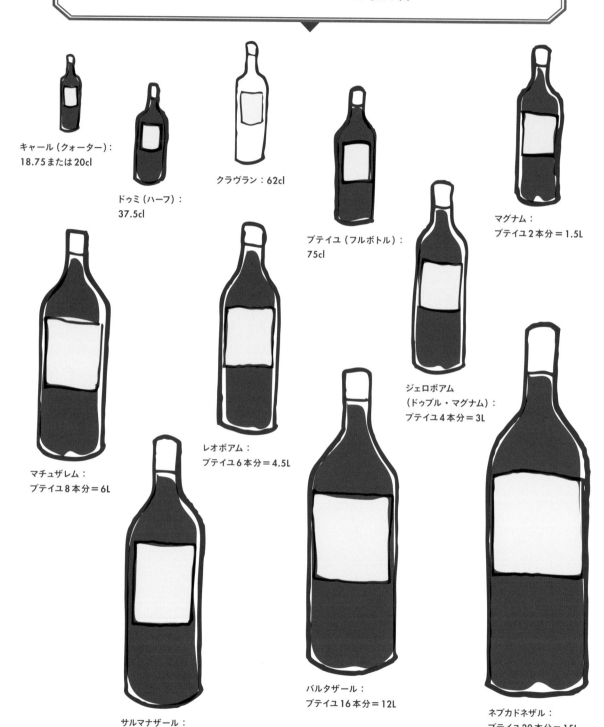

キャール（クォーター）：
18.75 または 20cl

ドゥミ（ハーフ）：
37.5cl

クラヴラン：62cl

ブテイユ（フルボトル）：
75cl

マグナム：
ブテイユ 2 本分 = 1.5L

マチュザレム：
ブテイユ 8 本分 = 6L

レオボアム：
ブテイユ 6 本分 = 4.5L

ジェロボアム
（ドゥブル・マグナム）：
ブテイユ 4 本分 = 3L

サルマナザール：
ブテイユ 12 本分 = 9L

バルタザール：
ブテイユ 16 本分 = 12L

ネブカドネザル：
ブテイユ 20 本分 = 15L

ボルドー

ミュスカ・ド・
フロンティニャン

シャンパーニュ

シェリー・フィノ

ポルト・タウニー

シャンパーニュ

ミュスカ・ド・ボーム・
ド・ヴニーズ

マデイラ

ブルゴーニュ

クラヴラン（ジュラ）

アルザス

コート・デュ・ローヌ

ヴァン・ジョーヌ・
デュ・ジュラ

バニュルス

プロヴァンス

ミュスカ・ド・
リヴザルト

プロヴァンス

コルク栓の秘密

コルク栓が初めて現れたのは、古代ギリシャ・ローマ時代だという。当時はアンフォラと呼ばれる、ワイン用の陶器の壺を塞ぐために使われていた。その後、コルクの使用はしばらく途絶えたそうだけれど、17世紀のワインボトルの発明とともに復活した。

製造法

原料となるコルク樫の主な植林地は、ポルトガル、スペイン、モロッコ、アルジェリアにある。樹皮がコルク栓の材料として使えるようになるまで、なんと、25年も待たなければならないという。その後は、9年ごとに再生した樹皮を剥ぎ取る。コルクガシの寿命は平均で125年。剥ぎ取った樹皮は自然乾燥、洗浄した後で、切断される。

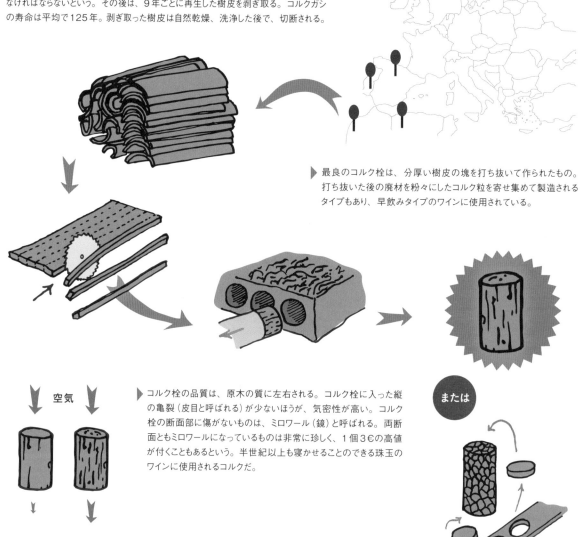

▶ 最良のコルク栓は、分厚い樹皮の塊を打ち抜いて作られたもの。打ち抜いた後の廃材を粉々にしたコルク粒を寄せ集めて製造されるタイプもあり、早飲みタイプのワインに使用されている。

空気

▶ コルク栓の品質は、原木の質に左右される。コルク栓に入った縦の亀裂（皮目と呼ばれる）が少ないほうが、気密性が高い。コルク栓の断面部に傷がないものは、ミロワール（鏡）と呼ばれる。両断面ともミロワールになっているものは非常に珍しく、1個3€の高値が付くこともあるという。半世紀以上も寝かせることのできる珠玉のワインに使用されるコルクだ。

または

Hector participe aux vendanges

コルク栓の長所

▶ 抜栓時に、心地よい独特な音がする。

▶ 一番の長所は気密性が高く、ボトルへの酸素の浸透を防ぐこと。

▶ 消費者から圧倒的に支持されている。天然素材であること、歴史があることが評価されていて、コルク栓はいいワインの印という信仰がある（必ずしもそうとは言い切れないんだけどね）。

▶ 弾力性があるため、瓶の口の部分にフィットし、微かな気温の変化にも順応するため、数十年もの間、季節の流れの影響から、ワインを守ってくれる。

5年　　15年　　30年

コルク栓の短所

▶ コルク栓の大きな短所は、ワインの味を劣化させるリスクがあることだ。原木に付着しているある化合物（TCA）が原因で、あの有名なカビっぽいコルク臭、「ブショネ」が発生する。ほんのわずかな量でも、ワインは飲めないほどまずくなるんだ。コルク栓製造業者は厳しい衛生管理のもと、コルクを丁寧に除去し、TCAの含有量を大幅に減らしている。そのため、全体の出荷量のうち、コルク臭で劣化したワインの割合は、3〜4%に抑えられている。ワインを買う時は、このリスクがあることを念頭に入れておいたほうがいい。

全出荷本数の
3〜4%

豆知識：なぜワインボトルを横に寝かせるのか？

コルク栓が湿っていないと乾燥するので注意。コルクの断面がワインに浸った状態を保つために、ボトルを必ず横に寝かせて保管する。そうしないと、コルクの弾力性が弱まって、酸素を遮断できなくなる。

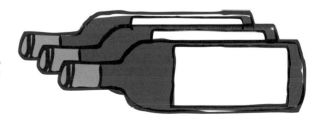

その他の栓

合成コルク

天然コルクよりも低コストで製造できる合成素材（主にシリコン）のコルク栓は、短期間であれば、天然のものと同じ特性を持つ。

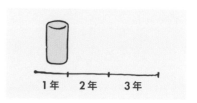

なぜ短期間かというと、合成コルクの弾力性は長持ちせず、2、3年で強張り、気密性が弱まってしまうからだ。ただ、若いうちに楽しむタイプのワインの栓としては十分。

スクリューキャップ

一般市民の受けはよくない（見た目が金属でナチュラル感がない。抜栓時に心地いい音がしない。ワインオープナーで開ける楽しみがなくなる）けれど、簡単に手早く開けることができる。ピクニックなどには便利だ。スイスやニュージーランドでは1970年代から上手に活用されているそうだ。

長所
▶ 完全な密閉性。
▶ 気温が大きく変化しても、劣化しない。
▶ コルク臭のリスクがない。

ただし、密閉性があまりに完璧なので、テイスティングの専門家の中には、コルク栓を使用した場合よりも、ワインが変化、開花しないと評する人もいる。実際に、多くの比較試飲で、10年前のヴィンテージの同じワインであっても、コルク栓の場合とスクリューキャップの場合とでは香りが違うことが確認されているんだ。
現在では、天然コルクの効果に近づけるために、パッキン材を少し多孔質にしたスクリューキャップを提案している製造者もいる。

スクリューキャップは急成長している。世界全体のワイン販売本数は170億本だけれど、そのうちの40億本がスクリューキャップタイプとなっている。この数字は今後も増え続けるといわれている。

ワインにおける二酸化硫黄の役割

二酸化硫黄の長所
▶ 抗酸化作用：発酵中の果汁を酸素から守り、ワインを台無しにしてしまう酸化を防ぐ。
▶ 甘口ワインの場合、発酵を止める作用があるため、必要な糖分を残すことができる。
▶ 瓶詰めしたワインを、老化を早める酸化から守り、安定させる。

短所
▶ 独特の臭い（硫黄だから、腐った卵のような臭い）がする。
▶ 抗酸化作用があるので、ワインの還元が進みやすく、開栓時に不快な臭い（キャベツの臭い）がすることがある。
▶ ワインを飲んだ後で、ひどい頭痛がすることがある（これも酸素を防ぐ作用が原因）。
▶ ワインが変化せず、個性が消えてしまう。

これらの理由から、多くの生産者は二酸化硫黄の量を徐々に減らしている。収穫の間、ぶどうの実が潰れないようにそっと運ばれ、酒蔵が清潔で、ワインが酸素から十分に保護されていれば、減量は可能だ。

二酸化硫黄の添加量は、少ないこともあれば、多いこともある。

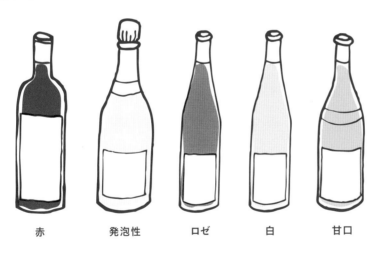

赤　　発泡性　　ロゼ　　白　　甘口

ワイン中の二酸化硫黄の量は、3 〜 300mg/ℓと、かなりの幅がある。その量はワインの種類によっても異なる。

豆知識：二酸化硫黄無添加のワイン

ごく少数の生産者が、発酵槽の中にも二酸化硫黄を添加しないワイン造りを実践している（ただし、果敢な試みであるだけに非常に少ない）。ワインは安定しないため、厳しい保存条件（16℃以下の温度）が求められる。さもないと、発酵が再び始まり、ワインが急速に酸化してしまう恐れがあるからだ。二酸化硫黄無添加のワインは、爽やかで生き生きとした、驚くべき味わいで楽しませてくれるけれど、問題があるものは、腐りかけのりんごや馬小屋のような臭いがする。

ワインに関わる職業

ワインの業界でも目立つのが女性の進出だ。女性の割合はゆるやかではあるけれど、確実に増えている。主に醸造元の事務、販売、マーケティング、広報などに従事していた女性はその活躍の場を広げ、ワインに関わる全ての職業でその存在感を発揮するようになった。今や、醸造学やソムリエの専門学校の学生の半数は女性だ。また、ワイン生産者として働く女性の割合は全体の30％を占めるほどになっている。だからといって、「女性の手によるワイン」ということをことさら話題にすることもないだろう。ワインを味わって、その造り手が男性か女性かを特定することは不可能だから。

醸造家（オノローグ）

生産者と手を組んで活動することが多い。ブドウ樹の成長を観察し、収穫時期について助言する。それから醸造工程を監督し、ワインの品質や香味特性を分析する。ワインの育成やぶどう品種の調合比率の指導も行う。醸造技術者の資格は、化学の分野で数年の教育課程を修了しなければ取得できない。

生産者

農業者、職人、商人を兼業するワイン生産者は、ぶどうの栽培から瓶詰めまでの全工程、時には消費者への直売までを担う。ぶどう栽培者のようにぶどうを育てるだけでなく、ワインの醸造も行う。様々な工程で専門家や協力者の手を借りることもある。

醸造責任者

大きなワイナリーの場合、生産工程の全てを一人で担うことはできない。そのため作業分担が行われる。醸造責任者は醸造庫の管理者。ワインの醸造、育成、熟成を監督する。生産の途中でテイスティングを行い、出荷時期を決定する。醸造家と協同で働くことが多い。

栽培責任者

大きなワイナリーでブドウ樹の生育を管理するのが栽培責任者の仕事だ。果実の出来と従業員を監督する。

Hector participe aux vendanges

ワインメーカー

醸造元で醸造家、醸造顧問、総合コンサルタントを兼任する専門家のことを指す。フランスでは、その手掛けたワインが素晴らしいことで一躍有名となった専門家以外にはあまり使われていない職業名だ。世界各地で仕事を依頼されることが多いため、「フライング・ワインメーカー」とも呼ばれている。

卸売商 (ネゴシアン)

生産者と販売者の中間に位置する職業。複数の生産者から買い取ったワインをブレンドし、自社名で販売する。このため大量生産が可能となり、多様なアペラシオン (AOC) のワインを提供することもできる。さらにこの業態は、天候のよくない産年の場合、安定した量と質を確保できるというメリットもある。なお、同じネゴシアンでも、ワインをブレンドせず、大小のシャトー (醸造元) から瓶詰めされたワインを買い、世界各地で販売しているボルドー地方のワイン商とは区別すべきだ。ボルドー地方の多くのシャトーがワイン商に販売を委託し、ワイン商がボトルの価格を決定することから、「ボルドー市場」とも呼ばれている。

ソムリエ

料理とワインの組み合わせを提案するエキスパート。フランスでは一般的に、ホテル業専門学校を卒業した後、レストランなどに就職し、ワインのテイスティングや産地や香味などの特徴の把握、テーブルでのサービスを担当する。ワインリストを練り上げて買い付けを行い、お客さまの要望に合わせてワインを提案する。ワインセラーの責任者でもあり、ワインの状態や熟成度を管理する。ワインの飲み頃を見極め、カラフに注ぐ時の温度管理からグラス選びまで、ワインをサーブするベストコンディションを整える。

その他の職業

他にもワインに関わる職業はいろいろある。ぶどう株を取り扱う苗木業者、樽造りの職人、生産者とバイヤー間の価格交渉を担う仲買人 (クルティエ)、輸入販売業者、マーケティング／広告宣伝責任者、コルク栓製造業者、エチケット印刷会社などがある。身近な存在のワインショップもお忘れなく!

ある日、カロリーヌはリュックサックを手に取って、愛車に乗り込んで旅に出ました。田舎の風景を満喫したい。そう思ったら、居ても立っても居られず、思い切って1年のロング・バケーションを取ることにしたのです。もちろん、計画はあります。旅のテーマは、都会の喧騒を逃れて、ワインを楽しむこと。カーナビを付けてみたけれど、出番はほとんどありませんでした。気の向くままに、アスファルト舗装のない田舎道を走り、通りすがりに見つけたドメーヌ、シャトー、ぶどう畑にふらりと寄り道。「ワイン街道」の看板に導かれるまま、丘を登ったり、谷へ降りたり、自由気ままにドライブ。畑に入り、太陽の光を浴びたぶどうを観察し、岩質、粘土質など、いろいろな種類の土壌に触れ、時にはぶどうの木の間にころがっている小石を足でつついたりして、のんびりした時間を過ごしました。

確か、エクトールはこう言っていました。「地域やテロワールによってぶどうが全然違うことがわかる」と。まさに、その言葉通りでした。丘の斜面にしっかりと根付いたぶどうの木もあれば、厳しい自然に耐えた老木、将来が楽しみな新芽もありました。もちろん、ワインもしっかり堪能しました。アルザス地方のキリッとした白ワイン、ラングドック地方のコクのある白、ポルトガルの緑ワイン、スペイン、リオハ地方のシルキーな赤、イタリア、トスカーナ地方のがっしりした赤など、味見したワインの種類は数え切れません。家に持ち帰ったのは、手提げ袋いっぱいの写真と舌の記憶に残る美酒の味。カロリーヌは、地域、気候、標高、乾いた風、歴史、生産者の決断と手腕などが結集して、どれひとつとして同じではないワインの個性を造り上げていることを知りました。彼女の中で、ぼんやりとしていたテロワールという言葉も、今ではワインを楽しむために欠かせない、現実的な意味を持つようになったのです。

この章で、カロリーヌと一緒に旅するように、世界中のワイン産地を探検し、土地についての理解を深めましょう。

CAROLINE

カロリーヌの章

ワイン産地を訪ねる

テロワール・フランスのワイン
ヨーロッパのワイン・世界のワイン

テロワール

テロワールは、なかなかわかりにくい概念。他の言語に翻訳するのが難しく、英語でもぴったり当てはまる言葉が見つからない。簡単にまとめると、テロワールは、ワインの個性を決定づける自然環境要因の総称ということができるわね。

地理的条件

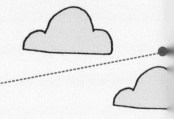

気候
天候とは異なり、気候は、ある地域において長期間にわたって周期的に繰り返される大気現象のことを指す。
ワイン産地の気候は、次の条件に基づいて区分される。
▸ 平均最低気温、平均最高気温
▸ 平均降水量
▸ 乾燥、冷涼、または温暖（さらに、霜害を防ぐ）など、ぶどうに影響する風の性質
▸ 霜、雹、雷雨などの天災リスク

まず、大陸性気候、海洋性気候、山岳気候、地中海性気候などの大きな気候区分があるわね。さらに、同じ地域でも、気候は盆地、丘の斜面、水位、森林の存在などの自然環境の影響も受けるため、畑の場所によって特徴が異なるミクロクリマ（微気候）が形成される。

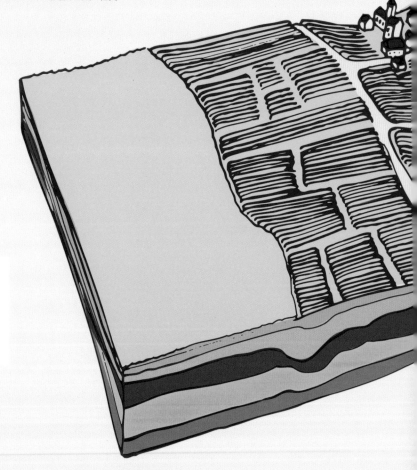

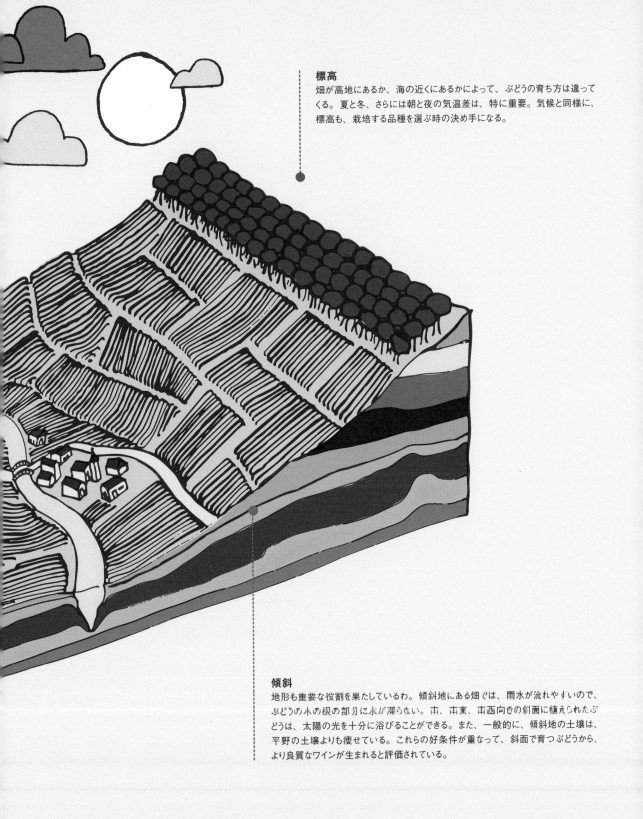

標高
畑が高地にあるか、海の近くにあるかによって、ぶどうの育ち方は違って
くる。夏と冬、さらには朝と夜の気温差は、特に重要。気候と同様に、
標高も、栽培する品種を選ぶ時の決め手になる。

傾斜
地形も重要な役割を果たしているわ。傾斜地にある畑では、雨水が流れやすいので、
ぶどうの水の根の部分に水が滞らない。南、南東、南西向きの斜面に植えられたぶ
どうは、太陽の光を十分に浴びることができる。また、一般的に、傾斜地の土壌は、
平野の土壌よりも痩せている。これらの好条件が重なって、斜面で育つぶどうから、
より良質なワインが生まれると評価されている。

多様な土壌

地表の土壌よりも、その下の地層、つまり、ぶどうの根が潜り込み、しっかりと張り付く母岩が重要ね。

地層の種類

▸ 粘土層、石灰層、粘土石灰層
▸ 海洋の消失後の泥灰岩層
▸ 山岳地帯から生まれた片岩層、花崗岩層、片麻岩層

▸ 海洋、河川、扇状地による砂層、砂礫層、砂利層
▸ 玉石層、白亜土層、玄武岩層、火山岩層など

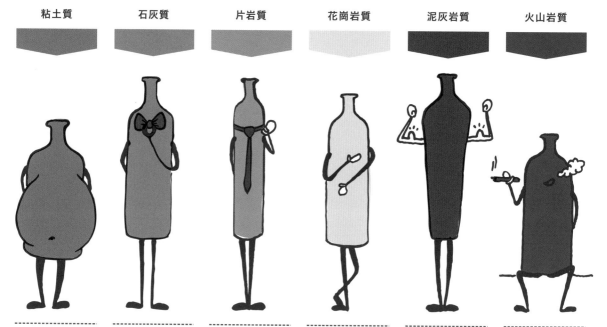

粘土質	石灰質	片岩質	花崗岩質	泥灰岩質	火山岩質
厚みのある、オイリーでタンニンの豊かなワインを生む。	エレガントで爽やかな酸味のある、繊細なワインを生む。	ミネラル豊かな、すっきりとした味わいのワインを生む。	柔らかでバランスの取れた、香り高いワインを生む。	しっかりした力強いワインを生む。	スモーキーな香りを帯びた、深みのある、口の中で余韻が長いワインを生む。

 豆知識：ぶどうの木にとっての土壌の恵みとは？

ぶどうの木は、痩せた土壌のほうがよく育つの。良質なワインは水分と栄養分がほどほどにある、不毛の土地から生まれる。ぶどうの木は栄養を求めて、地中の奥へ奥へと根を伸ばし、地表から数メートルも深いところまで、根を張り巡らせる。根がより深ければ深いほど、より上質なワインが生まれる。ぶどうの木はいじめられても、甘やかされてもいけないのよね。
反対に、豊かで肥沃な土壌では、ぶどうの木は蔓植物のように地表から上へ上へと伸びてしまい、実の中で果汁が十分に凝縮されない。

ワイン造りに携わる人々の努力

素晴らしい可能性を秘めたテロワールであっても、人間の力がなければ何の実りももたらさない。ぶどう栽培、ワイン醸造に携わる人々の偉業によって、テロワールの力は引き出される。

生産者は土壌と気候を考慮しながら、栽培品種を選び、枝を支柱に固定する方法、剪定の仕方などを決める。

畑の区画を厳選する（16世紀、ブルゴーニュ地方では修道士たちが土を舐めながら、ぶどうの木の仕立て方を決めていたけれど、現代では、pH試験などの精密な分析法を用い、より科学的なアプローチで、育て方を決めているのよ）。

酒蔵ではテロワールの個性が十分に開花するように醸造、育成を行う。技巧を凝らしすぎても、手をかけなすぎても、テロワールの魅力が押しつぶされたり、隠れてしまったりする可能性があるので、最適な醸造法を見極める。

土壌を耕し、排水路を整備し、手入れを怠らず、堆肥を施す。

造り手はテロワールを尊重しながら、その個性を表現し、磨き上げる。こうして、シンプルな「セパージュ・ワイン」とは違う、真の「テロワール・ワイン」が出来上がるのね。

テロワール・ワインとは？

▶ 地質的、地理的特徴がはっきりと表れたワイン
▶ その産地に根付いた、伝統的な醸造法によって造られたワイン（産地の個性ともいう）
▶ 流行に左右されないワイン

セパージュ・ワインとは？

▶ ぶどう品種（セパージュ）固有のアロマのみが表出されたワイン（品種の個性ともいう）
▶ 生産地域が限定されていないワイン
▶ 産地特有の醸造法を反映していない、テクノロジーによるワイン
▶ 原産地とは無関係に、流行に沿って仕上げられるワイン

ブルゴーニュ地方

白、発泡性：約70%
赤：約30%

シャブリ村

ディジョン市

マコン市

どんな産地？

ブルゴーニュ地方にシャトーはないけれど、ドメーヌ（蔵元）や畑が石垣に囲まれた「クロ」がある。少し離れたところにあるヨンヌ川沿いのシャブリ地区とグラン・ドーセロワ地区を除き、ブルゴーニュの畑は、ディジョンからリヨンまでの北南に伸びる、幅が数kmしかない細長い帯状の地域に並んでいる。北から南に向かって4地区に分かれている。つまり、コート・ド・ニュイ地区、コート・ド・ボーヌ地区、コート・シャロネーズ地区、マコネ地区ね。

白、それとも赤？

シャブリ地区は白ワインのみを生産している。コート・ド・ニュイ地区は赤ワイン（ジュヴレ・シャンベルタン、シャンボール・ミュジニィなど）で名高い。コート・ド・ボーヌ地区は、赤のみを産出しているポマール村とヴォルネ村は別として、白ワイン（ムルソー、シャサーニュ・モンラッシェなど）の評価が特に高い産地。他の地区では白も赤も生産されているけれど、発泡性のクレマン・ド・ブルゴーニュも造られている。

品種

ブルゴーニュ地方では、品種はとてもシンプル。赤ワインはほぼ全てピノ・ノワール、白ワインはシャルドネ（ブルゴーニュ・アリゴテ、AOC サンブリのソーヴィニヨン・ブランを除く）から造られる。ボルドー地方などの他の産地のように、ワインに個性を与えたり、産年によって味わいを調整したりするために、複数の品種を混合することはない。全ての生産者が、単一の品種で対等な勝負に挑んでいる。同じ品種でも生産者の手腕、テロワールの特徴の違いから、驚くほど多様なワインが生まれるわ。

等級

ブルゴーニュ地方には、地方名のワインからグラン・クリュと呼ばれる特級畑名のワインまで、細かく等級付けされた100ものAOC（原産地統制呼称）が存在する。さらに、AOCの中に、「クリマ」と呼ばれる、畑の区画の分類もあり、ラベルにはAOCとともに区画名または通称名も表記される。

等級とAOCの例：

地方名アペラシオン：AOC Bourgogne（ブルゴーニュ）

地区名アペラシオン：AOC Côte de Nuits Villages（コート・ド・ニュイ・ヴィラージュ）

村名アペラシオン：AOC Gevrey-Chambertin（ジュヴレ・シャンベルタン）、AOC Saint-Véran （サン・ヴェラン）

プルミエ・クリュ（一級畑）名アペラシオン：

AOC Gevrey-Chambertin 1er Cru Aux Combottes
（ジュヴレ・シャンベルタン　プルミエ・クリュ　オー・コンボット）

AOC Gevrey-Chambertin 1er Cru Bel-Air
（ジュヴレ・シャンベルタン　プルミエ・クリュ　ベレール）

グラン・クリュ（特級畑）名アペラシオン：

AOC Chablis Grand Cru Vaudésir（シャブリ・グラン・クリュ・ヴォーデジール）

AOC Corton Grand Cru Les Renardes（コルトン・グラン・クリュ・レ・ルナルド）（コート・ド・ボーヌ地区）

AOC Grands Échézeaux（グラン・エシェゾー）（コート・ド・ニュイ地区）

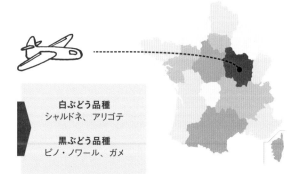

白ぶどう品種
シャルドネ、アリゴテ

黒ぶどう品種
ピノ・ノワール、ガメ

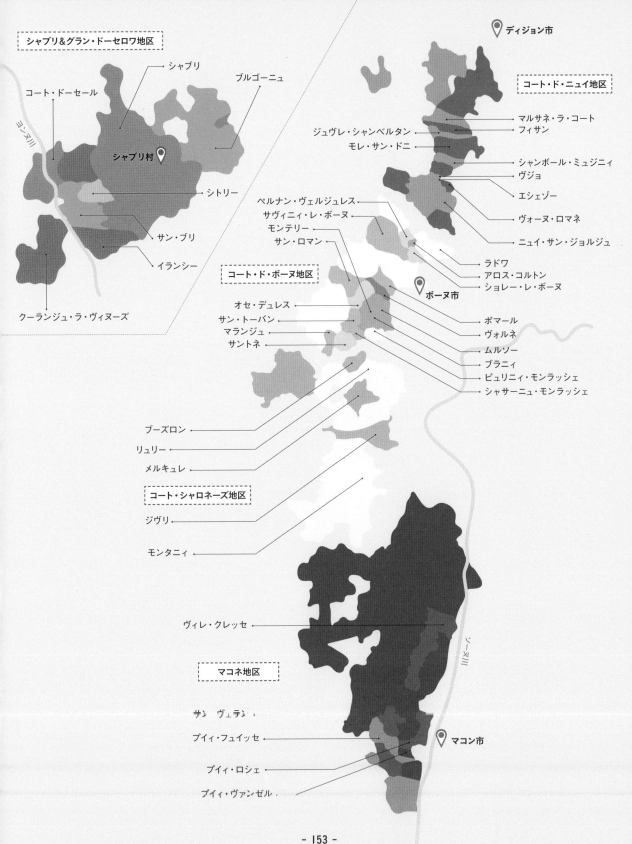

シャブリ＆グラン・ドーセロワ地区

シャブリ

ブルゴーニュ

コート・ドーセール

ヨンヌ川

シャブリ村

シトリー

サン・ブリ

イランシー

クーランジュ・ラ・ヴィヌーズ

ディジョン市

コート・ド・ニュイ地区

ジュヴレ・シャンベルタン

モレ・サン・ドニ

マルサネ・ラ・コート

フィサン

シャンボール・ミュジニィ

ヴジョ

エシェゾー

ヴォーヌ・ロマネ

ニュイ・サン・ジョルジュ

ペルナン・ヴェルジュレス

サヴィニィ・レ・ボーヌ

モンテリー

サン・ロマン

ラドワ

アロス・コルトン

ショレー・レ・ボーヌ

コート・ド・ボーヌ地区

ボーヌ市

オセ・デュレス

サン・トーバン

マランジュ

サントネ

ポマール

ヴォルネ

ムルソー

ブラニィ

ピュリニィ・モンラッシェ

シャサーニュ・モンラッシェ

ブーズロン

リュリー

メルキュレ

コート・シャロネーズ地区

ジヴリ

モンタニィ

ヴィレ・クレッセ

マコネ地区

ソーヌ川

サン・ヴェラン

プイィ・フュイッセ

プイィ・ロシェ

マコン市

プイィ・ヴァンゼル

ブルゴーニュ地方の畑

クリマ（畑の区画）

他の地方では「パルセル」、「テロワール」と呼ばれることが多い畑の区画は、ブルゴーニュでは、「クリマ」と呼ばれている。この言葉は16世紀から「リュー・ディ」（通称名が付いている場所）と同義語となったのだけれど、もしかしたら、もっと古い言葉かもしれない。ブルゴーニュ地方で公式に認定されているクリマ（区画）の数はなんと2,500以上！2015年からユネスコの世界遺産にも登録されている。クリマはフランス語で「気候」を意味する言葉だけれど、ワイン生産者がクリマについて語るのを聞く時には、空ではなく地面を見て！

生産者はひとつのクリマで栽培されるぶどうから造られたワインのエチケットに、そのクリマの名称を併記することができる。例えば、コート・ド・ボーヌ地区の「ル・クロ・デ・ムーシュ」、ニュイ・サン・ジョルジュ地区の「レ・ヴォークラン」、シャブリ地区の「グルヌイユ」などが有名。他にも「ラ・ジュスティス」、「スー・ラ・フェ」、「アン・ラ・リュー・ド・ヴェルジィ」など面白いネーミングのものがあるわ。ブルゴーニュは詩情豊かな地方といえるわね。

モザイク

ブルゴーニュ地方の生産者の多くは、複数の小区画、アペラシオンに分割された畑を所有している。他の地方のように、ひとつのドメーヌ（蔵元）が一続きの広い畑を所有していることは珍しい、というよりもほぼ不可能といえる。ブルゴーニュ地方では、ここでは1ha、あちらでは2haというように、1ドメーヌの所有する畑が分散している。一般的に、ひとつのクリマ（区画）はさらに複数のドメーヌがそれぞれ所有する小区画に分割されているからモザイクのよう。

価格

数年前からブルゴーニュ地方はその人気と悪天候の影響で、有名アペラシオンのワインが品薄となって価格が上がっている。価格にいたっては、ブルゴーニュワインはボルドーワインを超えるようになってきている。例えば2015年、Wine-Searcher というサイトで掲載された世界の高価格ワインのランキングでは、ブルゴーニュワインが上位10位のうちの7つを占めていたほど。でも幸運なことに、ブルゴーニュ地方にはグラン・クリュ以外のワインもある。発泡性ワインのクレマンやマコネ地区、シャロネーズ地区のワインには、品質と価格のバランスが魅力的なものが多いわ。

賢いワインの選び方

ブルゴーニュワインを買う時はまずAOC（原産地統制呼称）を選ぶ。ブルゴーニュ地方のいろいろな場所で収穫されたぶどうで造られていることを意味する、地方名AOCよりも、あまり知られていない小さな村名AOCのほうがおすすめ。秘訣は有名な村に隣接する穴場的な村を狙うこと。例えば、赤の場合はヴォルネ村の隣のモンテリー村、白の場合はムルソー村の隣のサン・トーバン村など。コストパフォーマンスの高い、マコネ地区の白ワインも試してみて。

卸売商（ネゴシアン）

ワインのエチケットには、AOC、クリマ名、生産者または卸売商の名前が記載されている。ブルゴーニュ地方には多くの卸売商が存在していて、栽培者／生産者からぶどうやワインを仕入れて、自社ブランドのワインとして販売している。複数のAOCのワインを販売していることが多く、大きな卸売商にもなると、ブルゴーニュ地方の全てのAOCを提供しているところもある！ストックも十分にあるから、芳しくない産年の時でも、リーズナブルな価格で売ることのできるボトルを常備できる。ただ一般的に、生産者が自らの名で出しているワインのほうがより個性豊かといえるわね。

味わい

ピノ・ノワールは北部では繊細さが際立つけれど、南下するにつれてより肉厚になる。シャルドネも同様で、シャブリ地区ではミネラルの強い端正な味わいで、コート・ド・ボーヌ地区では力強さを増し、さらに南のマコネ地区ではまったりとしたコクのある白になる。

ボージョレー地方

赤：約98%
白、発泡性：約2%

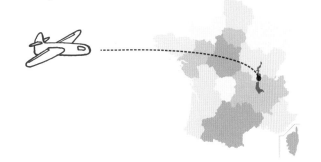

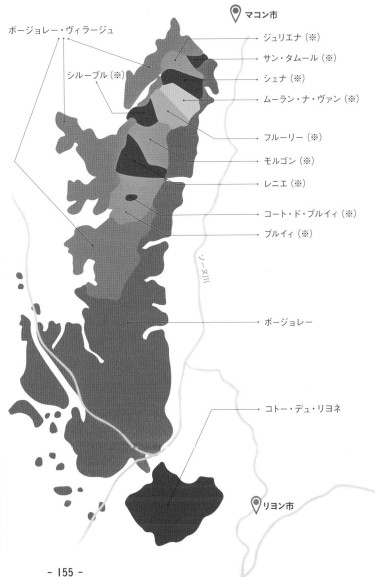

マコン市

ボージョレー・ヴィラージュ

シルーブル（※）

ジュリエナ（※）
サン・タムール（※）
シェナ（※）
ムーラン・ナ・ヴァン（※）
フルーリー（※）
モルゴン（※）
レニエ（※）
コート・ド・ブルイィ（※）
ブルイィ（※）

ボージョレー

コトー・デュ・リヨネ

リヨン市

ボージョレーとボージョレー・ヌーヴォー

一般的な消費者は、ボージョレー地方のワインと聞くと、すぐにその弟分であるボージョレー・ヌーヴォーを連想するわね。毎年11月の第3木曜日の解禁日に、世界中で祝われているこの新酒は、醸造後すぐに瓶詰めされる。複雑なアロマが育つ時間がないため、その単純さと、有名な「バナナの味」でけなされることもしばしば。けれど、ヌーヴォーではない、本来の姿ともいうべきボージョレーは、もっと奥深い表情を見せてくれる。フルーティーでタンニンの少ないガメ種の故郷なので、飲みやすいワインが主流だけれど、クリュ・デュ・ボージョレーと呼ばれる10地区（※）では、10年以上も寝かせることのできる長期熟成型の複雑なワインも造られているのよ。

どのワインを選ぶ？

ひんやりと口当たりのいい、軽快で生き生きとしたタイプのワインを探しているとしたら、ボージョレー・ヴィラージュが面白い。でもお手頃な価格で、もっと嬉しい発見ができるのは、クリュ・デュ・ボージョレーのワインね。モルゴン、シェナ、ムーラン・ナ・ヴァンのワインは、骨格のしっかりした、タンニン豊かな長期熟成タイプ。反対に、シルーブル、サン・タムールでは、繊細で軽やかなワインが生まれる。フルーリーでは、赤い果実と花の芳香が豊かなワインに出会えるわ。

白ぶどう品種
シャルドネ

黒ぶどう品種
ガメ

ボルドー地方

赤、ロゼ：約90%
白：約10%

どんな産地？

世界最高峰の（そして世界一高価な）赤ワインを生むことで有名だけれど、あまりよく知られていない、リーズナブルなワインも無数に存在するので、なかなか選ぶのが難しい。エチケットに記載されているAOC、シャトー名、ヴィンテージ（産年）をよく見ることが大切。

AOC

地区名が限定されていればいるほどいい。まず、ボルドー、ボルドー・シュペリウールという、この地方全域を示すAOCがあり、それからメドックなどの地区名、さらに限定して、サン・テステフ、ポイヤック、マルゴー、サン・ジュリアンなどの有名な村名を示すAOCがある。

ボルドー・シュペリウール

その名から誤解されがちだけれど、AOCボルドー・シュペリウール（上級ボルドーの意）はポムロールやサン・ジュリアンなどの村名AOCよりも格上ということではないので要注意。これは地方名格のAOCで、ボルドー地方全域のぶどうを使用することができる。ただし、普通のAOCボルドーよりも厳しい生産条件（例えば、ブドウ樹は樹齢20年以上、販売前に最低でも12カ月以上の熟成などの条件）をクリアする必要がある。

シャトー

ボルドー地方では、ドメーヌよりもシャトーという言葉がよく出てくるわ。お城ではなく、ぶどう畑を含めた醸造元のことを指す。とても有名で品質が確かな（価格もそれに見合った）名門シャトーがある一方で、地味だけれど良心的な価格設定で、発掘しがいのあるシャトーもある。また、スーパーマーケットのマーケティング部で作り上げた、紙の上にしか存在しない、実体のないシャトーもあり、このタイプのワインは往々にして凡庸ね。

ヴィンテージ（産年）とプリムール（新酒）

ヴィンテージはボルドー地方ではワインの価格を左右するので特に重要。毎年4月になると、世界中のワインテイスター、ネゴシアンが、出来立ての「プリムール（新酒）」の味を見るべく、ボルドー地方にこぞって集結する。その品質を見定め、ワインを販売するネゴシアンで構成される「ボルドー市場」が価格を決める。あるシャトーのワインの価格は、ヴィンテージの評価によって変動する。同じシャトーのワインでも、当たり年と評価された2010年、2015年のものは2011年、2013年のものよりも高値が付く。いいヴィンテージだと、小さなシャトーでもかなりの出来栄えが期待できるし、名門シャトーでは、長期熟成に適した上等なワインに仕上がる。

いいヴィンテージの例

**2016年　2015年　2010年
2009年　2005年**

味わい

ボルドーワインの香味特性は、2世紀ほど前から世界中で模倣されるほどの指標となっている！アングロ・サクソン諸国では、メルロ種とカベルネ・ソーヴィニヨン種の調合からなるワインは、「ボルドー・ブレンド」と呼ばれている。ボルドーワインはタンニン豊かな、酸味のある風味と、樽育成によるしっかりしたストラクチャーが際立つタイプ。若いワインはウッディーな香りを帯びたものが多いわ。

白ぶどう品種
ソーヴィニヨン、セミヨン、ミュスカデル

黒ぶどう品種
カベルネ・ソーヴィニヨン、メルロ、カベルネ・フラン、
プティ・ヴェルド、マルベック

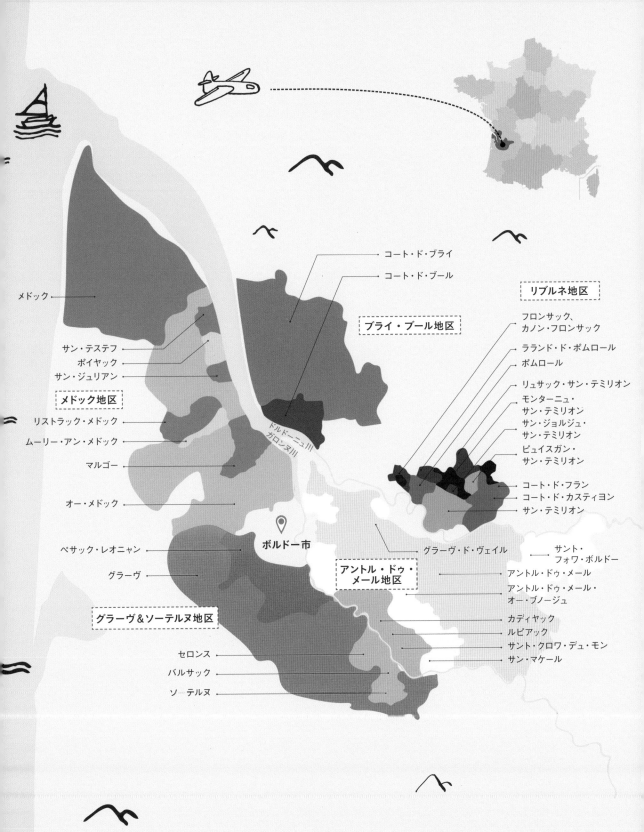

メドック

サン・テステフ
ポイヤック
サン・ジュリアン

メドック地区

リストラック・メドック
ムーリー・アン・メドック

マルゴー

オー・メドック

ペサック・レオニャン

グラーヴ

グラーヴ＆ソーテルヌ地区

セロンス
バルサック
ソーテルヌ

コート・ド・ブライ
コート・ド・ブール

ブライ・ブール地区

ドルドーニュ川
ガロンヌ川

ボルドー市

アントル・ドゥ・メール地区

グラーヴ・ド・ヴェイル

リブルネ地区

フロンサック、
カノン・フロンサック

ラランド・ド・ポムロール
ポムロール

リュサック・サン・テミリオン
モンターニュ・
サン・テミリオン
サン・ジョルジュ・
サン・テミリオン
ピュイスガン・
サン・テミリオン
コート・ド・フラン
コート・ド・カスティヨン
サン・テミリオン

サント・
フォワ・ボルドー
アントル・ドゥ・メール
アントル・ドゥ・メール・
オー・ブノージュ
カディヤック
ルピアック
サント・クロワ・デュ・モン
サン・マケール

ボルドー地方の畑

■ 右岸

若いうちから楽しめるワインが多い地区。メルロが主流でより柔らかな味わい。カベルネ・フランはその交配親となったカベルネ・ソーヴィニヨンほど硬くなく爽やか。それでも、右岸のワインも何年か熟成させるとより深みが増す。

右岸（ポムロール地区、サン・テミリオン地区など）は、メルロが主流（次いでカベルネ・フラン）

■ 左岸

カベルネ・ソーヴィニヨンが圧倒的に多い地区で、長期熟成型のワインを造っている。つまり、その全ての特徴を開花させるのに長い年月が必要ということ。若いうちに飲むと樽香とタンニンが強すぎて、渋味で舌が痺れてしまう。けれど10年、極上のものは30年、40年寝かせると素晴らしい味わいになる。グラーヴ地区のワインも同様で、まろやかな味わいになるまで数年間の熟成が必要。

■ 白ワイン

アントル・ドゥ・メール地区の白は潑剌とした、爽やかで軽やかな味わい。グラーヴ地区の白はウッディーで、しっかりしたコクのある味わい。ソーテルヌ地区、バルサック地区、ルピアック地区は極甘口ワインを代表する、甘美なワインを産出している。

左岸（オー・メドック地区、メドック地区）は、カベルネ・ソーヴィニヨンが主流（次いでメルロ）

ボルドーワインの格付け

メドック地区、グラーヴ地区、サン・テミリオン地区、ソーテルヌ地区にはそれぞれ、上級ワインの格付けが存在する（論争が起きることも多いけれど……）。例えばメドック地区の赤ワインには、1855年に当時の価格に基づいて決められた格付けがある。「グラン・クリュ・クラッセ」と呼ばれ、等級は第1～第5級まで。さらにその下に「クリュ・ブルジョワ」というクラスもあるわ。

メドック格付1級シャトー（1855）
（プルミエ・グラン・クリュ・クラッセ・ド・メドック）
★シャトー・ラトゥール（Château Latour）（ポイヤック地区）
★シャトー・ラフィット・ロートシルト
　（Château Lafite-Routhschild）（ポイヤック地区）
★シャトー・ムートン・ロートシルト
　（Château Mouton Rothshild）（ポイヤック地区）
★シャトー・オー・ブリオン（Château Haut-Brion）（グラーヴ地区）
★シャトー・マルゴー（Château Margaux）（マルゴー地区）

ソーテルヌ格付特別第1級シャトー（1855）
（プルミエクリュ・スーペリウール・ド・ソーテルヌ）
★シャトー・ディケム（Château d'Yquem）

サン・テミリオン格付第1特別級Aシャトー（2012）
（プルミエ・グラン・クリュ・クラッセA・ド・サン・テミリオン）
★シャトー・オーゾンヌ（Château Ausone）
★シャトー・シュヴァル・ブラン（Château Cheval Blanc）
★シャトー・パヴィ（Château Pavie）
★シャトー・アンジェリュス（Château Angélus）

 豆知識：ボルドー地方のワイナリー巡り

ボルドーワインを知る手段のひとつとして、メドック地区のワイン・マラソンがある。あるいは、のんびりドライブしながら、シャトー見学を楽しんでもいいわね。名門シャトーも見学できるけれど（ただし試飲が有料なところもある）、あまり知られていない小さなシャトーもぜひ訪ねてみて。ただ、事前に電話かメールで見学と試飲ができるか確認するほうが無難。一般公開や個人向けの販売をしていないシャトーもあるから。

アルザス地方

白：約90%
赤・ロゼ：約10%

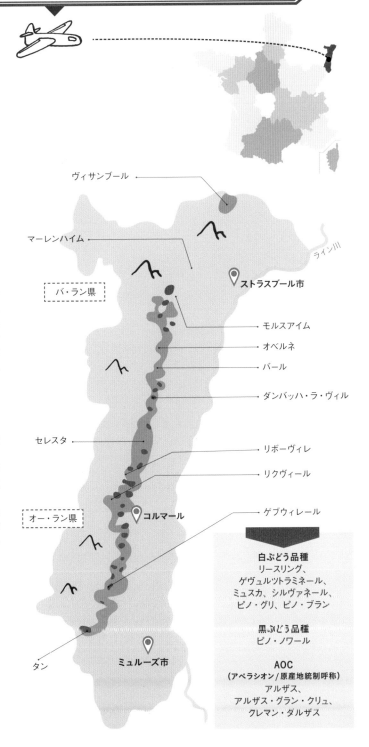

どんな産地？

品種

フランスの他の産地とは違い、アルザスの場合は、何よりもまず品種がワイン選びの決め手になる。ここでは、ミュスカ、シルヴァネールなどの品種が畑の区画よりも重視されているわ。どの品種もはっきりとした個性を持っている。例えば、リースリングはミネラル感、ゲヴュルツトラミネールはスパイス香、ピノ・グリはスモーキーなノートが印象的。また、発泡性（主にピノ・ブランを品種としたクレマン）、辛口、甘口、極甘口、とタイプの違うワインが揃っている。「ノーブル」と呼ばれる白の４品種、ミュスカ、ピノ・グリ、ゲヴュルツトラミネール、リースリングからは甘口のワインも造られているの。甘口、極甘口用のぶどうは、最終的に必要な糖度に応じて、ヴァンダンジュ・タルディヴ（遅摘み）またはセレクション・ド・グラン・ノーブル（貴腐菌のついた果粒の選り摘み）という方法で収穫される。

グラン・クリュ

品種を選んだら、より知識のある愛飲家は「グラン・クリュ」という表記を探す。これは、アルザス地方の中で特に素晴らしい51区画（区画名の例：オステルベルグ、ランゲン、シュロスベルグ、ツィンコフレ……）で栽培された、「ノーブル」な４品種のみに認められた称号。多様な地質が入り組んでいるため（火山性堆積土から片麻岩質、砂岩質まで、13の地質が存在する）、フランスで最も複雑な地質を持つ地方といわれている。いずれにしても、比較的リーズナブルで上等なワインもあれば、この地方を象徴する名門ドメーヌのワインもある。

ヴィサンブール

マーレンハイム

ライン川

バ・ラン県

ストラスブール市

モルスアイム

オベルネ

バール

ダンバッハ・ラ・ヴィル

セレスタ

リボーヴィレ

リクヴィール

オー・ラン県

コルマール

ゲブウィレール

タン

ミュルーズ市

白ぶどう品種
リースリング、
ゲヴュルツトラミネール、
ミュスカ、シルヴァネール、
ピノ・グリ、ピノ・ブラン

黒ぶどう品種
ピノ・ノワール

AOC
（アペラシオン/原産地統制呼称）
アルザス、
アルザス・グラン・クリュ、
クレマン・ダルザス

シャンパーニュ地方

お祝いのお酒として世界的に有名なシャンパーニュは、フランスのワイン産地の中で一番北にある冷涼な地域から生まれる発泡性ワイン。使用品種は、シャルドネ、ピノ・ノワール、ピノ・ムニエで、定番は3品種をブレンドしたスタイル。シャルドネだけで造られるタイプは、ブラン・ド・ブラン（白ぶどう品種による白のシャンパーニュ）、ピノ・ノワール、ピノ・ムニエから造られるタイプは、ブラン・ド・ノワール（黒ぶどう品種による白のシャンパーニュ）と呼ばれている。ロゼ・シャンパーニュについては、マセラシオン（果皮の浸漬）が行われることもあるけれど、多くの場合は、赤ワインをブレンドすることでピンク色になる。

どんな産地？

シャンパーニュ地方はAOCの区分があまりない産地。名門の大手メゾンは、シャンパーニュ地方全域で収穫されたぶどうを使用している。それでも、コート・デ・ブラン地区はシャルドネ向きで、ピノ・ノワールはモンターニュ・ド・ランス地区、ピノ・ムニエはヴァレ・ド・ラ・マルヌ地区、コート・デ・バール地区でよく育つとされているわね。

一方で、シャンパーニュには格付けが存在する。つまり、シャンパーニュ、シャンパーニュ・プルミエ・クリュ、シャンパーニュ・グラン・クリュね。プルミエ・クリュとグラン・クリュは、特定の村で収穫されるぶどうの品質を基準として分類される。

味わい

とても洗練されているけれど、スティルワインのように畑の区画、醸造法、生産者などによって、特徴や味わいに大きな差が出ることはないわね。それでも、シャルドネの割合が多いタイプとブラン・ド・ブランは、よりきめ細かく、酸味が効いているので、食前酒にふさわしく、あっさりした前菜料理にとてもよく合う。ブラン・ド・ノワール、ロゼはよりコクがあり、アルコール感が強め（香りと丸みがスティル・ワインのよう）なので、メインの料理に合わせることもできる。さらに、土壌の性質も風味に影響を与える。ランス市、エペルネ村周辺の白亜質の土壌からは、とても繊細で、ミネラル感豊かなタイプ、粘土質の土壌からは豊満でコクのあるタイプが生まれる。

白ぶどう品種
シャルドネ

黒ぶどう品種
ピノ・ノワール、ピノ・ムニエ

ヴィンテージ、それともノン・ヴィンテージ？

シャンパーニュの場合、ノン・ヴィンテージ、つまり収穫年が記載されないタイプが主流。毎年、クオリティーとスタイルを均一にするために、その年のぶどうで造られたワインと、過去の収穫年のリザーヴワインをブレンドしている。そのため、醸造元であるメゾンのコンセプトがより強く表れたスタイルになるの。それでも、ぶどうの出来が格別にいい年には、その年に収穫したぶどうのみを使用した、特別なヴィンテージ・シャンパーニュが造られる。このタイプは、はっきりした個性を持っていて、数十年の熟成に耐えるものもある。その分、お値段もぐっと上がる。

辛口、それとも甘口？

瓶に打栓する直前に添加される「門出のリキュール」には、無糖のものもあれば、50g/lまでの蔗糖が添加されるものもあり、この蔗糖の量によって、シャンパーニュの甘辛度が大きく違ってくるの。シャンパーニュには、ナチュールまたはノン・ドゼ（補糖なし）、エクストラ・ブリュット（極辛口）、ブリュット（辛口）、セック（中甘口）、ドゥミ・セック（甘口）、ドゥー（極甘口）という区分がある。エクストラ・ブリュットとブリュットは、喉を潤す清涼な味わいで、パーティーの席や食前酒に最適。セック、ドゥミ・セック、ドゥーは、甘口ワインの代わりとして、デザートに合わせるとおいしいわ。

大手メゾンか、小さなドメーヌ（蔵元）か？

シャンパーニュは、大手メゾン、つまりは有名ブランドが君臨している産地。世界中で販売されていて、名が通っているので、とても買いやすい。またそのワインは、年ごとに変わらないほぼ均一なスタイルに仕上がっている。複数の栽培者から大量に購入したぶどうを使用しているけれど、正直言って、個性に乏しいメゾンもあるので、小さな蔵元を当たったほうが、ビビッとくるもの、コストパフォーマンスのいいものに出会えることも少なくない。ただ、なかなか見つけにくいので、できれば、現地に行って、蔵元を訪ねて回ることをおすすめするわ。信頼できる造り手を発掘すると、皆と同じシャンパーニュをいつも高値で、スーパーで買うしかない友人たちから羨ましがられること間違いなし。

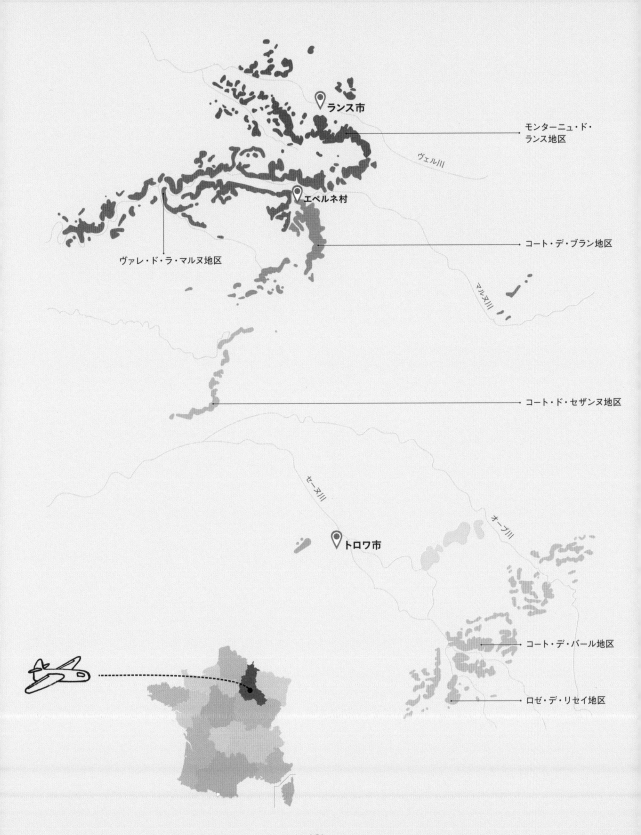

ランス市

モンターニュ・ド・ランス地区

ヴェル川

エペルネ村

コート・デ・ブラン地区

ヴァレ・ド・ラ・マルヌ地区

マルヌ川

コート・ド・セザンヌ地区

セーヌ川

オーブ川

トロワ市

コート・デ・バール地区

ロゼ・デ・リセイ地区

シャンパーニュ地方の畑

シャンパーニュが
シャンパーニュ地方でできる理由

北のワイン

シャンパーニュ地方はフランス最北のワイン産地。冷涼な気候（霜が降りる日が1年に60日もある）で、雨が多く、晴れの日が少ないこの地方ではブドウがなかなか成熟しない。かつては熟し足りない、酸の強い実を収穫することが多かった。けれども、シャンパーニュ地方は発泡性ワインの産地となることで、弱点を強みに変えることに成功した。

泡を生む妙薬

収穫される果実は他の地方よりも糖度が低く、潜在アルコール度数は9%ほど。泡を発生させる瓶内二次発酵の工程で醸造責任者は補糖を施す。発酵後のアルコール度数は12〜12.5%で、他のワインと同じレベルになる。

白亜質土壌

シャンパーニュ地方、特に素晴らしいシャルドネができるコート・デ・ブラン地区の地層は白亜質で、この土壌がシャンパーニュに豊かなミネラル感と、きりっとした酸味を与える。時にはグラスから、学校のチョークのような香りがすることもあるほど！この香りはブラン・ド・ブランのシャンパーニュに求められる特徴で、エレガンスのしるしでもあるわ。

なぜシャンパーニュは高いの？

ぶどうそのものが高い！

シャンパーニュの多くは栽培者からぶどうを仕入れている大手メゾンによって造られている。高く評価されている区画から採れるブドウの量は十分ではないため、高値で売買される！ぶどう1kg当たりの平均取引価格は5.5€で、グラン・クリュの場合、7€に跳ね上がる！

ざっくりと原価の計算

ボトル1本分のシャンパーニュを造るには最低でも1.2kgのぶどうが必要。だから、ぶどうだけで1本当たり7〜8€もかかってしまう。これにボトル、コルク栓、発泡のための工程、貯蔵（15〜36カ月の瓶熟成。最上級のものは10年以上）などのコストが加算される。スーパーで10€で売られているシャンパーニュがおいしいはずがないわね！

栽培者が造るシャンパーニュ

上記のケースとは状況が異なり、栽培者がシャンパーニュを造るためのぶどう全体を所有しているので、ぶどうの取引価格に左右されない。高い不動産税を払っているとしても、よりお得な価格でよいボトルを提供することができる。

 豆知識：ロゼ・シャンパーニュのための特別条件

EUではロゼワインを造るために白ワインと赤ワインを混合することはNG。ただしシャンパーニュは例外！「セニエ法」（P.122参照）、（浸漬法）によるロゼ・シャンパーニュもあるけれど、ほとんどは白と赤の混合で造られる。生産者はシャンパーニュを醸造する時に、シャンパーニュ地方で栽培された黒ぶどうで少量の赤ワインも醸造。そして、瓶内二次発酵の前に少量（10〜15%の割合）を加える。その割合によって色調をコントロールしている。

DOM PÉRIGNON

ドン・ペリニョン
(1639 – 1715)

ピエール・ペリニョンはワイン生産者でも化学者でもなく、神を敬うベネディクト派の修道士でした。しかし、彼こそがシャンパーニュを発明した人物と語り継がれています。この伝説は全くの事実ではないとしても、エペルネ村（現在のシャンパーニュの都）の近くのオーヴィレール修道院での彼の働きで、後に世界的に有名となるこの発泡性ワインが生まれました。

ピエール・ペリニョン（ドン・ペリニョン）は30歳の時にオーヴィレール修道院に入り、ぶどうの世話とワイン貯蔵室の管理を任されました。そこではすでにワインが造られていましたが、発泡性ではなく、品質にもばらつきがありました。そのうえ、ぶどうの状態は悪く、地下蔵も圧搾機もほぼ朽ちた状態でした。

ペリニョン修道士は全てを修復している間、素晴らしいアイデアを思い付きました。それはエペルネ村周辺の土地で育ったぶどうを集めて混合することでした。それぞれの産年の特徴の違いを見極めて調合し、より調和の取れたワインを造ることに専念しました。ペリニョン修道士が考案した、違う品種と畑からなるワインを混合する製法は、過去にないほど素晴らしい品質のワインを生み出し、今日でもシャンパーニュの基礎のひとつとなっています。しかしながら、この独学の醸造家が、かの有名な泡を発明したわけではありません。実際には当時のシャンパーニュ地方のワインはまだ発泡しておらず、ワインに泡が存在していたとしても、それは意図してそうなったわけではなかったのです！ それどころか、むしろ欠点と見なされ、ペリニョン修道士は自分の望みに反して泡立つ「悪魔のワイン」を根絶しようとしていたのです。

それなら、どのような経緯で泡がシャンパーニュの絶対条件となったのでしょうか？ ペリニョン修道士が1670年にラングドック地方のリムー村近くにあるサン・イレール修道院に巡礼した時、そこで瓶の中で発泡したワインを上手に扱い、美味しく味わっている同志たちに出会ったという説があります。それで彼は、このいたずらなワインに魅了されるようになったのでしょうか？ 真実は謎のままですが、ひとつだけ確かなことがあります。それはペリニョン修道士がいなければ、シャンパーニュのワインは我々が知るシャンパーニュになっていなかったということ。彼の名を冠したシャンパーニュがあるのはそのためです。

ラングドック・ルシヨン地方

赤、ロゼ：約80%
白：約20%

ラングドック・ルシヨン地方は、フランスで生産量が最も多く（総生産量の40%）、栽培面積が最も広い産地。畑はコート・デュ・ローヌ地方と隣接するニーム市からスペイン国境まで、途切れることなく広がり、白、ロゼ、赤、甘口、辛口のワインが造られている。

どんな産地？

質よりも量重視の時代が長く続いたけれど、現在は魅力あふれる個性豊かなワインを産出しているわ。質向上の目標は達成され、リーズナブルな価格で上質なワインを見つけることができる。例えば、近年、リムーの白、コルビエールやピック・サン・ルーの赤、天然甘口ワインの人気が上昇中だけれど、評判になるのも頷けるほどクオリティーが高い。

味わい
ローヌ南部のワインとの共通点が感じられる。栽培されている品種がほぼ同じなのだから、当然よね。ラングドック・ルシヨン特有の品種である骨太なカリニャンは、特に大事に育てられた老木に実ったものであれば、心地よい驚きをもたらしてくれる。良質なカリニャンからは野性的でコクのある、ミネラル感豊かな赤ワインが生まれる。白ワインについては、シャルドネの存在感が増しているけれど（品質も素晴らしい）、個性の異なる複数の品種をブレンドした、南国の果物やヘーゼルナッツ、白い花のアロマを放つ芳醇なタイプもある。

AOC
一般的に、サン・シニアン、フォジェール、ミネルヴォワは、コルビエール、ラングドック、コート・デュ・ルシヨンよりも野性味が控えめで、柔らかい。内陸や高地で造られるワインはより爽やかで繊細。その他のAOCのワインには、ぶどうの木の周りに生育しているタイム、ローリエ、ガリーグなどのハーブの香りと、しっかりした骨格という共通の特徴が見られる。面積の広いAOCラングドック地区には、ラ・クラップやピック・サン・ルーなどのより良質なワインを生む区画が17あり、それぞれの区画名をエチケットに表記することが認められている。これらの区画では、思いがけないうれしい発見があるわ。 けれど、ワインの味を左右するのは、AOCよりも生産者の手腕。少し時間をかけて探せば、コストパフォーマンスのいい掘り出し物が見つかる。

天然甘口ワイン
ラングドック・ルシヨン地方は赤、白の天然甘口ワインで特に有名な産地でもあるの。白のミュスカ（ミュスカ・ド・リュネル、ミュスカ・ド・ミルヴァル、ミュスカ・ド・フロンティニャン、ミュスカ・ド・リヴザルト）は、豊かな芳香と洗練された味わいを特徴とする。赤（モーリー、バニュルス）の場合、カカオ、コーヒー、甘草、いちじく、砂糖漬けした果物、アーモンド、クルミなどの芳醇なアロマとともに、とろみのある質感が口の中に広がる。偉大なポルト・ワインに似た奥深さを持つ美酒ね。

白ぶどう品種
シャルドネ、クレレット、グルナッシュ・ブラン、ブールブーラン、ピクプール、マルサンヌ、ルーサンヌ、マカブー、モーザック、ミュスカ

黒ぶどう品種
カリニャン、シラー、グルナッシュ、サンソー、ムールヴェードル、メルロ

ピック・サン・ルー

ミュスカ・ド・フロンティニャン

テラス・デュ・ラルザック

コトー・デュ・ラングドック

ピクプール・ド・ピネ

フォジェール

サン・シニアン

ラ・クラップ

フィトゥー

ミネルヴォワ

コルビエール

カバルデス

マルペール

リムー

コート・デュ・ルシヨン・
ヴィラージュ

モーリー

リヴザルト

コート・デュ・ルシヨン

コリウール

バニュルス

ニーム市

アヴィニョン市

モンペリエ市

ペルピニャン市

プロヴァンス地方

ロゼ：約85%
赤：約12%
白：約3%

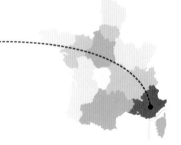

どんな産地？

「夏のバカンスのワイン」というイメージがすっかり定着している産地。プロヴァンスという地名から連想するのは、青い海、蝉、ラヴェンダー、オリーブ、そしてロゼワイン。それもそのはず、この地方ではロゼの生産量が圧倒的に多く、その割合は白と赤を圧迫しながら、今も年々増え続けている。フランス全体のロゼ生産量の約40%を占め、さらには世界一のロゼ生産地でもあるの。その品質は疑う余地もないけれど、ただ、清らかな白ワインや、驚くべき長熟のポテンシャルを秘めた、奥深い赤ワインの影が薄くなっているのは残念。

AOC

夏の食卓を席巻するのが、一番有名な（また、一番広大な）AOCであるコート・ド・プロヴァンス。この地方のロゼ生産量の3/4を占めている。3県（ヴァール、ブッシュ・デュ・ローヌ、アルプ・マリティーム）にまたがる広大な産地だけれど、その中でも特別な区画がいくつかある。つまり、AOCコトー・ヴァロワの西に位置するサント・ヴィクトワールと、東部のピエールフー、ラ・ロンド、フレジュスね。これらの区画名は、AOCコート・ド・プロヴァンスという呼称と一緒にラベルに表記することができる。また、AOCコトー・デク・サン・プロヴァンス、AOCコトー・ヴァロワ・アン・プロヴァンスは、畑が高地にあるため、爽やかな飲み心地のワインが生まれる。その他のAOCは、規模としては小さめだけど、個性がはっきりしているので、愛好家からの評価が高いものが多いわ。

ロゼワイン

一番シンプルなロゼでも、いちごやフランボワーズ、キャンディーの香りが心地よく、びっくりするほどフルーティー。その反面、似たような味わいのものが多く、時々、ちょっと飽きるな、と感じることもあるわね。でも、夏が終わった後でも楽しめる、フルコースの食事に合わせても引けを取らない、奥深い味わいのロゼもある。例えば、AOCバンドールのようにタンニンがより豊かなものもあれば、AOCベレのように、ブラケという品種に由来するフローラルな香りが印象的なものもある。プロヴァンスの高地で造られる、ナチュラル感の強いロゼは、野生のハー

ブ、ミント、アニスの香りが清々しい。

白ワイン

爽やかな花の香りをまとった魅力的なワイン。ヨードの香りがするタイプもある。特に、エク・サン・プロヴァンス近郊のAOCパレットやAOCカッシー（カシス）は、複数の品種をブレンドするスタイルで、驚くほどの気品を備えている。AOCベレもエレガントで、ロール種（コルシカ島ではヴェルマンティノ）の特徴である、菩提樹の香りに包まれたフェンネルとアニスの香りが素晴らしい。

赤ワイン

AOCレ・ボー・ド・プロヴァンスの上品な赤ワインは、そのほとんどが有機農法またはビオディナミ農法で造られている。スパイシーかつ濃厚な味わいで、年月をかけてゆっくり熟成させるべきワインね。AOCベレも全てオーガニックで、フォル・ノワールという、他では見ない珍しい品種がミネラル感と気品をもたらしている。AOCバンドールの赤（特にムールヴェードル種を主体としたもの）は、フランスの偉大なワインのひとつ。10年寝かせると、トリュフ、森の下草、桑の実、甘草の香りが開花する。

白ぶどう品種
ロール・ヴェルマンティノ、グルナッシュ・ブラン、クレレット、ブールブーラン、ユニ・ブラン

黒ぶどう品種
カリニャン、シラー、グルナッシュ、サンソー、ムールヴェードル、ティブラン、フォル・ノワール、ブラケ

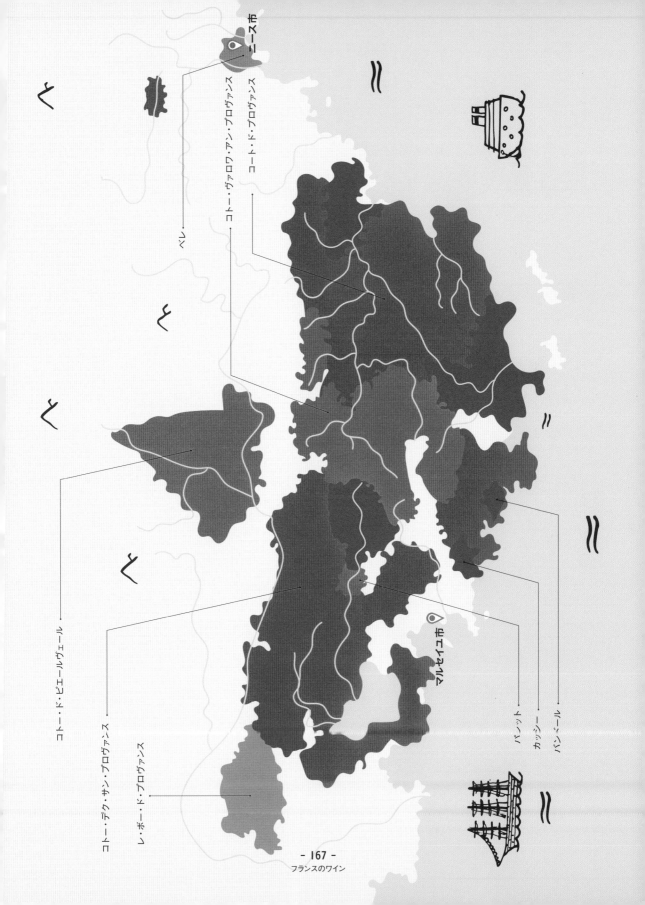

ニース市

コトー・ヴァロワ・アン・プロヴァンス

コート・ド・プロヴァンス

ベレ

コトー・デクサン・プロヴァンス

レ・ボー・ド・プロヴァンス

コトー・ヴァルヴェール・デュール

バンドール

カッシー

パレット

マルセイユ市

コルス地方（コルシカ島）

ロゼ：約**45%**
赤：約**40%**
白：約**15%**

どんな産地？

コルシカ島では2,500年前にワイン造りが始まり、古代ギリシャ・ローマ時代から、この上ない美酒として珍重されていた。その名声はルネサンス時代も続いたのだけれど、フランス領になってからは、ワインのスタイルは、本土のニーズに翻弄され、質よりも量が重視されるようになってしまった。20世紀半ばには、凡庸で粗野な赤ワインしかないという最悪の状況に。そのため、消費者から見向きもされなくなり、結局、畑の面積は2/3も失われてしまった。幸いにも、20年ほど前から、素晴らしい在来品種の力により、コルシカワインは個性を取り戻してきている。昔よりも規模は小さいけれど、注目すべきワインを産出しているわ。

AOC

ぶどう畑は、島の沿岸をぐるりと一周するように広がっている。海と山に挟まれた地形、記録的に多い日照時間、涼しい風、少ない雨量など、ぶどう栽培に絶好の条件が揃った土地ね。主なAOCは島の西側に位置している。生産量の半分は、ヴァン・ド・ペイ（地ワイン）として、もう半分はAOCコルス、AOCヴァン・ド・コルスとして出荷されている。ヴァン・ド・コルス地区の中には、区画名をラベルに表記することのできる、フィガリ、カルヴィ、サルテーヌ、ポルト・ヴェッキオなどの特別な区画がある。そして、これらの地区の間を埋めるように、AOCアジャクシオ、AOCミュスカ・デュ・カップ・コルス、AOCコト・デュ・カップ・コルスの畑が広がっている。コルシカ島の風景は本当に素晴らしくて、カルヴィの長閑なぶどう畑、目が眩むほどの急斜面に広がる段丘、島の南端の荒れ狂う風に打たれた老木など、どのシーンも息をのむほど美しい。

味わい

繊細でかぐわしい白は、絶対に味わってみるべき。コルシカ島のマキ（灌木の薮）に生える野生ハーブのフレッシュな香りとエレガントな花の香りが混ざり合い、うっとりするほどの心地よさ。この島の主品種であるヴェルマンティノが、アジャクシオではミネラルとフローラルのニュアンスを、ポルト・ヴェッキオではフルーティーなアクセントを添えてくれる。天然甘口ワインでは、甘みと酸味のバランスが絶妙な、ミュスカ・デュ・カップ・コルスのファンが増えているわ。色が濃く、しっかりした味わいの赤ワインも、ぜひ試してみて。スキアカレロ種から造られるタイプも、ニエルキオ種を主体とした、秀逸なAOCパトリモニオも、数年間寝かせると深みが増していく。ロゼは地区によって特徴が異なり、爽やかでフルーティーなものもあれば、スパイスの香りがするものもある。AOCアジャクシオのロゼはミネラル感が印象的。

白ぶどう品種
ヴァルマンティノ（ロール）、
ミュスカ・ブラン・ア・プテ・グラン

黒ぶどう品種
ニエルキオ、スキアカレロ、グルナッシュ

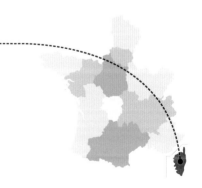

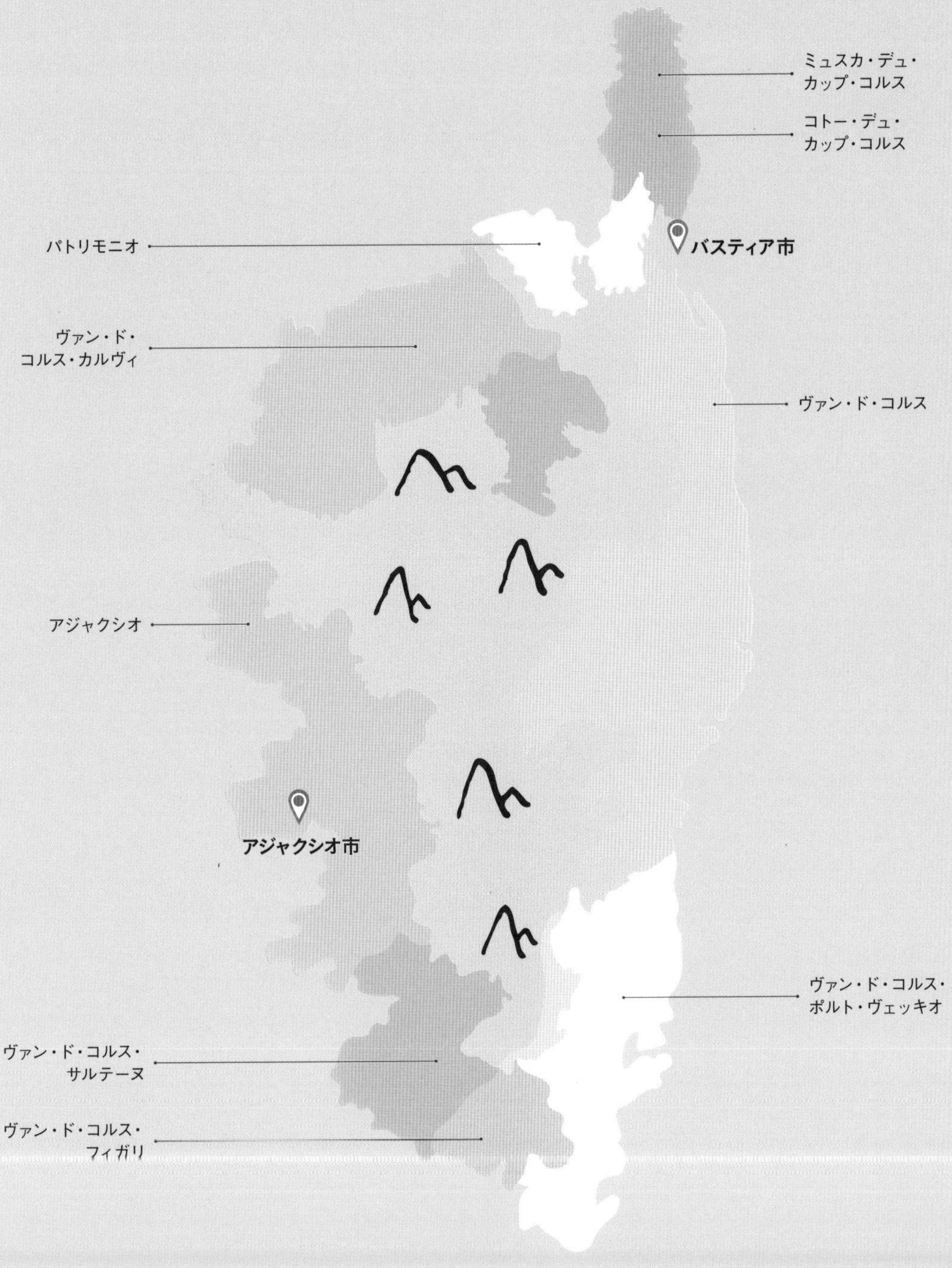

ミュスカ・デュ・
カップ・コルス

コトー・デュ・
カップ・コルス

パトリモニオ

バスティア市

ヴァン・ド・
コルス・カルヴィ

ヴァン・ド・コルス

アジャクシオ

アジャクシオ市

ヴァン・ド・コルス・
ポルト・ヴェッキオ

ヴァン・ド・コルス・
サルテーヌ

ヴァン・ド・コルス・
フィガリ

南西地方

赤、ロゼ：約80%
白：約20%

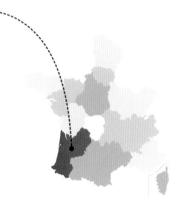

どんな産地？

南西地方の畑は、ボルドー市からバスク地方までの広範囲に点々と分散している。どのワインにも、濃厚で骨太という共通点があるけれど、栽培されている品種はバラエティー豊かで、この土地の多様性を反映しているわ。

お得感のあるワイン

この地方のワインは、クオリティーがすごくよくなっているのに、値段はリーズナブルなままなので、ワイン好きにはうれしい限り。極甘口の白ワインはとりわけ魅惑的で、しかもボルドー地方のものよりもずっと安い。モンバジャックは、ぱっとしない時期もあったけど、今では心地よい酸味を取り戻し、ジュランソンはさらに進化している。繊細で奥深い、魅力的なワインなのに、長い間無名だったパシュランク・デュ・ヴィク・ビルは、コストパフォーマンスが素晴らしい。辛口の白も良心的な価格よ。赤ワインについては、柔らかくまろやかなタイプも、タンニンが強烈な長期熟成タイプもあるけれど、どれも価格はリーズナブル。例えば、マディランについては、価格が高騰しているスター的存在のシャトーのものを除き、長期熟成型で、なおかつお手頃という特典がある。

ぶどう品種

ボルドーに近いベルジュラックやマルマンデは、ボルドーの品種であるカベルネ・ソーヴィニヨンとメルロを使用している。カオールではマルベックが王様ね。フロントンはネグレット、マディランは濃厚なタナという在来品種を大切に育てている。白ワインの品種も多様で、ボルドーの伝統的な組み合わせであるソーヴィニヨンとセミヨンで仕上げたものもあれば、南部ではプティ・マンサンとグロ・マンサンという珍しい組み合わせも楽しめるわ。

味わい

モザイク状のテロワールの多様性が、ワインにもはっきりと表れている。ボルドーに近い地区のワインはボルドーワインに似ているけれど、より素朴な味わい。内陸に行けば行くほど、ワインはより筋肉質で骨太になり、スパイシーな香りとまったりした触感が強まる。カオールはカカオ豆、プラリネなど、チョコレートを連想させる複雑なアロマを放つ。イルレギーは野花や森の香りが強く、フロントンのネグレット種はスミレの香りが印象的ね。

熟成

フロントンやガイヤックは、どちらかというと若いうちに楽しむタイプだけど、マディランとカオールは、荒い頑強なタンニンを和らげるために数年間、寝かせる必要があるわ。10～20年もの長期熟成に耐える見事なワインもある。

白ぶどう品種
ソーヴィニヨン、セミヨン、ミュスカデル、モーザック、クールビュ、プティ・マンサン、グロ・マンサン

黒ぶどう品種
カベルネ・ソーヴィニヨン、カベルネ・フラン、メルロ、マルベック、タナ、ネグレット、フェール・セルヴァドゥ

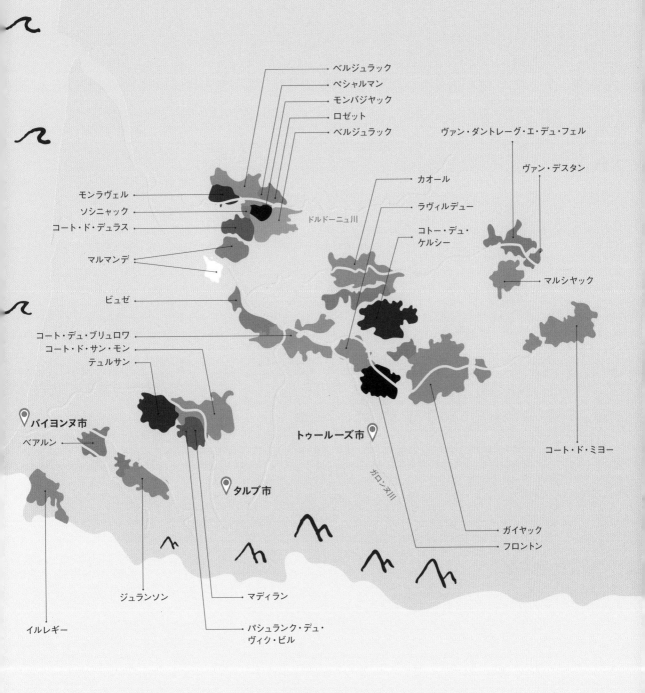

ベルジュラック
ペシャルマン
モンバジヤック
ロゼット
ベルジュラック

ヴァン・ダントレーグ・エ・デュ・フェル

ヴァン・デスタン

モンラヴェル
ソシニャック
コート・ド・デュラス

カオール
ラヴィルデュー
コトー・デュ・
ケルシー

マルシヤック

マルマンデ

ドルドーニュ川

ビュゼ

コート・デュ・ブリュロワ
コート・ド・サン・モン
テュルサン

バイヨンヌ市

ベアルン

トゥールーズ市

コート・ド・ミヨー

タルブ市

ガロンヌ川

ガイヤック
フロントン

ジュランソン

マディラン

イルレギー

パシュランク・デュ・
ヴィク・ビル

ヴァル・ド・ロワール地方

白：約55%
赤、ロゼ：約45%

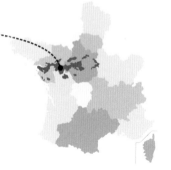

どんな産地？

ヴァル・ド・ロワール地方は、フランスで最も広範囲に畑が分散している産地。その範囲は、ナント市に近い大西洋沿岸に始まり、ロワール川を遡って、オルレアン市やブールジュ市周辺にまで及ぶのだからかなり広いわね。

この地方には、辛口の白、ロゼ、赤、甘口、極甘口、発泡性と、あらゆるタイプのワインが揃っている。若い造り手がこの地に落ち着いて、価格の面でも、スタイルの面でもバラエティーに富んだ、小さな宝石たちを造り上げて、確かな成果を上げているの。この地方は4地区で構成される。つまり、ペイ・ナンテ地区、アンジュー地区、トゥーレーヌ地区、中央フランス地区。それぞれ、はっきりした個性を持っているわ。

4つの地区

広範囲に及んでいるので、AOC（アペラシオン）の数はかなり多いけれど、格付けは存在しない。だけど、ワインのタイプは地区によってかなり違っていて、本当に多彩。それぞれの地区に適した品種が栽培されている。

ペイ・ナンテ地区

ミュスカデ種（ムロン・ド・ブルゴーニュとも呼ばれる）による白ワインの王国。平凡なため、長いことけなされてきたワインだけど、若々しい魅力を取り戻している。優秀な畑のぶどうで造られるワインは、上品な酸味が心地いい辛口で、数年間寝かせることもできるほどの逸品。また、ミュスカデは、お金をかけずに、軽い飲み会を開きたい時のグッドチョイスでもあるわね。赤ワインについては、コトー・ダンスニで、ガメ種の軽快で爽やかなタイプが生産されている。

アンジュー、トゥーレーヌ地区

より豊満でストラクチャーがしっかりしたワインを生産している。シュナン種の白は辛口でも甘口でも芳醇な香りが楽しめるわ。お財布にも優しい辛口は、あまり評価されていないのが解せないくらいで、中には堂々たる出来栄えのものもある。デザートに最高の甘口、極甘口は、数十年も寝かせることのできる美酒で、白い花、蜂蜜、マルメロなどが混ざり合った複雑な香りが魅惑的。さらに、シュナンはエレガントな発泡性ワインにも変身する。

赤については、カベルネ・フランが2～10年熟成させることのできるワインに仕上がる。フレッシュで柔らかな味わいで、フランボワーズとイチゴの香りがする。飲みやすいので、パリのビストロで人気なの。ガメの赤はもっと素朴で軽やか。一方で、アンジューのロゼは、あまり味に特徴がないといえるかも。

中央フランス地区

ここではソーヴィニヨンが神様。トゥーレーヌでも栽培されているけど、優しいハーブ、レモン、グレープフルーツを感じさせる香り高いAOCサンセールの白で、世界的に有名になった品種ね。ただ、価格は高めなので、お隣のAOCメヌトゥー・サロン、AOCルイィに目を向けて、お手頃な価格帯のワインを探すという手もあるわ。赤ワインは、ブルゴーニュと同じピノ・ノワールから造られている。柔らかく果実味豊かで、魚料理に合わせてもおいしい。

白ぶどう品種
ミュスカデ（ムロン・ド・ブルゴーニュ）、
シュナン、ソーヴィニヨン、シャルドネ

黒ぶどう品種
カベルネ・フラン、ガメ、ピノ・ノワール

Caroline visite les vignobles

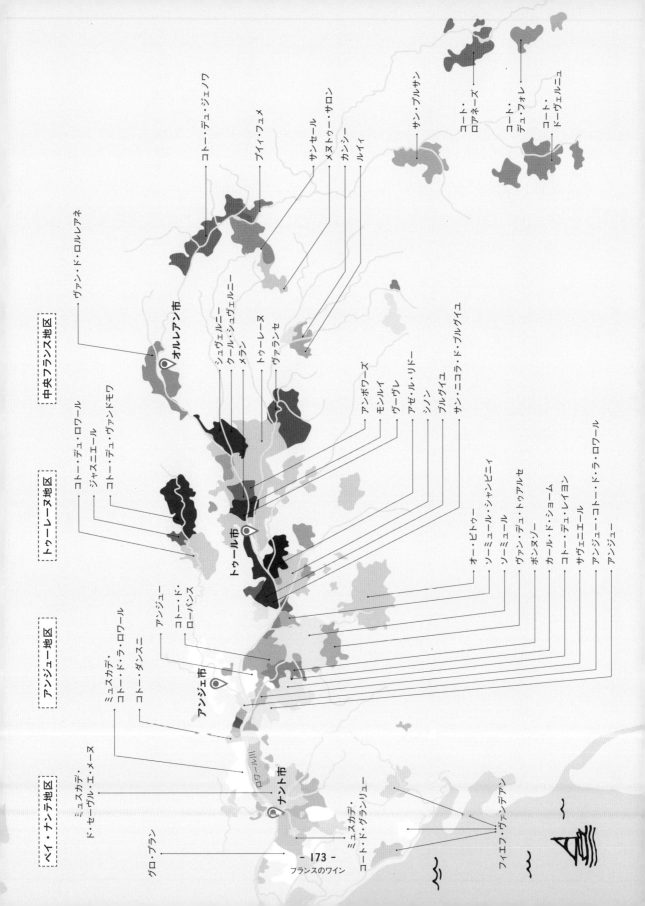

ベイ・ナンテ地区　アンジュー地区　トゥーレーヌ地区　中央フランス地区

ヴァン・ド・ロルレアネ

コトー・デュ・ジェノワ

ブイィ・フュメ

サンセール
メヌトゥー・サロン
カンシー
ルイィ

サン・ブルサン

コート・ロアネーズ

コート・デュ・フォレ

コート・ドーヴェルニュ

コトー・デュ・ロワール
ジャスニエール
コトー・デュ・ヴァンドモワ

シュヴェルニー
クール・シュヴェルニー
メラン
トゥーレーヌ
ヴァランセ

アンボワーズ
モンルイ
ヴーヴレ
アゼ・ル・リドー
シノン
ブルグイユ
サン・ニコラ・ド・ブルグイユ

オー・ピトゥー
ソーミュール・シャンピニィ
ソーミュール
ヴァン・デュ・トゥアルセ
ボンヌゾー
カール・ド・ショーム
コトー・デュ・レイヨン
サヴェニエール
アンジュー・コトー・ド・ラ・ロワール
アンジュー

オルレアン市

トゥール市

ミュスカデ・
コトー・ド・ラ・ロワール
コトー・ダンスニ
アンジュー
コトー・ド・
ロバンス

アンジェ市

ミュスカデ・
ド・セーヴル・エ・メーヌ

ナント市

ロ
ワ
ー
ル
川

グロ・プラン

ミュスカデ・
コート・ド・グランリュー

フィエフ・ヴァンデアン

ローヌ地方

  赤、ロゼ：約90%
白：約10%

どんな産地？

地区と品種

ローヌ地方は大きく2つに区分される。ヴァランス市を境として、ロー
ヌ北部（ローヌ・セプタントリオナル）とローヌ南部（ローヌ・メリディオ
ナル）ね。北部では、赤はシラー種のみから造られていて、白はヴィオ
ニエ種が主流で、少量だけどマルサンヌとルーサンヌも使用されてい
る。反対に、南部の栽培品種はバラエティー豊か。例えば、シャトー
ヌフ・デュ・パプでは、赤ワインの場合、13品種のブレンドが認めら
れている。またローヌ地方では、辛口の白、ロゼ、赤以外に、天然
甘口ワインも造られているの。代表的なものはミュスカの白（ミュスカ・
ド・ボーム・ド・ヴニーズ）と、グルナッシュの赤（ラストー）。さらに、ミュ
スカとクレレットによる発泡性ワイン、クレレット・ド・ディーもある。

味わい

ローヌ北部のシラー種は、胡椒とカシスのアロマを放ち、タンニンが豊
富で力強く、気品のある赤ワインに変身する。若いうちは、タンニンが
まだ荒く渋みを感じることもあるけれど、何年か経つと柔らかくなり、崇
高な味わいになるわ。
南部のワインも、北部のものと同じくらい、時にはそれ以上にパワフル
だけれど、グルナッシュ種が柔らかな丸みを与えている。どちらの地区
にも評価の高い名酒が存在する。つまり、北部のコート・ロティとエル
ミタージュ、南部のシャトーヌフ・デュ・パプね。白については、北部
でヴィオニエ種による希少価値の高いワインが造られている。世界の
ワインの中でも、格別に華やかな芳香を持つことで知られているのが、
コンドリューとシャトー・グリエ。ヴィオニエ種は、優美な花やクリーム、
アンズの香りが素晴らしい。南部ではいろんなタイプの白が造られてい
るわ。蜜蝋やカモミール、フレッシュハーブなどのアロマが魅惑的なも
のもある。ただ、太陽の光が強烈すぎた年のワインは、胸やけするよ
うな味になってしまうことも…。赤やタヴェルのロゼでも同じことがいえる
わね。重すぎなければ、深みのある風味を楽しめる。アルコール度数
については、エチケットに15%と表示してあることも珍しくない。アル
コールとタンニンがまろやかなコクに包まれると、とても飲みやすくなる
けれど、アルコール度数は高めだから、油断は禁物ね！

白ぶどう品種
ヴィオニエ、マルサンヌ、ルーサンヌ、クレレット、
ブールブーラン、ピクプール、グルナッシュ・ブラン、
ユニ・ブラン

黒ぶどう品種
シラー、グルナッシュ、ムールヴェードル、
カリニャン、サンソー、クーノワーズ、ヴァカレーズ

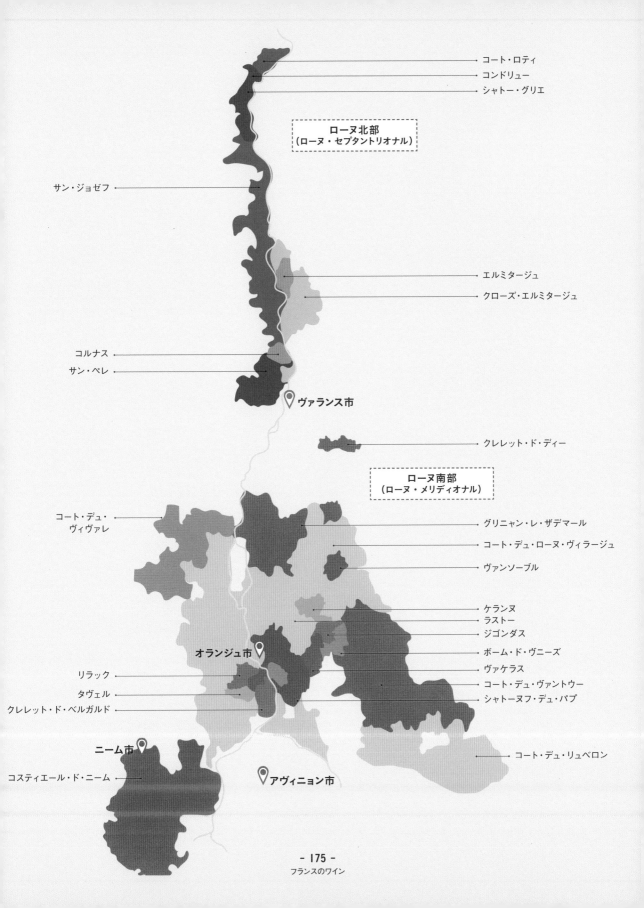

コート・ロティ
コンドリュー
シャトー・グリエ

ローヌ北部
（ローヌ・セプタントリオナル）

サン・ジョゼフ

エルミタージュ
クローズ・エルミタージュ

コルナス
サン・ペレ

ヴァランス市

クレレット・ド・ディー

ローヌ南部
（ローヌ・メリディオナル）

コート・デュ・
ヴィヴァレ

グリニャン・レ・ザデマール
コート・デュ・ローヌ・ヴィラージュ
ヴァンソーブル

ケランヌ
ラストー
ジゴンダス
ボーム・ド・ヴニーズ
ヴァケラス
コート・デュ・ヴァントウー
シャトーヌフ・デュ・パプ

オランジュ市

リラック
タヴェル
クレレット・ド・ベルガルド

ニーム市

コート・デュ・リュベロン

コスティエール・ド・ニーム

アヴィニョン市

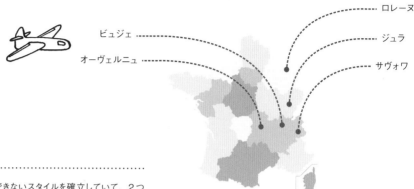

ジュラ地方

ジュラのワインは、他では真似できないスタイルを確立していて、2つの顔を持っている。まずは名高い黄ワインを味わってみるべき。数年かけて酸化熟成させることで、独特のくるみの香りを開花させる魅惑的なワインよ。また、シャルドネ、サヴァニャンで造られるクラシックなスタイルの白ワインも見過ごせない。繊細な花々と、ピリッとしたスパイスが混ざり合った香りが楽しめるわ。赤ワインは少し野性的な味わい。

白ぶどう品種
シャルドネ、サヴァニャン

黒ぶどう品種
プールサール、トゥルソー、
ピノ・ノワール

オーヴェルニュ地方

ロワール地方の一部と見なされることもあるオーヴェルニュ地方は、ガメとピノ・ノワールによる赤ワインが面白いわね。サン・プルサン・シュル・シウール地区、コート・ドーヴェルニュ地区の赤はフルーティーなライトボディ。土壌と造り手の個性によって、ストラクチャーのしっかりした赤に仕上がることもある。コート・ロアネーズ地区でも、フルーティーな赤とロゼが造られているわ。

サヴォワ地方

この地方の郷土料理、チーズフォンデュとよく合う、酸味の利いた白ワインが特に有名ね。さらに、ベルジュロン種をベースとした、よりまろやかな白は魚料理との相性が素晴らしい。赤ワインは、もぎたての果実、胡椒、腐葉土の香りを帯びた野性的な味わいで、何年か寝かせてから開けてもいい。

ビュジェ地方

ジュラ、サヴォワ、ブルゴーニュと接するビュジェ地方は、発泡性、白、ロゼ、赤のワインを生産している。例えば、モンドゥーズ、ピノ・ノワール、ガメとジュラ地方のプールサールで造られる赤は、コクのある、骨格がしっかりした味わいに仕上がる。

ロレーヌ地方

グリ・ド・トゥール（直接圧搾法で造られる、玉ねぎの皮色のロゼワイン）が特に有名だけど、モーゼル地区ではアルザススタイルに近い白ワインも造られている。

白ぶどう品種
アルテス、アリゴテ、シャスラ、
ベルジュロン（ルーサンヌ）

黒ぶどう品種
モンドゥーズ、ガメ、
ピノ・ノワール

ロレーヌ

ジュラ

ビュジェ

オーヴェルニュ

サヴォワ

イタリア

フランスと同様に実に多彩で奥が深く、心躍るワインを生むイタリアは、愛飲家にとって驚きのつきない魅惑的なワイン大国。1980年代は、手頃な価格でおいしい、気軽なワインと言うイメージが強かったけれど、偉大なワイン生産国としての地位を取り戻した。素晴らしいスプマンテに、極上の赤ワイン。フルーティーなものからパワフルなものまで、繊細なものから、豊満、官能的なものまで、あらゆるスタイルのおいしいワインが揃っていて、まさにどんな好みにも応えられる、頼もしい産地ね。

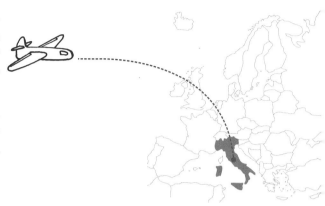

テロワールの多様性

イタリアワインのスタイルの多様性は、何といっても、変化に富んだその気候に由来している。山岳地帯と海岸線の間の傾斜地に広がる畑は、山と海の両方の影響を受け、北部では石灰質、南部では火山岩質の土壌でぶどうは育つ。また、イタリアワインは、驚くほど多彩な在来品種の恵みを受けているの。全土で1,000以上の品種が存在し、そのうちの約400品種がワイン生産に認められている！テロワールの多様性はフランスに全く引けを取らない。それだけでなく、イタリア人にとってもわかりにくい、複雑な産地呼称の制度が加わる。あまりに複雑なため、イタリアでは、産地呼称よりも生産者名が重視されることが多いわ。

主な産地

ほぼ全国で生産されている。イタリアは、生産量では毎年フランスと世界一位を競い合うほどのワイン大国で、輸出量に関してはトップの座を守り続けている。

北西部

ロンバルディア州、ヴァッレ・ダオスタ州、特にピエモンテ州は、骨格のしっかりした赤ワインを産出する地域。タンニンの強いネッビオーロ種から造られるバローロ、バルバレスコは世界でもマンモス級の骨格を持つワインで、驚異的なタンニンとアロマ（なめし革、タバコ、タール、プルーン、バラ）の威力が感じられるわ。頑強なタンニンを持つため、最低でも15年以上前のヴィンテージでなければ、触れるのは慎むべき。そして、とても高価なワインでもあるの。ネッビオーロ種ほど高く評価されていないけれど、より広く普及しているバルベーラ種は、タンニンが控えめで、酸が利いている。ドルチェット種から造られるワインはとてもフルーティーで、甘みと苦みが感じられる。試してみるべきワインね。

北東部

ヴェネト州、フリウリ州、トレンティーノ州からなる地域では、軽やかで気品があり、儚げともいえるほど繊細な白ワインが造られている。食前酒として、あるいは軽めの料理に合わせていただくと最高ね。有名なプロセッコの発泡性ワインは、シャンパーニュと同様に溌剌としていて爽やか。名高いヴァルポリチェッラの赤は、とても軽やかな味わい。

中央部

トスカーナ地方はイタリア第一のワイン産地。この地方に君臨するサンジョヴェーゼ種から生まれるのが、あの有名なキャンティで、その品質はますます進化している。トマトベースの料理によく合う赤ワインね。けれど、ワイン通はキャンティよりも、フルーティーでありながらも、より骨格のしっかりしたブルネッロ・ディ・モンタルチーノや、ヴィーノ・ノービレ・ディ・モンテプルチアーノのワインを好む傾向にある。また、ボルドー品種（メルロ、カベルネ・ソーヴィニヨン）をベースに、イタリア品種をブレンドした、「スーペル・トスカーナ」と称される、桁外れに高価なワインもある。

南部

味よし、価格よしの掘り出し物を発見できる産地。高価なワインはほとんどなく、この地域でしか栽培されていない多彩な品種が、希少で個性的なワインを生んでいる。黒ぶどう品種では、胡椒の風味の利いたプリミティーヴォ種、アーモンドの香りのするアリアニコ種、上質なワインに変身するネグロ・アマーロ種、ネロ・ダヴォラ種などがある。白ワインも、魅惑的な辛口、甘口に出会える。マルサラ・ワインもお忘れなく！

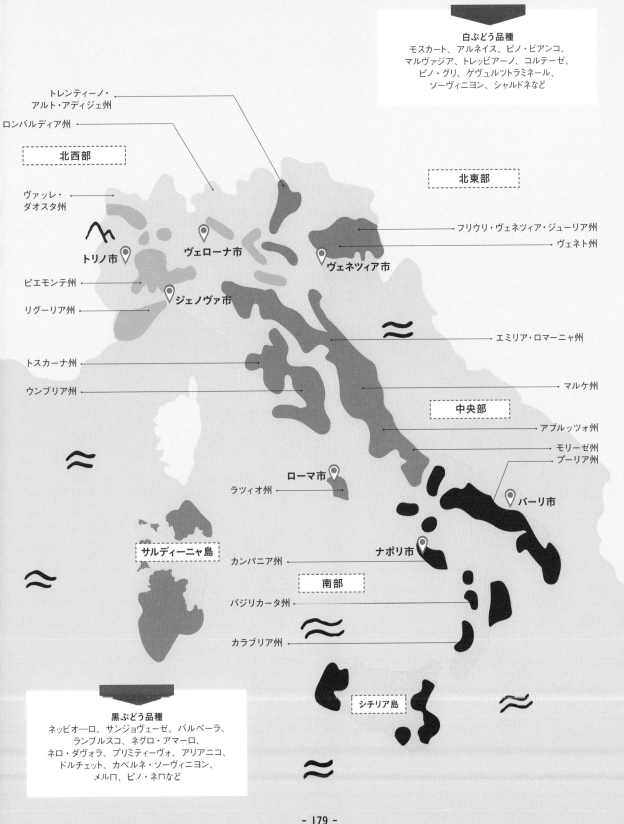

白ぶどう品種
モスカート、アルネイス、ピノ・ビアンコ、
マルヴァジア、トレッビアーノ、コルテーゼ、
ピノ・グリ、ゲヴュルツトラミネール、
ソーヴィニヨン、シャルドネなど

トレンティーノ・
アルト・アディジェ州

ロンバルディア州

北西部

ヴァッレ・
ダオスタ州

トリノ市

ヴェローナ市

ヴェネツィア市

北東部

フリウリ・ヴェネツィア・ジューリア州
ヴェネト州

ピエモンテ州

リグーリア州

ジェノヴァ市

エミリア・ロマーニャ州

トスカーナ州

ウンブリア州

マルケ州

中央部

アブルッツォ州
モリーゼ州
プーリア州

ローマ市

ラツィオ州

バーリ市

サルディーニャ島

ナポリ市

カンパニア州

南部

バジリカータ州

カラブリア州

シチリア島

黒ぶどう品種
ネッビオーロ、サンジョヴェーゼ、バルベーラ、
ランブルスコ、ネグロ・アマーロ、
ネロ・ダヴォラ、プリミティーヴォ、アリアニコ、
ドルチェット、カベルネ・ソーヴィニヨン、
メルロ、ピノ・ネロなど

スペイン

世界第3位のワインとマスト（果汁）の生産国で、世界第2位の輸出国（2021年発表のデータ）。スペインワインがこれほど成功しているのは、そのバラエティーの豊かさに負うところが多いわね。飲みやすいものから、骨格のしっかりしたもの、シンプルなものから格調高いものまで本当に幅広い。中級クラスはまろやかで果実味の豊かなワインが目立つ。陽気で親しみやすく、優しさ溢れるスペインワインは、楽しく、朗らかな気分にしてくれるワインね。

北東部

ペネデス地方

まろやかでしっかりした白、濃厚な赤を産出しているけれど、特にカヴァの産地として名高い。カヴァはシャンパーニュと同じ醸造法で造られる発泡性のワインで、手頃な価格帯はキープされつつも、丁寧に仕上げられた上質なものが増えているわ。シャンパーニュと同様に、パーティーや食前酒、軽い食事の時によく飲まれている。

プリオラート地方

骨格のある力強いワインが好きな愛飲家にもてはやされている。熟した果実のような、濃厚で凝縮感のある赤ワインが主流。長期熟成に適したワインね。評価は非常に高く、それは価格にも反映されている。

ナバーラ地方

ナバーラのワインは長い間、リオハのスタイルに似ていた。つまり、果実味豊かでまろやかなワインが多かったのだけれど、近年では、スタイルが多様化している。いろいろな地元品種、国際品種が栽培されていて、ワインの特徴も多彩。もぎたての実を噛んでいるようなフレッシュな白もあれば、オーク樽で熟成させた赤もある。丸みがあって口当たりがよく、飲みやすいワインが豊富に揃っている。

北部・北西部

リオハ地方

よく知られている伝統的なリオハの赤の特徴は、ふくよかで滑らかな味わい、バニラ香、豊かな果実味ね。一方で、より軽やかな赤、あるいはより濃厚な赤を造っているドメーヌもある。白はしっかりしたものが多く、プラリネの香りがする。

リベラ・デル・ドゥエロ地方

しっかりとした骨格と深みのある味わい、黒みがかった色合いを特徴とする赤ワインの産地。スペインで最も注目されているワインのひとつで、ものすごく価格が高い。

トロ地方

リベラ・デル・ドゥエロ地方の赤ほど複雑ではなく、がっしりしているけれど、より手頃な価格で、同系の味わいを楽しめるところが魅力ね。

ルエダ地方

ヴェルデホ種で造られる、優しいハーブ香を帯びた、酸味のある爽やかな白ワインで有名な産地。

中央部・南部

ラ・マンチャ地方

まずまずの品質でお手頃な、シンプルでフルーティーな白、ロゼ、赤を生産している。代表的なものは、バルデペーニャスのワイン。マンチュエラのワインはより複雑で価格も高め。

ヘレス地方

素晴らしきシェリー酒の生まれ故郷。甘口であることが多い一般的な酒精強化ワインとは違い、極上のシェリーはなんと辛口。しかも、価格はそれほど高くない。

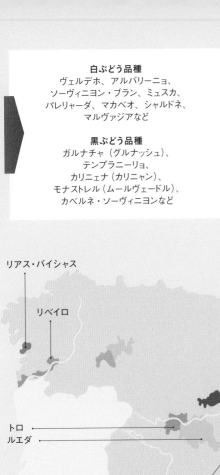

白ぶどう品種
ヴェルデホ、アルバリーニョ、
ソーヴィニヨン・ブラン、ミュスカ、
パレリャーダ、マカベオ、シャルドネ、
マルヴァジアなど

黒ぶどう品種
ガルナチャ（グルナッシュ）、
テンプラニーリョ、
カリニェナ（カリニャン）、
モナストレル（ムールヴェードル）、
カベルネ・ソーヴィニヨンなど

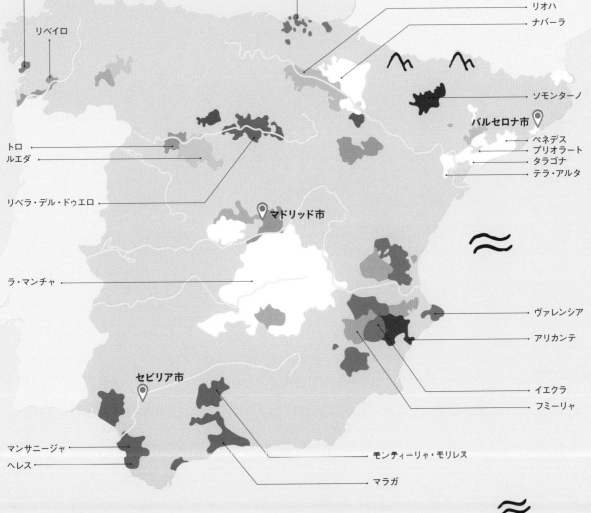

リアス・バイシャス

リベイロ

パイス・バスコ

リオハ

ナバーラ

ソモンターノ

バルセロナ市

トロ
ルエダ

ペネデス
プリオラート
タラゴナ
テラ・アルタ

リベラ・デル・ドゥエロ

マドリッド市

ラ・マンチャ

ヴァレンシア

アリカンテ

セビリア市

イエクラ

フミーリャ

マンサニージャ

ヘレス

モンティーリャ・モリレス

マラガ

ドイツ

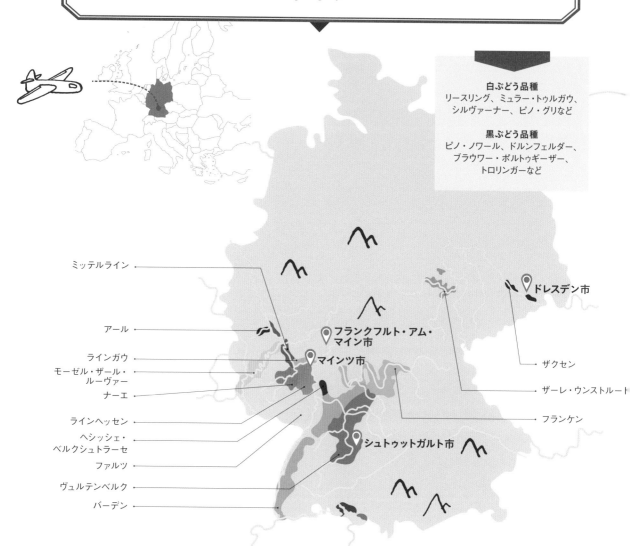

白ぶどう品種
リースリング、ミュラー・トゥルガウ、
シルヴァーナー、ピノ・グリなど

黒ぶどう品種
ピノ・ノワール、ドルンフェルダー、
ブラウワー・ポルトゥギーザー、
トロリンガーなど

ミッテルライン

アール

ラインガウ
モーゼル・ザール・
ルーヴァー
ナーエ

ラインヘッセン
ヘシッシェ・
ベルクシュトラーセ
ファルツ

ヴュルテンベルク

バーデン

フランクフルト・アム・
マイン市
マインツ市

ドレスデン市

ザクセン

ザーレ・ウンストルート

フランケン

シュトゥットガルト市

ドイツワイン

ドイツのワイン産地は13地方に区分され、そのほとんどが気候が比較
的厳しくない南部に集中している。ワイン愛好家の間でもあまり知られて
いないけれど、実はドイツの偉大な白ワインは、地球上で最も優美な白
のひとつに数えられるほどで、数十年もの長期熟成に耐える名酒なの。
酸味は強めだけれど、適度な甘みがあるため、バランスが保たれている。
けれど、残念ながら、粗悪なものに当たってしまうこともある。失敗しな
いコツは、アロマの少ない品種には目もくれず、気難しいだけに丁寧に
育てられているリースリングを選ぶことね。テロワールによって違う表情
を見せる品種だけれど、中でもモーゼル川沿岸地域、ラインガウ地方、
ラインヘッセン地方またはパラティナーテ地方で栽培されたものが秀逸。
また、ドイツは清々しくフルーティーな赤ワインも生産している。

糖度

ドイツワインは、中甘口、甘口、極甘口タイプが多い。エチケット上で
は次のように分類されている。

糖度が低いものから高いものへと6段階：カビネット（Kabinett）、シュペー
トレーゼ（Spätlese）、アウスレーゼ（Auslese）、ベーレンアウスレーゼ
（Beerenauslese）、アイスヴァイン（Eiswein）、トロッケンベーレンア
ウスレーゼ（Trockenbeerenauslese）

スイスとオーストリア

スイス

ヴァレー州は魅力的な産地。珍しい品種が多く、特にシャスラ種による白ワインが秀逸。スイス全体で栽培されている品種のうち、シャスラが占める割合は約75%。スイスはアロマが少ないこの品種を洗練させることのできる唯一の国といえるわ。南部のイタリア語圏にあるティチーノ州はメルロ種が主流。ガメ種またはその交配親のギャマレ種、ギャラノワール種から造られる赤ワインは、野性的ながら、ジャムのような甘い香りと軽やかな味わいが印象的。

オーストリア

この1世代で何という変化！ オーストリアは昔から極甘口ワインの産地として名高く、今も確かな手腕で美酒を造り続けている。その一方で、優れた辛口ワインも続々と登場している。ブルゲンラント州は上質な赤ワインの産地で、ツヴァイゲルト種からは軽やかな赤、ブラウフレンキッシュ種からはスパイシーな赤が生まれる。ニーダーエステライヒ州ではリースリングが素晴らしい。魅力的なグリューナー・ヴェルトリーナー種も栽培されていて、驚くほどユニークなワインに変身する。グリンピースやペッパーの風味がする潑剌とした白、熟した果実の香りがするまろやかな白など、テロワールによって個性の異なるワインに仕上がる。

白ぶどう品種
シャスラ、ミュラー・トゥルガウ、
プティット・アルヴィンヌ、アミーニュ

黒ぶどう品種
ピノ・ノワール、ガメ、メルロ、ユマーニュ、コルナラン、
ギャマレ、ギャラノワール

白ぶどう品種
グリューナー・ヴェルトリーナー、リースリング、
ピノ・ブラン、シャルドネ、ピノ・グリ

黒ぶどう品種
ブラウフレンキッシュ、ツヴァイゲルト、
ブラウアー・ポルトゥギーザー、ザンクト・ラウレント

ポルトガル

ポルト・ワイン、マデイラ・ワイン

ポルトガルは、何といっても、世界最高峰の酒精強化ワインであるポルト・ワインの誕生地として有名な国よね。数十年かけて熟成させると貫録ある表情を見せる美酒。また、この国はポルトよりも辛口でスモーキーなアロマを持つマデイラ・ワインも発明した。世界中で売られている二大名酒の陰に埋もれてしまいがちだけど、おいしい辛口の赤と白もあることを忘れないで!

その他のワイン

ヴィーニョ・ヴェルデ（緑のワイン）は若々しくキリッとした辛口の白ワイン。夏の渇きを潤してくれる爽快な味わいで、しかも価格は驚くほどリーズナブル。ポルト・ワインの産地でもあるドウロ川岸の赤ワインは果実味豊かでスパイシーな味わい。ポルトの品種であるトゥーリガ・ナシオナルから造られた、樹脂、桑の実、松のアロマが印象的な赤はぜひ試してみて。南部のアレンテージョでは、よりフルーティーで柔らかな味わいのワインが造られていて、年月をかけて熟成させるとさらにまろやかになるわ。

白ぶどう品種
ロウレイロ、トラジャドゥーラ、
アリント、マルヴァジア

黒ぶどう品種
トゥーリガ・ナシオナル、
ティンタ・ピニェイラ、
ティンタ・ロリス、ヴィーニャオ

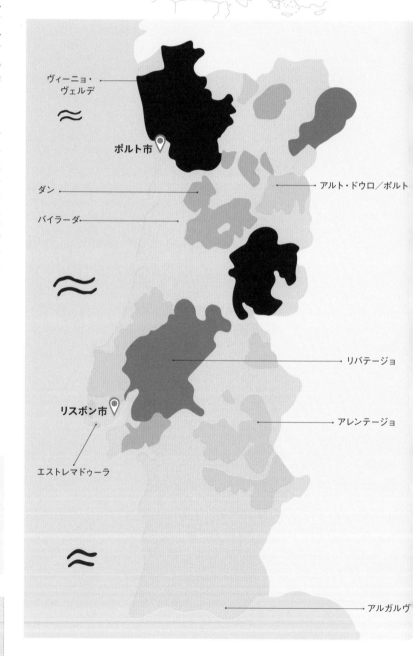

ヴィーニョ・ヴェルデ

ポルト市

ダン

バイラーダ

アルト・ドウロ／ポルト

リバテージョ

リスボン市

アレンテージョ

エストレマドゥーラ

アルガルヴ

マデイラ

ギリシャ

ギリシャのぶどう畑は波乱に満ちた歴史を歩んできた。古代、中世の時代にはギリシャワインは名声をほしいままにしていたけれど、15世紀から独立戦争が起きた19世紀半ばまで、畑は荒廃。けれど、数十年前から300もの在来品種が栽培されるようになり、独特の個性を持つワインが人気を集めている。火山性の土壌から生まれる、清らかなミネラル感が際立つ白ワインもあれば、サモス島生まれの有名な甘口のミュスカもある。ペロポネソス半島の高地で長期熟成型の濃厚な赤ワイン、マケドニア地方で素晴らしい赤とロゼが造られているわ。でも、残念なことに、国を揺るがす2010年の経済危機でワインの消費量が減少し、ワイン産業も打撃を受けた。

白ぶどう品種
ミュスカ、
サヴァティアーノ、
アシルティコ、ロディティス
など

黒ぶどう品種
ジーノマヴロ、リムニオ、
アギオルギティコなど

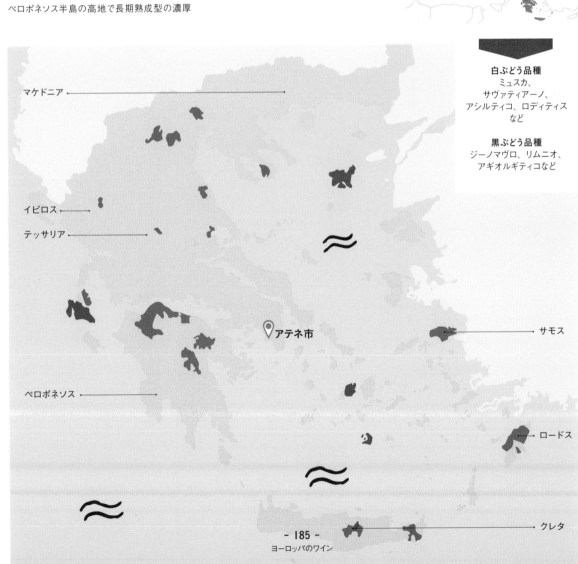

マケドニア

イピロス

テッサリア

アテネ市

サモス

ペロポネソス

ロードス

クレタ

東ヨーロッパとコーカサス地方

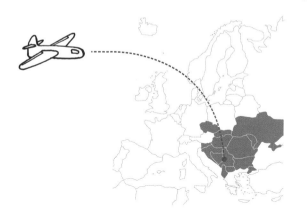

チェコ

スロバキア

ハンガリー

スロベニア

クロアチア

ボスニア・ヘルツェゴビナ

セルビア

モンテネグロ

バルカン半島、コーカサス地方の国々でもワインの伝統は古く、数千年にも及ぶ歴史を誇る国もあるほど。ただ、政治的、経済的に困難な時代が長く、生産者はぶどう畑を見放さざるを得なかった。幸いにも、新世代の生産者が奮起してワイナリーを立ち上げ、忘れられた品種を新鮮な目で研究し、ワイン造りに励んでいるので将来が楽しみな地域ね。

クロアチア

クロアチア共和国は素晴らしいワインを生む国として名高く、ワインは紀元前6世紀から造られていた。ユーゴスラビア社会主義連邦共和国の一部だった時代に、ぶどう畑は荒廃してしまったけれど、現在は、栽培面積が60,000ha近くになるほど回復しているわ。
アドリア海に浮かぶ島々（フヴァル島、コルチュラ島）を含む、イストラ半島からドゥブロヴニクまでの沿岸地域では、プラヴァツ・マリやディンガチなどの在来品種による、骨格のしっかりした、上質な赤を造っている。もうひとつの生産地域であるクロアチア北部では、グラシェヴィーナなどの白ワインの生産が主流。

スロベニア

イタリア、オーストリア、クロアチアに囲まれているこの国では、古代ローマ時代よりも前からワインが造られていた。中央ヨーロッパの中で最も将来性のあるワイン産国のひとつ。白ワインの割合が圧倒的に多く、国際品種だけでなく、有名なハンガリーのトカイを生むフルミントに似たシポンなどの地域固有の品種も栽培している。アンフォラ壺によるものなど、古くから伝わる伝統製法も残っている。

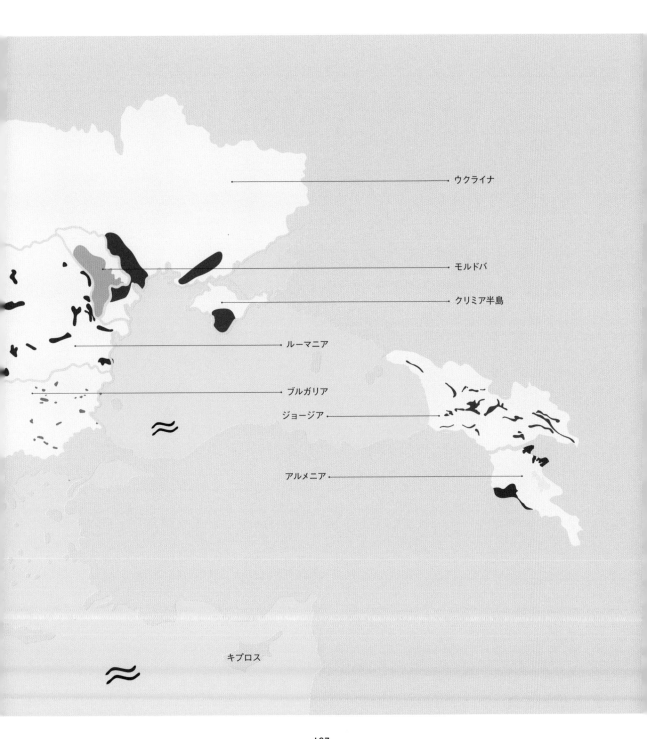

ウクライナ

モルドバ

クリミア半島

ルーマニア

ブルガリア

ジョージア

アルメニア

キプロス

東ヨーロッパとコーカサス地方の産地

セルビア

畑全体の面積は70,000haで、国際品種と在来品種を栽培している。中には他の国では見られない珍しい品種もある。この国がどれほどワインに傾倒しているかは、元首相ゾラン・ジフコヴィッチ（在任は2003-2004年）がワイン生産者に転職したことからも想像できる！

スロバキア

濃厚な白ワインを生産していて、世界的な品評会でますます評価を得るようになってきている。白ブドウ品種の割合は国全体の畑の3/4を占めるほど。主にリースリング、グリューナー・ヴェルトリーナー、ミュラー・トゥルガウなどで、他にも香り高いミュスカ・オットネル、トラミネールなどの品種も栽培している。大陸性気候で、西ヨーロッパに比べて季節の変化がよりはっきりしている。

ハンガリー

100年も寝かせることのできる極甘口のトカイ（TokayまたはTokaji）が特に有名で、蜂蜜の香りと口の中で長く続く余韻が素晴らしく、世界中で称賛されているわ。合計で150,000haの畑は22産地に分類されていて（トカイ地方が最も知名度が高いのは確か）、とても魅力的な辛口の白ワインも生産している。力強く、スパイシーでシェリーワインを思わせる白で、こってりした、味の濃い料理との相性は抜群。栽培されている300品種の中で、最も有名なのは濃厚で酸味豊かなフルミントと、芳香豊かなハーシュレベリュー。

キプロス

東地中海に浮かぶこの小島では、ぶどうは丹念に育てられ、そのワインは国境を越えて素晴らしい評価を得ている。パスリヤージュ（干しぶどう化）で造られる甘口ワイン、コマンダリアが特に有名ではあるけれど、温かみのある赤ワインも造っているわ。

クリミア半島

ウクライナから独立して、ロシアとなったこの半島は、数々の政治紛争を経たにもかかわらず、ワイン造りの才能を失わなかった。ワインは3000年以上も前から造られていて、おいしいワインに目がなかった皇帝ニコライ2世の統治時代に全盛を誇った。現在は、ぶどう畑はヤルタ近くのマッサンドラ地方に集中。海に面した立地、地中海性気候は、マデイラ・ワインに似た酒精強化甘口ワインの生産に適している。

ジョージア

ワイン発祥地と見なされている地域にある国。ワイン造りに認定された品種が540もある、独特な個性と多様性に富んだ国！一部のワインは今も先祖伝来の製法で造られていて、コクのあるオレンジワイン、タンニンのしっかりした甘口の赤ワインができる。伝統が守られていることは、このタイプのワインファンにとっては本当に幸せなこと。クヴェヴリ（QvevriまたはKvevri）という粘土で作ったアンフォラ壺を首のところで地面に埋め、破砕したぶどうの実で満たす。ぶどうは涼しく暗い地中で発酵し、そのまま冬を越す。ジョージアはワインファンから今最も注目されている国のひとつよ。

アルメニア

ジョージアとともに、ぶどうとワインの発祥地と見なされている。主に栽培されている品種は黒ぶどうのアレニ（赤ワイン）、白ぶどうのチラーとヴォスケハット（白ワイン）。ワイン造りの伝統は歴史から長い間姿を消していたけれど、今ではこの国の農業、経済にとって重要な特産品となっているわ。

有名なワインの例
ハンガリーのトカイ（Tokay）、
キプロスのコマンダリア（Commandaria）、
クロアチアのディンガチ（Dingac）、
クリミア半島のマッサンドラ（Massandra）、
ジョージアのクヴェヴリ（Qvevri）

PLINE L'ANCIEN

大プリニウス
(23 – 79)

著作家であり博物学者であった大プリニウスは、古代ローマ時代のぶどう、そしてワインがどのようなものであったかを今世に伝える、貴重な書物を残した人物です。世界最古のワイン事典を著したことでも知られています。

このローマの学者は、ヴェスヴィオ山の大噴火でこの世を去る数年前に、37巻で構成される壮大な百科全書、「博物誌」を完成させました。22章からなる第14巻は、ワイン、様々なぶどう品種、気候の影響、土壌の性質などに関して記述したものでした。彼はその中で地中海沿岸地域の畑の特徴を詳述し、産地の格付けを行っています。その内容から、当時はカンパニア地方（イタリア）、カタロニア地方（スペイン）のワインがラングドック・ルシヨン地方（フランス）のものよりも優れていたこと、それでも、世界的な名声を得ていたギリシャのレスボス島やヒオス島、あるいはキプロス島、コリント島のワインには遠く及ばなかったことがわかります。

またこの博物誌は、当時のワインの味が現代のものとは全く異なっていたことも教えてくれます。ワインの味をよくし、保存が利くようにするための添加物の種類が詳述されています。当時は蜂蜜、花、樹脂、根、灰、海水などが上等なワインを生むと考えられていたのです！

大プリニウスはワイン産地の拡大が、ローマ人による征服・入植の進行と密接に関係していることも記録しています。ギリシャ人、次いでローマ人は征服した地にぶどうを植えていきました。ぶどうの株を植えることもありましたが、多くの場合は種を蒔いて新しい品種を増やしていきました。それから数世紀が経過し、16世紀になってスペインのコンキスタドール（探検家）たちが海を渡り、アルゼンチン、チリ、ペルー、さらにはブラジルの地にぶどうをもたらしました。そして今、情熱ある生産者たちによって、品質の高いワイン造りが継承されています。

アメリカ合衆国

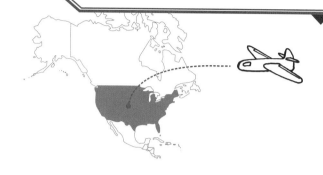

アメリカは「ニューワールド・ワイン」の発祥地。ヨーロッパとは異なるスタイルを確立している国ね。赤ワインはより甘みが強く、白ワインは樽の香りが際立っていて、よりクリーミー。赤、白、ロゼとも、生き生きと立ち上る、豊かな果実香が印象的。

アメリカのワインについては、消費者をすぐさま魅了するように仕上げた、個性と複雑さを欠いた、あまりにわかりやすいスタイル、と批判する声もあるわね。そういう一面もあるかもしれないけれど、あまり外れがなく、飲んですぐにおいしいという強みがあることも確か。一方で、1970年代の終わりにワイン生産が始まったこの国では、丹念に造られた極上のワインにも出会える。

現在、偉大なカリフォルニアワインは、ボルドーのグラン・クリュに迫る価格で取引されているけれど、クオリティーも引けを取らない。まずは目利きのブローカーを探しましょう！ 彼らのワインを見る目は確かよ。

カリフォルニア州

量、質ともにアメリカ最大の生産地。ぶどう畑は州をほぼ縦断するように広がっていて、その気候は、丸みのある果実味豊かなワインの生産に最適のコンディション。一番有名な地区は、言うまでもなく、ナパ・ヴァレー。ワインの価格は結構高めで、観光客の大群が押し寄せている。ワイナリー・ツアーが特に充実している地区ね。ここでは、カベルネ・ソーヴィニヨン、メルロの赤が正統派。この上なく豊満な、地元品種のジンファンデルの赤もぜひ試してみて。すぐ近くのサンフランシスコ北部にあるソノマ・ヴァレーは、さらにコクのある赤と白を大量に生産している。

ロサンゼルスまでの海岸沿いでは、モントレー、サン・ルイス・オビスポ、サンタ・バーバラ地区にぶどう畑が連なっている。規模、価格ともに控えめな地区だけど、ワインは飲みやすく心地いい。

オレゴン州とワシントン州

カルフォルニア州より北の産地では、より爽やかなワインが造られている。ピノ・ノワールは繊細な気品を備えていて、ブルゴーニュワインよりも甘やかで、いちごの香りが強い。オレゴン州のワインは、生産量が限られているので、価格は結構高め。より北に位置するワシントン州のシアトル周辺では、広大なコロンビア・ヴァレーにぶどう畑が広がっている。この州はアメリカ第二の生産地ね。ワインはオレゴン州のものほど上品ではないけれど、リースリング、ソーヴィニヨン、シャルドネの白、カベルネ・ソーヴィニヨン、特にメルロの赤が造られていて、どれもリーズナブルでクオリティーが高い。

中西部

オハイオ州、ミズーリ州、ミシガン州でもワインは造られている！ 気候のせいで、酸味が足りず、長期熟成型のワインは滅多にお目にかかれないけれど、早飲みタイプの親しみやすいワインが見つかる。テキサス州については、「ワインはテキサス州の次世代のビッグビジネス」、というスローガンのもと、ワイン産業に進出している。

東部

信じられないかもしれないけれど、ニューヨーク州でもワイン造りが行われているのよ。生産量は、ワシントン州に追いつきそうなほどで、ワイン生産者の数は150ほどになっている。とはいっても、グレープジュースの生産者は1,000いるから、規模はそれほど大きいとはいえないのかも。この地方ではぶどうが熟れにくく、加糖しなければならないこともよくあるそう。十分によく育つのは、リースリングとシャルドネのみで、高い評価を得ている。

白ぶどう品種
シャルドネ、ソーヴィニヨン、リースリング

黒ぶどう品種
メルロ、カベルネ・ソーヴィニヨン、
シラー、グルナッシュ、ジンファンデル、
ピノ・ノワール、バルベーラ

ウィスコンシン州
インディアナ州
オハイオ州
ペンシルベニア州
ニューヨーク州
ニューヨーク市
バージニア州
テネシー州
ノースカロライナ州
サウスカロライナ州
ジョージア州
フロリダ州
アラバマ州
ミズーリ州
アーカンソー州

ワシントン州
オレゴン州

サンフランシスコ市
ロサンゼルス市

カリフォルニア州
コロラド州
アリゾナ州
ニューメキシコ州
テキサス州

チリ

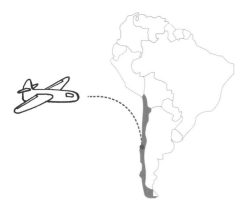

チリワインは、コストパフォーマンスが抜群にいい。お手頃なデイリーワインでも、太陽の光とスパイスの香りを感じさせる、重くない、心地いい風味を楽しめるわ。それに、チリワインは未来のスターになる可能性を秘めている。何といっても、気候が素晴らしい。太陽がじりじりと照りつけて十分に暑く、昼は太平洋からの冷涼な風、夜はアンデス山脈から降りてくる冷気で、大気が冷えて乾燥するので、ぶどうには最高の条件。さらに、多くの河川が山々から太平洋に向かって流れていて、畑を潤している。

ぶどう品種

栽培されているのは、国際品種で、カベルネ・ソーヴィニヨン、メルロ、シャルドネなど。ただし、カルメネールという珍しい品種も栽培されている。一度は絶滅しかけたものの、今ではグラン・クリュをも生み出す奇跡の品種と評価されているわ。

産地

チリワインは、主に中央渓谷、サンティアゴ南部で生産されている。その周りにも小さな産地が点在していて、ワインのスタイルも多様。

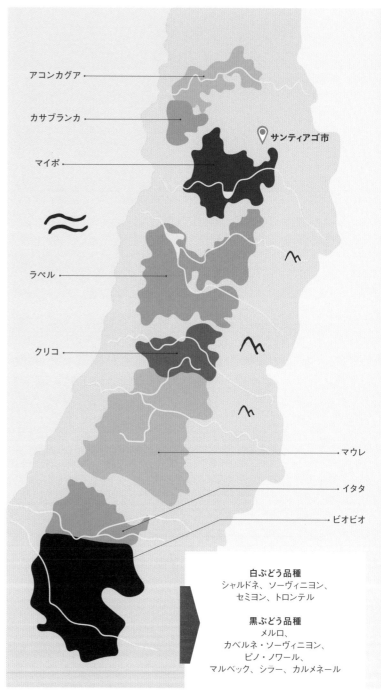

アコンカグア

カサブランカ

マイポ

サンティアゴ市

ラペル

クリコ

マウレ

イタタ

ビオビオ

白ぶどう品種
シャルドネ、ソーヴィニヨン、
セミヨン、トロンテル

黒ぶどう品種
メルロ、
カベルネ・ソーヴィニヨン、
ピノ・ノワール、
マルベック、シラー、カルメネール

アルゼンチン

ぶどう畑はアンデス山脈の東側に広がっているので、チリとは異なり、太平洋からの冷涼な風は届かない。でも、山々の間の渓谷は標高が高く、日照も申し分ないため、ワイン造りに適したテロワールになっている。一般的に、アルゼンチンワインは、チリよりも豊満でストラクチャーがしっかりしているといえるわね。

品種

アルゼンチンでは何といってもマルベックが素晴らしく、パワフルで凝縮感のある赤ワインに変身する。太陽の光が必要なボナルダ、メルロ、カベルネ・ソーヴィニヨン、シラーも健やかに育つ。白ぶどう品種は、一部の産地の芳香豊かなトロンテス種以外は、存在感がやや薄いかも。

産地

主な産地は中央地方のメンドーサ州。パタゴニア地方のリオ・ネグロ州も生産量が多い。

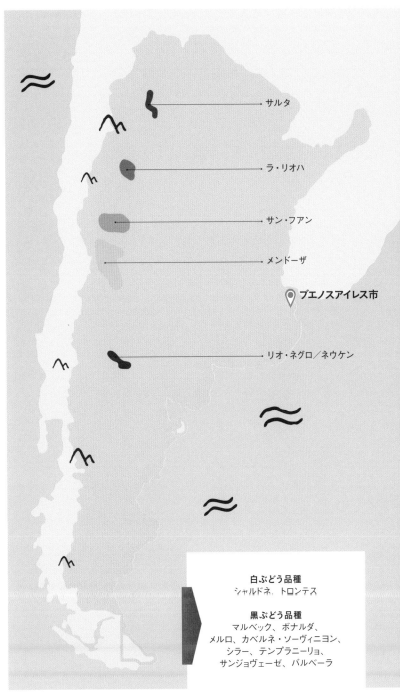

サルタ

ラ・リオハ

サン・フアン

メンドーザ

ブエノスアイレス市

リオ・ネグロ／ネウケン

白ぶどう品種
シャルドネ、トロンテス

黒ぶどう品種
マルベック、ボナルダ、
メルロ、カベルネ・ソーヴィニヨン、
シラー、テンプラニーリョ、
サンジョヴェーゼ、バルベーラ

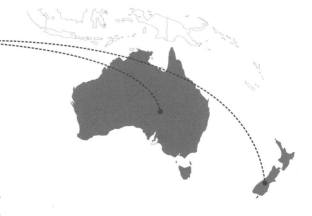

厳しい環境で造られるオーストラリアワイン

オーストラリアのワインは、テクノロジーと生産者の絶え間ない努力の結晶といえる。彼らは厳しい気候を乗り越えて、偉大なワインを造りあげるという快挙を成し遂げたわ。18世紀の終わりにぶどう栽培が始まったこの大陸では、テロワール、土壌、畑の個性という言葉はほとんど耳にしない。ここで称賛されるべきは、集中的な灌漑、ぶどうの仕立て方、収穫用の冷蔵トラック、低温発酵などの技術。荒々しい自然を手なずけるための超人的な仕事は報われ、オーストラリアはクオリティーを犠牲にすることなく、独自のスタイルを築き上げた。その証拠に、オーストラリアの銘酒は高く評価され、世界のワイン産業に影響を与えているのよ。

産地

ぶどう栽培は、最も温和な地域である、島の南東端と南西端に集中しているわ。一番冷涼な地域で生産されたとしても、オーストラリアワインはどれも果実の完熟感が強い。とても強い。醸造者はこの特徴を和らげようとするどころか、前面に押し出している。奥深く豊満なシラーズ種の赤は世界中で称賛されている。在来品種はなく、国際品種のみを栽培していて、その中でも特に偉大な銘酒を生んでいるのが、この国ではシラーズと呼ばれているシラーね。ただ、オーストラリアは心配な問題を抱えている。数年前から続いている旱魃の問題で、ぶどうの木が危機的状況にさらされているの。

ニュージーランド

何といっても、見事なソーヴィニヨン種で世界中から注目された国。この島で育つソーヴィニヨンは、ライムからパッションフルーツ、パイナップルへと至る、驚くほど芳醇な香りを放つ、潑剌とした白ワインへと変身するの。ホークス・ベイ地方、マールボロ地方（この国最古のぶどう栽培地）のものが特に秀逸。ニュージーランドでは白ワインが全生産量の2/3を占めていて、シャルドネ、リースリング、ゲヴュルツトラミネールからも良質なワインが造られているわ。この国のもうひとつの目玉はピノ・ノワール。冷涼な気候を好むので、南島とウェリントン地方でよく実り、ブルゴーニュ・スタイルに近い、繊細なワインに仕上がるの。より温暖なホークス・ベイ地方ではカベルネ・ソーヴィニヨンやメルロが栽培されている。

白ぶどう品種
シャルドネ、ソーヴィニヨン、セミヨン、
リースリング、ミュスカ、
ミュスカデル、シュナン、ゲヴュルツトラミネール

黒ぶどう品種
シラーズ（シラー）、カベルネ・ソーヴィニヨン、
ピノ・ノワール、メルロ

ノーザン・
テリトリー州

クイーンズランド 州

西オーストラリア州

南オーストラリア州

ニュー・サウス・ウェールズ州

パース市

シドニー市

ヴィクトリア州

メルボルン市

ノースランド

オークランド

オークランド市

タスマニア州

ギスボーン

ホークス・ベイ

マーティンボロ／ワイラパパ

ネルソン

ウェリントン市

マールボロ

カンタベリー

セントラル・オタゴ

南アフリカ

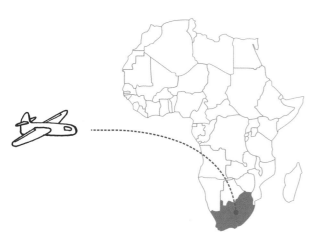

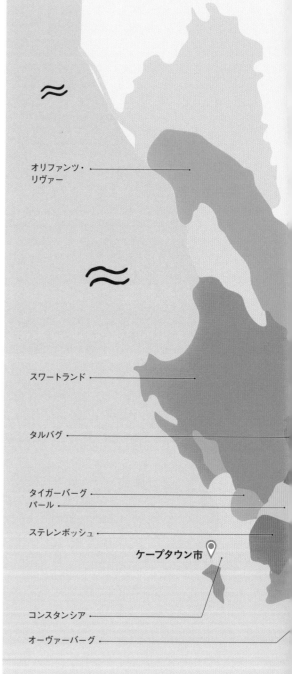

オリファンツ・
リヴァー

スワートランド

タルバグ

タイガーバーグ
パール

ステレンボッシュ

ケープタウン市

コンスタンシア

オーヴァーバーグ

ワインの歴史

南アフリカのワイン造りの歴史は古いわ。クレイン・コンスタンシアの極甘口ワインは、この地に亡命していたフランス皇帝、ナポレオンのお気に入りだった。けれど、現在のワイン産地に昔の面影はほとんど見られない。ぶどう畑は、アパルトヘイトの終焉後（1991年）、諸外国との交易の再開以降に復活した。

品種

現在、南アフリカはスタイル、クオリティーともにバラエティーに富んだワインを生産している。シャルドネの白、カベルネ・ソーヴィニヨンの赤というクラシックスタイルもあるけれど、シラーやメルロの赤も目立っている。一方で、ピノタージュという個性の強い地元品種から、フルーティーで野性味のある、独特な赤ワインも造られているの。白ワインについては、シュナンがサプライズをもたらしてくれる。フランスのロワール地方以外ではあまり栽培されていないシュナンは、この土地との相性がよく、エレガントな辛口の白と、豊満な甘口の白へと変身する。

産地

若い生産者が畑の開拓に参入し、特にダイナミックなスワートランドをはじめ、テロワールの価値を高めているわ。海洋の冷涼な風を受ける、ケープタウン周辺の産地で、特に良質なワインが生産されている。最も発展している地区は、パールとステレンボッシュ。

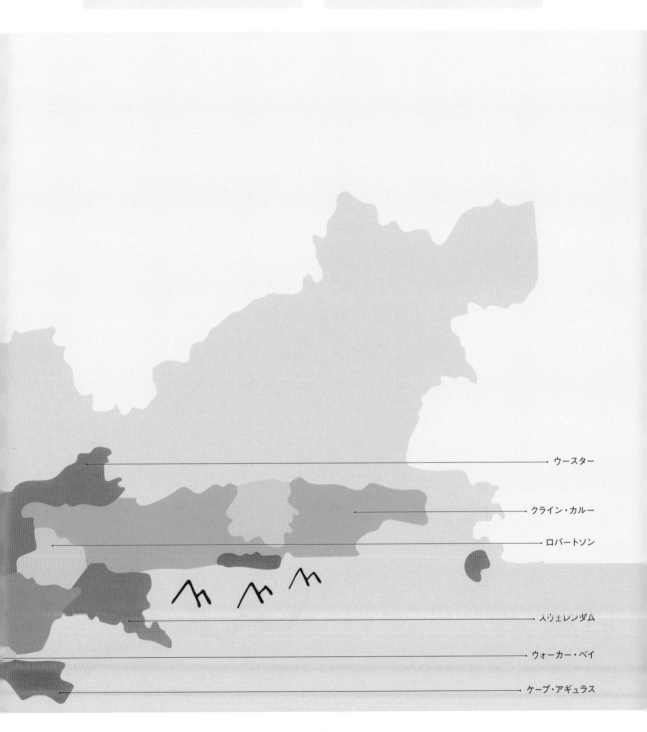

→ ウースター

→ クライン・カルー

→ ロバートソン

→ スウェレンダム

→ ウォーカー・ベイ

→ ケープ・アギュラス

ワイン産地は世界中に広がっている。ぶどう栽培が昔よりも活発になっている国もあれば、新規開拓されている国もある。世界のワイン地図は、おそらく30年後には大きく変わっていることだろう。栽培/醸造技術の向上で、少し前までは考えられなかった地域で、ワイン用のぶどうが育つようになってきている。ワイン新興国の台頭を前に、伝統ある国々は別の角度からぶどうを見つめ、驚くほど精力的に、品質向上のための競争に乗り出している。

イギリス
地球温暖化のためか、生産者の丹念な仕事の成果か、それとも最先端の技術によるものか? とにかく、イギリスでぶどうがよく熟れるようになり、まずまずのワインができるようになったことは事実。現在の一番の有望株は、南部の白亜質の土壌から造られる発泡性ワインね。

中近東
レバノンのワインは世界的に高く評価されていて、その勢いは留まるところを知らないわ。ワイン造りの歴史はとても古く、3,000年前のフェニキア時代に遡る。その後、古代ローマ人がベッカー高原に、バッカス(ワインの神)の神殿を建てた。まさにその場所に、現代のワイン産地が集中しているの。Château Ksara(シャトー・クサラ)、Château Kefraya(シャトー・ケフラヤ)、Château Musar(シャトー・ミュザール)は、スパイスとチョコレートの香りを帯びた赤ワイン、香しい濃厚な白ワインを造っている。これらの名門シャトーの他にも、この20年間で40軒ものワイナリーが誕生していて、活気に溢れている。Domaine Wardy(ドメーヌ・ワーディ)など、上質なワインを造っている優秀なワイナリーもあるから、将来が楽しみ。

見過ごしてしまいがちだけど、**イスラエル**、**シリア**、さらには**アフガニスタン**でも、ワインは造られているわ。紛争で荒廃しないことを願いたい。**エジプト**でもJardin du Nil(ジャルダン・デュ・ナイル)のように、注目すべきワインがある。

マグレブ諸国(アフリカ北西部)には、ワイン造りの伝統がしっかりと根付いている。スパイシーな赤とロゼが生産されていて、中でもモロッコ・ワインについては、高級レストランの料理に相応しいものもある。

中国
生産も消費も爆発的に増加している。ぶどう作付面積ではすでに世界第2位になっていて、このままいけば、世界一のワイン生産国になる日も遠くない! 畑は北東部と北西部の途方もなく広大な土地に広がっている。地中海沿岸地域に近い緯度にあるけれど、テロワールも気候も変化に富んでいる。ワイン産業の発展のために海外の専門家の力を借りてきたけれど、今は技術力の高い生産者の育成に取り組んでいる。

日本
ワインに対する造詣が深く、ワイン・ラヴァーの多い日本は、生産量は限られているけれど、良質なワインを造っている。主な産地は東京の南西にある富士山麓に広がる地域。最も有名な品種は甲州で、純粋で繊細な白ワインを生む。

インド
熱帯性気候なので、ワイン造りに適しているとはとてもいえないけれど、驚くほどの推進力で、最新技術を駆使し、生産量を飛躍的に伸ばしている。マハラシュトラ州のナーシク、サングリ、カルナータカ州のバンガロールの3地区で、50以上の生産者がワイン造りに励んでいる。中でも、裕福なワイナリー所有者は、世界中から優秀な醸造学者を招いて、品質向上に努めている。

イギリス

チュニジア
モロッコ
アルジェリア

シリア
レバノン
イスラエル

エジプト

日本

アフガニスタン

中国

インド

ワインの歴史について

それぞれの時代、文化、文明に左右され、ワインはあらゆる方向で発展してきた。ワインは神聖の印とも冒瀆[ぼうとく]の印とも見なされる。極上のものもあれば日常的に楽しむものもある。若いものから年代物まで、シンプルなものからグラン・クリュまで、両極端なものが混在する。ワインには様々な国の歴史が刻まれているけれど、それはそうと、ワインの発祥地はどこでしょう？

ワインはいつ、どこで誕生したの？

はっきりとは解明されていないけれど、コーカサス地方のどこかだろうといわれているわ。旧石器時代（12,000年以上前）にはもう、私たちの祖先は発酵した飲み物を飲んでいたそう。ぶどうの栽培はまだ始まっていなかったけれど、おそらく野生のぶどうから搾り、自然発酵した果汁を飲み物としていたと考えられている。いずれにしても、考古学調査で11,000年前のぶどうの種子が発見されたことは確か。これまでに発見された中で最も古いワインの形跡は7,000年以上前のもので、イランで発掘された壺の内側に付いた澱[おり]だそう！同じような跡がジョージアで、同時代（紀元前5,000年）のアンフォラ壺からも発見されている。さらに2010年の発掘調査で、現代もワイン産地として知られるアルメニアのアレニで紀元前4,100年のワイン醸造施設が発見された。世界最古のワインがどこで飲まれていたのかを知るのは難しいことだけど、ジョージア、アルメニアなどのコーカサス地方が、最終的に「ワイン発祥地」という地位を獲得している。

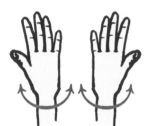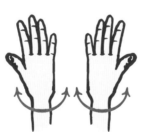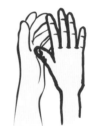

バン・ブルギニョン（ブルゴーニュの手拍子）

ブルゴーニュ地方の頌歌[しょうか]として紹介されることが多いわ。でも公式のものではない。5音からなる民謡のような歌だけれど、「ラ・ラ・ラ・ラ　ラララレール」以外の歌詞はなく、簡単な振り付けを繰り返す。両手を顔の高さまで上げて、ワインを称えるために、手のひらを裏返しては戻すという動きを9回繰り返す（マリオネットを使うこともある。グラスの中を光に透かして見るような動き）。この手拍子は1905年にディジョンの酒場で生まれたそう。最初はごく限られた人たちにしか知られていない歌だったけれど、1945年からぶどう祭りで歌われるようになり、ブルゴーニュ地方全土に広まった。今では、ブルゴーニュ地方の人々はちょっとしたお祝いの会の前、食事会の後、お祭りなどの、特においしいワインが出された時に、この手拍子をして喜びを表す。

ワインにまつわる民謡

お祭りやパーティーの時には食べて飲んで歌う、が通例。そのため、民謡にはワインがよく登場する。さらに、ワイン騎士団にはワインの歌が無数にある。ワイン・ラヴァーが知っておくと役立つかもしれない歌をここで少々ご紹介。

Chevaliers de la Table Ronde
（円卓の騎士たち）

「ブルゴーニュ利き酒騎士団」が広めた18世紀の民謡

Chevaliers de la Table ronde,　円卓を囲む騎士たちよ
Goûtons voir si le vin est bon.　おいしいワインか味見してみよう

（リフレイン）
Goûtons voir, oui, oui, oui,　味見しよう、ウィ、ウィ、ウィ
Goûtons voir, non, non, non,　味見しよう、ノン、ノン、ノン
Goûtons voir si le vin est bon.　おいしいワインか味見してみよう

（2回繰り返す）
S'il est bon, s'il est agréable,　おいしくて心地いいワインであれば
J'en boirai jusqu'à mon plaisir.　満足するまで飲もう

（リフレイン）
Et s'il en reste quelques gouttes,　ワインがまだ数滴残っていれば
Ce sera pour nous rafraîchir.　それは我々の渇きをいやすため

（リフレイン）
Si je meurs, je veux qu'on m'enterre,　私が息絶える時は、おいしいワインのある
Dans une cave où y a du bon vin.　地下室へ埋葬してほしい
（…）

Te Voici, Vigneron!
（ここにいたのか、ぶどうを育てる者よ）

スイス民謡

Le vigneron monte à sa vigne　ヴィニュロンがぶどうの畑を登っていく
Où es-tu, vigneron？　どこにいるんだい、ヴィニュロン？
Le vigneron monte à sa vigne　ヴィニュロンがぶどうの木に登る
Du bord de l'eau jusqu'au ciel là-haut.　水際から高い空まで

On voit d'abord son vieux chapeau　まず彼の古い帽子が見える
C'est pas un chapeau du dimanche　あれは日曜日の帽子ではない
Il a plutôt l'air d'un corbeau　何だか枝にとまったカラスに見える
Perché sur une branche
Où es-tu, vigneron？　どこにいるんだい、ヴィニュロン？
（2回繰り返す）

On voit ensuite son fossoir　次に彼の鍬が見える
C'est pas un fossoir de gamine　あれはおてんば娘の鍬ではない
Il a plutôt l'air d'un buttoir　何だか丘の斜面にささった鍬のようだ
Au flanc d'une colline
Où es-tu, vigneron？　どこにいるんだい、ヴィニュロン？
（2回繰り返す）
（…）

Fanchon
（農婦の頬被り）

18世紀の民謡。バン・ブルギニオンと一緒に歌われることもある

Amis, il faut faire une pause,　友よ、一休みしよう
J'aperçois l'ombre d'un bouchon,　干草の束の影が見える
Buvons à l'aimable Fanchon,　愛すべき頬被りで飲もう
Chantons pour elle quelque chose.　そのために何か歌を歌おう

（リフレイン）
Ah! Que son entretien est doux,　ああ、その手入れは心地よい
Qu'elle a de mérite et de gloire.　褒め称えるに値する
Elle aime à rire, elle aime à boire,　頬被りは笑うことが好き、飲むことが好き
Elle aime à chanter comme nous,　私たちのように歌うことが好き
Elle aime à rire, elle aime à boire,　頬被りは笑うことが好き、飲むことが好き
Elle aime à chanter comme nous,　私たちのように歌うことが好き
Oui comme nous, oui comme nous!　そう私たちのように、私たちのように

Fanchon, quoique bonne chrétienne,　頬被りは、よいキリスト教徒ではあるが、
Fut baptisée avec du vin,　ワインで洗礼を授けた
Un Bourguignon fut son parrain,　ブルゴーニュ人はその代父となった
Une Bretonne sa marraine.　ブルターニュ人は船を命名する代母となった

（リフレイン）
Fanchon préfère la grillade　頬被りは繊細な料理よりも網焼きを好む
À d'autres mets plus délicats,
Son teint prend un nouvel éclat　その色はワインを並々と注がれると、また鮮やかになる
Quand on lui verse une rasade.
（…）

クレマンティーヌは、ワインに興味を持ち始めた時のことをよく覚えています。あれは、ある日曜日、いつものように家族で昼食を取っていた時でした。ママの料理をつまみ食いして、パパのワインを一口。そして、もう一口……。そう、まさに、その瞬間でした。不思議なことに、いつもの料理がワインの力でさらにおいしくなったのです！料理に新鮮な風味が加わり、何ともいえない豊かな味が口の中に広がった時の驚きは今でも忘れられません。この時、彼女はワインの魔力に触れ、ワインと料理の素晴らしい関係に開眼したのです。

それからというもの、腕を振るってディナーを作る時に、いつも頭の中を巡るのは、ただ、おいしいワインというだけではなくて、この料理に合う最高のものを見つけなければ、ということ。そのために、同時に2、3本開けて飲み比べることも！ある時には、思いっきり奇抜なアイデアを試したこともありました。何かの本で読んだ、牡蠣とソーテルヌの組み合わせです。ショックを受けた友人もいれば、「意外にいける」と気に入ってくれた友人もいました（その中には、ボルドー出身で、この組み合わせを知っていたカップルもいました）。こうしてクレマンティーヌは、万人に受け入れられる完璧な組み合わせというものはない、人の味覚は嗜好と食文化の影響を受けているのだと実感したのです。

クレマンティーヌは定番の組み合わせをよく知っていて、その通りに試すのも好きなのですが、新鮮な体験をしてみたい、サプライズを感じたい、という好奇心も旺盛です。ワインと料理の幸運な巡り合わせで、目の前に虹が現れ、心臓が口から飛び出て、心が震えるほどの感動を味わえる日が来るかもしれません。そう、それこそがまさに、最高のマリアージュなのです。

CLÉMENTINE

クレマンティーヌの章

ソムリエ見習いになる

料理とワインの組み合わせの基本
今日の料理にはどのワインを合わせる？・ワイン殺しの食品たち
今日のワインにはどの料理を合わせる？

料理とワインの組み合わせの基本

料理とワインの組み合わせは、男女がトライする結婚（マリアージュ）と似ていますね。うまく行けば、お互いを引き立て合い、別々に味わう時よりも一層おいしくなります。失敗すれば、お互いに知らんぷりするだけならまだいいけれど、最悪の場合には反発し合い、どちらも魅力を失ってしまうことに……。マリアージュがうまく行くかどうか判断するには、まず先にワインだけを味見するのが理想的。できればキッチンで、湯気を上げている鍋の前で試してみるといいでしょう。それから料理を口に含んで、ワインがどのように変化するかじっくり味わってみてください。味覚のマリアージュというのは、何よりもまず、個人の好みの問題であるということを心に留めておくべき。自分は相性がいいと感じる組み合わせでも、隣の友人にはあまり好まれないということもあるのです。次に挙げるのは、昔から相性がいいと言われている、模範的な組み合わせの一例です。例に倣うのも、全く別の組み合わせを試してみるのも、皆さんの自由ですよ！

色を合わせる。

料理とワインの組み合わせを成功させるための一番簡単なコツは、同系色で合わせること。

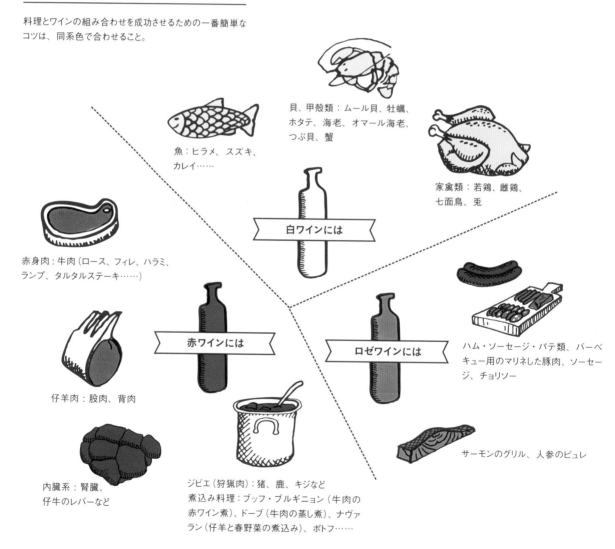

魚：ヒラメ、スズキ、カレイ……

貝、甲殻類：ムール貝、牡蠣、ホタテ、海老、オマール海老、つぶ貝、蟹

家禽類：若鶏、雌鶏、七面鳥、兎

白ワインには

赤身肉：牛肉（ロース、フィレ、ハラミ、ランプ、タルタルステーキ……）

赤ワインには

ロゼワインには

ハム・ソーセージ・パテ類、バーベキュー用のマリネした豚肉、ソーセージ、チョリソー

仔羊肉：股肉、背肉

サーモンのグリル、人参のピュレ

内臓系：腎臓、仔牛のレバーなど

ジビエ（狩猟肉）：猪、鹿、キジなど
煮込み料理：ブッフ・ブルギニョン（牛肉の赤ワイン煮）、ドーブ（牛肉の蒸し煮）、ナヴァラン（仔羊と春野菜の煮込み）、ポトフ……

同じ土地のものを合わせる。（テロワール）

ある地方の代表的な食材を使った料理を出す場合には、同じ地方産のワインを優先的に選ぶとうまくいきますよ。例えば、シュークルートにはアルザス地方のリースリングやピノ・ブランの白、カスレには南西地方のカオールの赤、ラクレットにはジュラ地方の白、パエーリャにはスペイン産の赤、ポイヤックの仔羊にはボルドー地方のポイヤック地区の赤、といった組み合わせが定番ですね。

類似したものを合わせる。（フュージョン）

脂っこい料理にはコクのあるワイン、さっぱりした料理には辛口のワイン、塩味の利いた料理には塩気のあるワイン、というように、味の傾向が同じ料理とワインを合わせます。まさに「類は友を呼ぶ」。例えば、塩分を含むミュスカデや、ヨードを含むシャブリの白ワインは牡蠣、パイナップルの風味を持つ極甘口の白ワイン、ソーテルヌは、フランベしたパイナップル、力強いワインは味のしっかりした料理、軽やかなワインは繊細な料理と相性がいいです。ワインを使った一品をふるまう時には、そのワインの残りを食卓に出すか（ただし、良質なものに限ります）、同じ地方、同じぶどう品種のワインを選ぶといいですよ。

対照的なものを合わせる。（コントラスト）

目的はワインを料理に寄り添わせることではなく、新たな香りと感覚を発見してサプライズを得ること。料理とワインの出合いから、斬新な風味が現れることがあります。あまり飲む機会のない発泡性ワイン、極甘口ワイン、酒精強化ワインなどを料理に合わせた時に、驚くべき調和に出合えるかも。

赤身肉に合わせるワイン

赤身肉の料理と合わせる時は、バランスが大切。濃い旨味を消してしまうようなワインではいけないし、繊細な肉の味わいを殺してしまうワインもNG。脂身の多いお肉には、タンニンがしっかりしたワイン、パワフルなワインを合わせるといいでしょう。脂っぽさが和らいで、料理の味が引き締まります。

牛肉

ロゼ
（バーベキュー）

まろやかな赤
（煮込み、
グリル、
ロースト）

骨太の赤

羊、仔羊肉

香り豊かな白
（脳みそ）

ロゼ
（メルゲーズ
〈北アフリカ風腸詰め〉、
ソーセージ）

まろやかな赤
（ゆで肉）

骨太の赤　★天然甘口ワイン

ハム・ソーセージ・パテ類

爽やかな白　ロゼ

軽やかな赤　まろやかな赤

豚肉

爽やかな白
（脂身）

香り豊かな白
（内臓系）

軽やかな赤
（内臓系、
肩ロース）

まろやかな赤
（ロースト、
グリル）

骨太の赤
（スパイス漬け、
グリル）

仔牛肉

爽やかな白
（内臓系）

香り豊かな白
（内臓系）

コクのある白
（クリームソース）

ロゼ　軽やかな赤　まろやかな赤
（グリル）

★ サプライズ感のある組み合わせ

鶏肉、狩猟肉に合わせるワイン

鶏肉料理の場合、全てを覆い隠してしまう力強い赤は避けるべき。より洗練された組み合わせ、あるいは、料理にオリジナリティーを加味してくれる意外な組み合わせを狙いましょう。ジビエ（狩猟肉）と合わせる時はエレガンスを追求して。癖のあるお肉には、しっかりしたボディの赤がおすすめですよ。

鶏肉、七面鳥肉
- - - - - - - - -

コクのある白
（ロースト、
クリームソース）

ロゼ

軽やかな赤
（ロースト）

★発泡性
（クリームソース）

★甘口、
極甘口の白

鴨肉
- - - - - -

まろやかな赤
（胸肉）

骨太の赤
（ロースト、
★フォアグラ）

甘口、
極甘口の白

★天然甘口ワイン
（フランベ）

兎肉
- - - - - -

香り豊かな白

コクのある白

軽やかな赤

★発泡性
（クリームソース）

卵
- - -

爽やかな白
（キッシュ）

香り豊かな白
（オムレツ）

まろやかな赤
（ポーチドエッグの
赤ワイン煮）

★甘口、
極甘口の白

野鳥類
- - - - - - - -

軽やかな赤

まろやかな赤

★コクのある白

野獣類
- - - - - - - -

まろやかな赤
（野兎）

骨太の赤
（煮込み、
ソース添え）

★ サプライズ感のある組み合わせ

魚に合わせるワイン

タンニンがしっかりしたワインを合わせると、金属の味がしてしまいます。香り豊かなワイン、爽やかなワインを選んで、軽やかなハーモニーや、海の風を感じられるマリアージュを楽しみましょう。

マグロ

香り豊かな白　ロゼ
（お刺身）

軽やかな赤

サーモン

発泡性　　爽やかな白
（お刺身）　（お刺身）

香り豊かな白　ロゼ

白身魚

爽やかな白　香り豊かな白　コクのある白
（クリーミー
ソース）

ロゼ　　　★まろやかな赤
（フライ、グリル、（ヒメジ）
スープ）

川魚

香り豊かな白　ロゼ
（グリル）

★まろやかな赤
（ボルドー産ウナギ）

油漬けの魚

爽やかな白　香り豊かな白

スモークした魚

発泡性　　爽やかな白

香り豊かな白

★ サプライズ感のある組み合わせ

貝、甲殻類に合わせるワイン

白ワインの王国へようこそ！ 泡ありでもなしでも、白が一番合います。貝、甲殻類のヨードと塩気を含む風味にぴったり寄り添い、繊細な旨味を引き立ててくれます。

ホタテ貝

発泡性　　香り豊かな白

コクのある白
（クリームソース）

牡蠣、つぶ貝

発泡性　　爽やかな白

★まろやかな赤　★甘口、
（温かい牡蠣）　極甘口の白

ムール貝

爽やかな白　　★発泡性

蟹

爽やかな白　　香り豊かな白

ロゼ

オマール海老

香り豊かな白　　コクのある白

★軽やかな赤
（グリル）

海老

爽やかな白　　香り豊かな白

ロゼ　　★発泡性

★ サプライズ感のある組み合わせ

ベジタリアン（ヴィーガン）の場合

ベジタリアンでワインが大好きという方もいるでしょう。ただ、野菜中心の料理とワインの組み合わせは、まだあまり開拓されていない分野です。けれど、野菜との相性がいいワインは間違いなく存在するので、素晴らしいマリアージュに出合える可能性は十分にあります。

ソムリエの悩みの種

野菜料理はソムリエにとって頭が痛い存在。料理とワインのマリアージュは、もともとは濃厚な肉や魚メインの伝統料理に合うワインという考え方から始まったものです。ベジタリアン向けの料理は、シェフやソムリエにとっては新しい分野であったため、これまでワインとの組み合わせがあまり考えられてこなかった背景があります。さらに野菜には、味が強い肉類よりも繊細なワインが求められるため、相性のいいワインを選ぶのが難しいというのも事実。ただ幸いなことに、ソムリエの技量も磨き上げられ、ベジタリアンという新たな食のスタイルに適応できるようになっています。有名なヴィーガンレストランには、このタイプの料理に合うワインを熟知しているソムリエが活躍しています。

何といっても合うのは白ワイン

野菜の多くは肉や魚のようなしっかりしたテクスチャーがないため、タンニンの多い骨太の赤ワインと合わせると負けてしまいます。最も相性がいいのは白ワインでしょう。爽やかなタイプ、香り豊かなタイプ、濃厚なタイプなど、いろいろありますが、どのタイプでも野菜料理によく合います。生野菜やサラダ（ビネガードレッシングはなしで！）は潑溂とした白、アボカドやひよこ豆のペースト、野菜炒めはフルーティーな白と合わせてみるといいでしょう。リゾットやパスタグラタンなどにはコクのある白を試してみて。より豊潤な年代物の白は、モリーユ茸、ジロール茸、セップ茸、トリュフなどの香り高いキノコ類との相性が抜群です。

赤ワインとの組み合わせ

まず同系色で合わせるとうまくいきます。赤い野菜には赤ワイン、というように。ただ、骨格のしっかりした濃厚な赤は、一部の例外（あずきやレンズ豆、古いヴィンテージの場合はキノコ類）を除き、野菜には合わせにくいので、軽やかな赤がおすすめです。相性がいいのは、ニンジンの蒸し煮、ラタトゥイユ、ハーブやスパイスの効いた野菜料理など。かぼちゃのローストやナスのグラタンなどのオーブン料理には、まろやかな赤もよく合います。

野菜に合わせるワイン

野菜料理はたくさんの材料を混ぜ合わせることが多いので、主材料のテクスチャーと最も際立つフレーバーに集中してワインを選びます。これら2つの特徴にしっくり合うワインのタイプを見つけられたら、マリアージュは成功です！もし難しい場合は、2つのうち、より重要と思われる特徴にフォーカスして、それに寄り添うワインのタイプを探してみましょう。

緑野菜

爽やかな白　　香り豊かな白

でんぷん質の食材

コクのある白　　ロゼ
（クスクス、
パエーリャ、
サラダ）

まろやかな赤

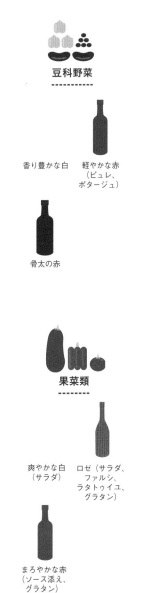

豆科野菜

香り豊かな白　　軽やかな赤
（ピュレ、
ポタージュ）

骨太の赤

キノコ類

コクのある白　　まろやかな赤

骨太の赤

根菜類、かぼちゃ類

香り豊かな白　　★甘口、
極甘口の白

果菜類

爽やかな白　　ロゼ（サラダ、
（サラダ）　　ファルシ、
ラタトゥイユ、
グラタン）

まろやかな赤
（ソース添え、
グラタン）

> ★ サプライズ感のある組み合わせ

ハーブ、スパイスに合わせるワイン

やさしい風味のハーブを、ワインと一緒に味わうと、フレッシュ感が際立ちます。一方で、香りの強いドライハーブは、個性の強いワインと合います。スパイスは、オリジナリティーのあるワインと合わせるといいでしょう。甘口ワインは、唐辛子の火を噴くような辛味を和らげてくれる頼もしい存在。

フレッシュハーブ

（ミント、パセリ、バジルなどをたっぷり使った料理）

爽やかな白　　香り豊かな白

ロゼ　　　　まろやかな赤
（サラダ）

唐辛子のきいた料理

（辛い料理、鷹の爪など）

甘口、極甘口の白

ドライハーブ

（タイム、ローズマリー、ローリエ、セージなどをたっぷり使った料理）

香り豊かな白　　コクのある白

まろやかな赤　　骨太の赤

スパイシーな料理

（カレー、シナモン、ナツメグ、ジンジャーなど）

コクのある白　　骨太の赤

甘口、　　　★天然甘口ワイン
極甘口の白

★ サプライズ感のある組み合わせ

チーズ、菓子類に合わせるワイン

白ワインを全く受け付けないということなら仕方ありませんが、どんなタイプのチーズとも相性がいいのは、何といっても白ワインです。チーズの旨味をかき消すことなく、口の中でバランスよく調和します。デザートには、甘口ワイン、酒精強化ワインをぜひ試してみてください。黄色い果実系か、赤い果実系かによって、より相性のいいタイプを選びます。

フレッシュチーズ
フェタ、シェーヴル、ブルース……

爽やかな白　　香り豊かな白　　★発泡性

ブルーチーズ
ロックフォール、ゴルゴンゾーラ

甘口、　　　★天然甘口ワイン
極甘口の白

チョコレート系

天然甘口ワイン　　★骨太の赤

ハードタイプのチーズ
コンテ、トム、ゴーダ、グリュイエール……

香り豊かな白　　コクのある白

ケーキ

発泡性　　甘口、　　★香り豊かな白
　　　　　極甘口の白

クリーム系

甘口、極甘口の白

ソフトタイプのチーズ
カマンベール、ブリー、マンステール……

香り豊かな白　　軽やかな赤

まろやかな赤　　★発泡性
（熟成したチーズ）

赤い果実系

ロゼ（フレッシュ　　まろやかな赤
サラダ）

天然甘口ワイン　　★骨太の赤

黄色い果実系

香り豊かな白　　甘口、
　　　　　　　極甘口の白

┌─────────────────────┐
│ ★ サプライズ感のある組み合わせ │
└─────────────────────┘

サプライズ感のある組み合わせ

対照的なものを組み合わせると面白い発見があります。一見したところ相性がよくなさそうな組み合わせでも、ワインの魔法との相乗効果で予想もしなかった感動が得られることも。そう、最高のマリアージュは斬新な組み合わせから生まれることも少なくないのです。

ジュラ地方の黄ワイン（ヴァン・ジョーヌ）とチキンカレー：

カレーのスパイス香は黄ワインからも感じられる特徴であり、さらにリンゴ、くるみ、ドライフルーツの香りが広がります。

辛口のシャンパーニュ（または上質なクレマン）と熟成したカマンベールチーズ：

潑溂とした泡が、こってりしたチーズに爽やかなアクセントをもたらします。

甘口ワインとエスニック料理：

スパイシーな料理に甘口ワインを合わせると、火を噴くような辛さをしずめ、ピリピリした刺激を和らげてくれます。

極甘口ワインとフルム・ダンベール（ブルーチーズ）（またはソーテルヌとロックフォールチーズ）：

ワインの甘味が青カビ特有のピリッとした刺激を和らげ、よりまろやかな味わいに。

フォアグラのポワレとタンニンがまろやかになったボルドーの赤ワイン：

お互いの上品で濃厚な風味が調和し合い、滋味深いコクが増します。

極甘口（ソーテルヌタイプ）とローストチキン：

うっとりするような美味しさ！ワインのまろやかな甘味がしっとりした鶏肉の身を包み込み、パリッとした皮の香ばしさを引き立てます。

ワイン殺しの食材たち

食材の中にはワインの存在を受け付けないものがあります。何の相乗効果ももたらさないばかりか、最悪の場合にはワインの香りと味わいを殺してしまうことになるから気を付けて。

ビネガーはワインをゾンビに変える。

生野菜スティックはワインにめまいを起こさせる。

にんにくはワインの首を絞める。

アーティチョーク、チコリ、ネギ、ホウレンソウは連続殺人鬼である。

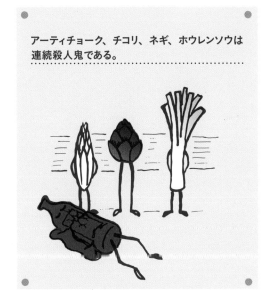

グレープフルーツはワインにとって爆弾である。

がっかりするリスクのある組み合わせの例：

▶ **タンニンの強い赤ワインと魚介類**：軽くて柔らかい赤ワイン（ロワール、ブルゴーニュ、ボージョレー）であれば魚介類に合うものもあるけれど、一般的に、赤ワイン中のタンニンは、魚の身と一緒に味わうと、金属のような味になってしまいます。

▶ **辛口の白ワインと甘いデザート**：甘いものと合わせると、ワインの酸味がきつくなりすぎて、せっかくのデザートが台無しに……。

発泡性ワイン

発泡性ワインは意外といろんな料理に合わせることができます。コクのあるヴィンテージ・シャンパーニュから、軽やかでフルーティーなクレマン、ほんのり甘いブランケットまで、種類が豊富。シンプルな料理でも洗練された料理でも、きめ細かな泡が味を引き立ててくれます。ただ、味の濃い料理は、このワインの魅力である繊細さを消してしまうので、一緒にしてはダメ。

魚類

サーモン（お刺身）

スモークした魚

貝、甲殻類

牡蠣、つぶ貝

ホタテ貝

デザート

ケーキ（極辛口ではない
タイプと合わせて）

品種

シャルドネ、ピノ・ノワール、
ピノ・ムニエ、ピノ・オーセロワ、
リースリング、シュナン、ミュスカ、
モーザック、多品種のブレンド

産地

シャンパーニュ、クレマン・デュ・ジュラ、
クレマン・ダルザス、
クレマン・ド・ボルドー、
クレマン・ド・ブルゴーニュ、
クレマン・ド・リムー、
クレマン・ド・ロワール、
クレレット・ド・ディー、
ブランケット・ド・リムー、
ガイヤック、スペインのカヴァ、
イタリアのスプマンテ、プロセッコ

★ サプライズ感のある組み合わせ

鶏、七面鳥
（クリームソース）

兎
（クリームソース）

ムール貝

海老

ドライハーブ

フレッシュチーズ

ソフトタイプの
チーズ

爽やかな白ワイン

涼風のように、爽快で溌剌とした白は、舌の感覚と食欲を呼び覚ましてくれます。重くて疲れる、目立ちすぎ、ということは全くありません。時々、酸が強すぎてびっくりすることもあるけれど、ほどよい酸味は清々しいフレッシュ感をもたらしてくれますよ。塩味、ミネラル感、柑橘類の皮の香りが、シンプルな料理に心地よいアクセントを添えます。

肉類

豚（脂肉）　　　　仔牛（内臓系）

ハム・ソーセージ・パテ類　　卵（キッシュ）

貝、甲殻類

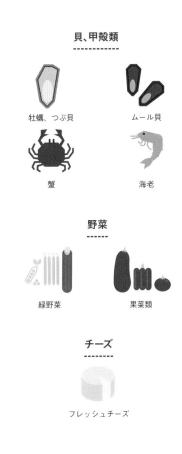

牡蠣、つぶ貝　　　　　ムール貝

蟹　　　　　　　　海老

魚類

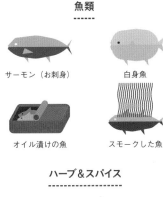

サーモン（お刺身）　　　白身魚

オイル漬けの魚　　　スモークした魚

ハーブ＆スパイス

フレッシュハーブ

品種

ソーヴィニヨン、
ムロン・ド・ブルゴーニュ、
シュナン、ピノ・ブラン、
ピノ・オーセロワ、シルヴァネール、
シャスラ、アリゴテ

産地

サンセール、プイィ・フュメ、
ミュスカデ、アンジュー、
ソーミュール、アルザス、
サヴォワ、
ブルゴーニュ・アリゴテ

野菜

緑野菜　　　　　　果菜類

チーズ

フレッシュチーズ

香り豊かな白ワイン

花や果物の香り、珍しい香りが弾ける白。品種によってアロマはがらりと変わり、どれも強い個性を持っています。独特な香りを放つワインに料理を合わせることで、驚くほど新鮮な体験をすることができますよ。大胆な組み合わせも、うまくいけば、とびきりの味わいに。時間をかけて熟成させると、コクが出てくるワインもあります。

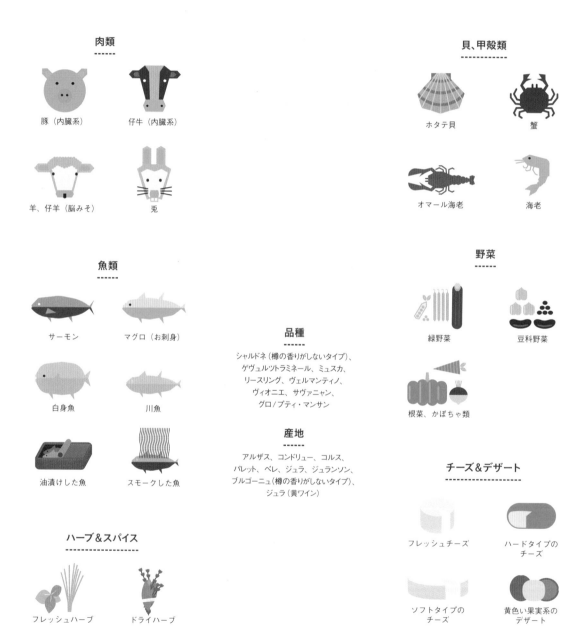

肉類

豚（内臓系）　　仔牛（内臓系）

羊、仔羊（脳みそ）　　兎

魚類

サーモン　　マグロ（お刺身）

白身魚　　川魚

油漬けした魚　　スモークした魚

ハーブ＆スパイス

フレッシュハーブ　　ドライハーブ

品種

シャルドネ（樽の香りがしないタイプ）、ゲヴュルツトラミネール、ミュスカ、リースリング、ヴェルマンティノ、ヴィオニエ、サヴァニャン、グロ/プティ・マンサン

産地

アルザス、コンドリュー、コルス、パレット、ベレ、ジュラ、ジュランソン、ブルゴーニュ（樽の香りがしないタイプ）、ジュラ（黄ワイン）

貝、甲殻類

ホタテ貝　　蟹

オマール海老　　海老

野菜

緑野菜　　豆科野菜

根菜、かぼちゃ類

チーズ＆デザート

フレッシュチーズ　　ハードタイプのチーズ

ソフトタイプのチーズ　　黄色い果実系のデザート

コクのある白ワイン

力強く骨格があり、赤にも負けないぐらい！特に樽育成タイプは、まったりとふくよかな味わい。花、果実、バターの香りがふわっと漂います。厚みのある触感なので、高級食材や豪華な料理（特に海の食材）に合わせると、より洗練された贅沢な風味を楽しめます。ぜひ、お試しあれ。

肉類

鶏、七面鳥
（ロースト、
クリームソース）

仔牛
（クリームソース）

兎

魚類

白身魚
（濃厚なソース）

貝類、甲殻類

ホタテ貝
（クリームソース）

オマール海老

品種

シャルドネ（樽の香りがするタイプ）、
セミヨン、マルサンヌ、ルーサンヌ、
グルナッシュ・ブラン、サヴァニャン

産地

コート・ド・ボーヌ、
シャブリ・グラン・クリュ、ムルソー、
シャサーニュ／ピュリニィ・モンラッシェ、
マコン、プイィ・フュイッセ、グラーヴ、
コート・デュ・ローヌ、エルミタージュ、
シャトーヌフ・デュ・パプ、
コトー・デュ・ラングドック、
カリフォルニア（シャルドネ）、
ジュラ（黄ワイン）

野菜類

でんぷん質の食材

キノコ類

ハーブ＆スパイス

ドライハーブ

スパイス

チーズ

ハードタイプの
チーズ

★ サプライズ感のある組み合わせ

ジビエ（野鳥類）

ロゼワイン

品種と醸造法によって、個性の異なるワインに仕上がります。淡い色、鮮やかな色、軽やかな味わい、しっかりとした味わい、などいろんなスタイルがあるけれど、どれも果実味豊かで、タンニンは控えめ。白の酸味と、赤の香りを備えているので、海の幸とも、山の幸とも相性がいいですよ。極上のロゼは、美食を楽しむ会に相応しいワインです。

肉類
牛（ソーセージ、メルゲーズ）

仔牛（内臓系）

羊、仔羊（メルゲーズ）

鶏、七面鳥

ハム・ソーセージ・パテ類

魚類
サーモン

マグロ

白身魚（フライ、グリル、スープ）

川魚（グリル）

品種

ピノ・ノワール、カベルネ・フラン、カベルネ・ソーヴィニヨン、メルロ、グルナッシュ、シラー、サンソー、ムールヴェードル、ピノ・ドニス…つまりはほとんどの黒ぶどう品種！

産地

コート・ド・プロヴァンス、タヴェル、コルス、ボルドー・ロゼ、アンジュー、コトー・デュ・ヴァンドモワ、ブルゴーニュ・ロゼ、グリ・ド・トゥール、グリ・ド・ブラワン…

貝、甲殻類
蟹

海老

野菜類
でんぷん質の食材（クスクス、パエーリャ、サラダ）

果菜類（サラダ、グラタン）

ハーブ＆スパイス
フレッシュハーブ（サラダ）

デザート
赤い果実系

軽やかな赤ワイン

小さな赤い果実の香りが魅力。さらっとした飲み口で、喉の渇きを潤してくれ、料理にも彩りを与えてくれます。冷涼、温和な気候の産地のものが多いですね。ただ、軽やか＝シンプルと決めつけないようにしましょう！ブルゴーニュ地方のコート・ド・ニュイ地区の繊細なピノ・ノワールは、きめが細かく、しかも複雑で気品のあるワインに仕上がります。

肉類

豚（肩ロース、内臓系）

仔牛（内臓系）

兎

鶏、七面鳥（ロースト）

ジビエ（野鳥類）

ハム・ソーセージ・パテ類

魚類

マグロ

品種

ピノ・ノワール、ガメ、サンソー、プールサール

産地

ボージョレー、シルーブル、サン・タムール、ブルゴーニュ、コート・ド・ニュイ、モレ・サン・ドニ、シャンボール・ミュジニィ、メルキュレ、アルザス、サンセール、トゥーレーヌ、サン・プルサン、ジュラ、プロヴァンス…

野菜類

豆科野菜（ピュレ、スープ）

チーズ

ソフトタイプのチーズ

★ サプライズ感のある組み合わせ

オマール海老（グリル）

今日のワインにはどの料理を合わせる？

まろやかな赤ワイン

丸みがある、ジューシー、ふくよか、と表現されます。繊細さや骨格よりも、丸みが際立っているタイプ。果実味、時にはスパイスの香りが豊かで、ふんわりと滑らかな舌触り。少しとろみを感じることもあります。料理を柔らかく包み、おいしさを引き出してくれます。まるで、料理に添えるソースのよう。

肉類

豚（ロースト、グリル）

牛（煮込み、グリル）

羊、仔羊（ゆで肉）

仔牛（グリル）

鴨（胸肉）

ジビエ（野獣類）（野兎）

ジビエ（野鳥類）

ハム・ソーセージ・パテ類

野菜類

でんぷん質の食材

キノコ類

果菜類（ソース添え、グラタン）

品種

グルナッシュ、メルロ、カベルネ・フラン、カリニャン、サンジョヴェーゼ、ジンファンデル、多品種のブレンド

産地

コート・デュ・ローヌ（ヴィラージュ）、リラック、ジゴンダス、ヴァケラス、シャトーヌフ・デュ・パプ、コスティエール・ド・ニーム、サン・ジョセフ、コトー・デュ・ラングドック、サン・テミリオン、ポムロル、コート・ド・ブライ、コート・ド・ブール、ボルドー・シュペリウール、コート・ド・ボーヌ、コート・ド・プロヴァンス、コルス、アンジュー、シノン、ブルグイユ、ソーミュール・シャンピニィ、トスカーナ、シチリア、リオハ、ナパ・ヴァレー、チリ…

ハーブ＆スパイス

フレッシュハーブ

ドライハーブ

チーズ

ソフトタイプのチーズ（熟成タイプ）

デザート

赤い果実系

★ サプライズ感のある組み合わせ

白身魚（ヒメジ）

川魚（ボルドー産ウナギ）

牡蠣（温かい料理）

骨太の赤ワイン

頑丈なストラクチャー、しっかりしたタンニン、力強いアタック。濃い色調、黒い果実とスパイスの香りが特徴的です。太陽の光が強い地方、あるいはグラン・クリュのテロワールから生まれるワイン。これに負けないほど濃厚な料理、例えばコクのあるソースを添えた料理、少し脂がのった料理と合わせると、タンニンのアクセントが加わって、絶妙な味わいになりますよ。時間をかけて熟成させたほうがいいタイプです。

肉類

豚（スパイス風味、グリル）

牛

羊、仔羊

鴨（ロースト）

ジビエ（野獣類）〈煮込み、ソース添え〉

野菜

豆科野菜

キノコ類

ハーブ＆スパイス

ドライハーブ

スパイス

★ サプライズ感のある組み合わせ

鴨（フォアグラ）

赤い果実系のデザート

チョコレート系のデザート

品種

タナ、カベルネ・ソーヴィニヨン、ムールヴェードル、マルベック、シラー、テンプラニーリョ、ネッビオーロ、ネロ・ダーヴォラ、モンテプルチアーノ

産地

オー・メドック、ポイヤック、サン・テステフ、サン・ジュリアン、マルゴー、グラーヴ、コルビエール、フィトゥー、ミネルヴォワ、サン・シニアン、フォジェール、コート・デュ・ルシヨン、バンドール、マディラン、イルレギー、フロントン、ビュゼ、カオール、コート・ロティ、エルミタージュ、クローズ・エルミタージュ、コルナス、ポマール、エシェゾー、シャンベルタン、プリオラート、リベラ・デル・ドゥエロ、バローロ、バルバレスコ、アルゼンチン、オーストラリア（シラーズ）

今日のワインにはどの料理を合わせる？

甘口、極甘口の白ワイン

フォアグラやデザートに合わせるものと思われがちだけれど、鶏肉や魚介類、スパイシーな料理、甘辛料理、チーズなどにも意外と合うのです。甘口から極甘口へと、糖度が高くなっていきますが、その加減をよく知ることが大切。甘口は、パンチのある料理との相性がよく、極甘口は貝類、チーズ、デザートに独特の風味を添えてくれます。

肉類

鴨（フォアグラ）

デザート

白、黄色の果実系　　　ケーキ

クリーム系

ハーブ＆スパイス

唐辛子　　　スパイス

品種

シュナン、セミヨン、グロ/プティ・マンサン、リースリング、ゲヴュルツトラミネール、ピノ・グリ、ミュスカ、フルミント、マルヴォワジー

★ **サプライズ感のある組み合わせ**

鶏、七面鳥　　　卵

チーズ

ブルーチーズ

産地

アルザス・ヴァンダンジュ・タルディヴ、アルザス・セレクション・ド・グラン・ノーブル、バルサック、ソーテルヌ、ルピアック、モンバジヤック、ジュランソン、パシュランク・デュ・ヴィク・ビル、ボヌゾー、カール・ド・ショーム、ヴーヴレ、コトー・デュ・レイヨン、モンルイ、ヴァン・ド・パイユ（ジュラ、イタリア、ギリシャ、スペイン）、ヴァン・ド・パスリヤージュ（南西地方、スイス）、トカイ（ハンガリー）、アウスレーゼ、トロッケンベーレンアウスレーゼ（ドイツ）、アイスワイン（ドイツ、オーストリア、カナダ）

牡蠣、つぶ貝　　　根菜、かぼちゃ類

天然甘口ワイン

極甘口よりもアルコール度数が高い天然甘口ワイン（及び酒精強化ワイン）は、特に赤の場合、とても濃厚。チョコレート系のデザートにも、力強い肉料理にもよく合います。独特で珍しい甘みが、何とも言えない複雑味を料理にもたらして、驚くほどパワフルな調和が生まれるのです。

デザート

赤い果実系　　　チョコレート系

★ サプライズ感のある組み合わせ

羊、仔羊
（ソース添え）

鴨（フランベ）

ジビエ（野獣類）

スパイス

ブルーチーズ

品種

ミュスカ、グルナッシュ、
マルヴォワジー、マカブー、
トゥーリガ・ナシオナル、フランセサ、
ティンタ・ロリス、セルシアル、
ヴェルデホ、ブアル…

産地

ミュスカ・ド・ボーム・ド・ヴニーズ、
ミュスカ・ド・リヴザルト、ミュスカ・ド・
フロンティニャン、ミュスカ・デュ・
カップ・コルス、バニュルス、モリー、
ラストー、ポルト、シェリー、マデイラ、
マラガ、マルサラ、ピノー・デ・
シャラント、マクヴァン・デュ・ジュラ、
フロック・ド・ガスコーニュ

料理とワインのおいしい組み合わせ早見表

ワインと料理の理想的な組み合わせを、あれこれと悩まずに早く知りたい人もいるのではないでしょうか？ 今日の料理に合うワインをさっと選ばないといけない時もあるでしょう。そんな方々のために、フランス人が好きな料理50品とワインの定番の組み合わせをリストにしてみました。この組み合わせはほぼ確実にうまくいきますが、あまり型にはめすぎるとワンパターンになってしまいます。以下の例に近い、あるいはかけ離れた他の組み合わせもぜひチャレンジしてみてください。冒険をあまり好まない人には、このリストはいつでも頼れるガイドとなるでしょう。

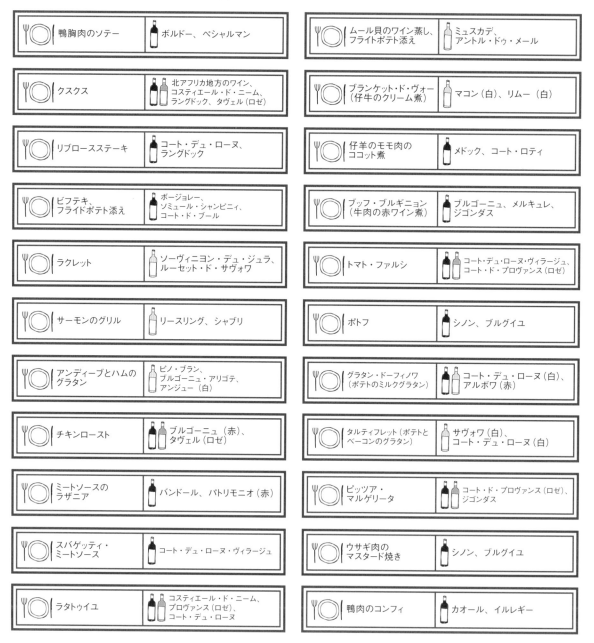

鴨胸肉のソテー	ボルドー、ペシャルマン
ムール貝のワイン蒸し、フライトポテト添え	ミュスカデ、アントル・ドゥ・メール
クスクス	北アフリカ地方のワイン、コスティエール・ド・ニーム、ラングドック、タヴェル（ロゼ）
ブランケット・ド・ヴォー（仔牛のクリーム煮）	マコン（白）、リムー（白）
リブロースステーキ	コート・デュ・ローヌ、ラングドック
仔羊のモモ肉のココット煮	メドック、コート・ロティ
ビフテキ、フライドポテト添え	ボージョレー、ソミュール・シャンピニィ、コート・ド・ブール
ブッフ・ブルギニョン（牛肉の赤ワイン煮）	ブルゴーニュ、メルキュレ、ジゴンダス
ラクレット	ソーヴィニヨン・デュ・ジュラ、ルーセット・ド・サヴォワ
トマト・ファルシ	コート・デュ・ローヌ・ヴィラージュ、コート・ド・プロヴァンス（ロゼ）
サーモンのグリル	リースリング、シャブリ
ポトフ	シノン、ブルグイユ
アンディーブとハムのグラタン	ピノ・ブラン、ブルゴーニュ・アリゴテ、アンジュー（白）
グラタン・ドーフィノワ（ポテトのミルクグラタン）	コート・デュ・ローヌ（白）、アルボワ（赤）
チキンロースト	ブルゴーニュ（赤）、タヴェル（ロゼ）
タルティフレット（ポテトとベーコンのグラタン）	サヴォワ（白）、コート・デュ・ローヌ（白）
ミートソースのラザニア	バンドール、パトリモニオ（赤）
ピッツア・マルゲリータ	コート・ド・プロヴァンス（ロゼ）、ジゴンダス
スパゲッティ・ミートソース	コート・デュ・ローヌ・ヴィラージュ
ウサギ肉のマスタード焼き	シノン、ブルグイユ
ラタトゥイユ	コスティエール・ド・ニーム、プロヴァンス（ロゼ）、コート・デュ・ローヌ
鴨肉のコンフィ	カオール、イルレギー

Clémentine devient apprentie sommelière

料理	ワイン	料理	ワイン
パエリア	リオハ、コート・ド・ルシヨン	シュークルート	ピノ・ブラン、リースリング
ハムとチーズの そば粉クレープ	クレマン、ロゼ・ダンジュー	豚フィレ肉のソテー	サン・テミリオン、ポムロール
ミートフォンデュ	ブルゴーニュ	アッシ・パルマンティエ （挽肉とマッシュポテトの グラタン）	サンセール、ボージョレー
スパゲッティ・ カルボナーラ	ソーヴィニヨン、サン・ヴェラン、 ピノ・グリ	カスレ（肉、ソーセージ、 白いんげん豆の煮込み）	マディラン、ベルジュラック、 カオール
チキンカレー	ヴァン・ジョーヌ、 コトー・デュ・レイヨン、 コンドリュー	鮨	ソーヴィニヨン、 サンセール（ロゼ）、 アントル・ドゥ・メール
仔羊のタジン	コトー・デュ・ラングドック、 ボーム・ド・ヴニーズ	ブランダード・ド・モリュ （鱈とジャガイモの ペースト）	プロヴァンス地方または コルシカ地方の白
オムレツ	ジャスニエール、アンジュー、 シニャン・ベルジュロン	牛肉のタルタル	モルゴン、ムーラン・ナ・ヴァン、 ヴァケラス、 リュサック・サン・テミリオン
アンドゥイエット （臓物のソーセージ）	シャブリ、ジヴリ、 メヌトゥー・サロン	ブイヤベース	プロヴァンス（白）、 バンドール（ロゼ）
ハンバーガー	サン・ジョゼフ、 ピック・サン・ルー、 ブライ・コート・ド・ボルドー	チリ・コン・カルネ	フロントン、サン・シニアン
ハムのパスタ	サン・プルサン、ボージョレー、 ガメ・ド・ロワール	エスカルゴの ガーリックバター焼き	ブルゴーニュ・アリゴテ、 マコン、 シャルドネ・デュ・ジュラ
オニオングラタン スープ	コトー・デュ・リヨネ、アルボワ、 ヘレス	チーズスフレ	サン・ヴェラン、リュリー
クロック・ムッシュ	ボージョレー、ブルグイユ、 シャルドネ	キノコのリゾット	シャブリ・グラン・クリュ、 コート・ド・ボーヌ
七面鳥のファルシ	シャトーヌフ・デュ・パプ（白）、 ジュヴレ・シャンベルタン	オッソブーコ	バンドール、 モンテプルチアーノ
ミラノ風 仔牛のカツレツ	シノン、 サン・ニコラ・ド・ブルグイユ	鴨のフォワグラ	ピノ・グリ・ヴァンダージュ・ タルディヴ、 ジュランソン（甘口）

料理とワインの美味しい組み合わせ早見表

ポールは自宅に招きたい友人の一人。人生を謳歌している愉快な仲間です。玄関先から、「ワインを持ってきたよ。感想を聞かせて！」という朗らかな声が聞こえてきたら、ポールが到着したという合図。そして、誰もが今夜はおいしいワインを飲めるぞ、と期待できるのです。

でも、ポールの友人たちにとって、もっと楽しいのは、彼の家を訪ねることです。そこで皆がワクワクしながら待つのは、彼の目がきらりと光り、「さあ、ワインセラーへ降りて、今日のワインを選ぼう」と言う瞬間。グラスを交わす前に、ワインを一緒に選ぶことができるのだから、ワイン好きにとってはたまらなく楽しい時間です。

ポールは昔からワイン通だったわけではありません。不味いものや変なものを選んでしまって、失敗したことも多々あります。「勘で」選んでいた時期もあり、ラベルに「Grand Vin（高級ワイン）」と書いてあると、なんか格好いい、という理由で、スーパーのボルドーワインを買ったこともありました。でも少しずつ、ワインショップで選ぶ楽しさに目覚め、彼の好みに合わせて、いいアドバイスをしてくれるお店に通い詰めるようになり、やがてすっかり常連の一人に。さらには、ワイン市にも出かけ、素晴らしい発見をして、両腕がふさがるほどたくさん買うことも多くなりました。

そのうち、ポールは仕事帰りにワインを急いで買うのが嫌になり、数本をいつも手元に置いておくために、自宅の地下室を改装する決心をしたのです。ワイン市で出会った生産者に、ダース単位で直接配送をお願いするようにもなりました。

それから数年が経ち、ポールのワイン・コレクションはあらゆるスタイル、早飲みタイプ、長期熟成タイプが揃うほど立派なものに。自慢のコレクションですが、時々、全部飲み切れるか、心配になることもあります。でも大丈夫。一緒に味わってくれる友人がいるから！

この章では、ポールがおいしいワインを最高のタイミングで味わうための秘訣を教えてくれます。

PAUL

ポールの章

ワインをセレクトする

レストランにて・ラベルの読み方
ワインを買う・ワインをコレクションする

ワインの価格

ワインの価格とは何だろうか。価格で何よりも重要なのは、我々が納得するかどうかだ。ワインの価格は他の商品と同じ法則に則っている。つまり需要と供給のバランスだ。人気と需要が高ければ高いほど、価格も上がる仕組みなんだね。

市場原理

市場は多かれ少なかれ、生産形態や生産者の意思に反応する。

卸売商のワイン
需要が増加する場合、ぶどうをより多く仕入れるなどして、個人経営の生産者よりもフレキシブルに対応することができる。

個人経営の生産者のワイン
生産量が限られていて、生産したものしか売ることができない。
需要が急騰した場合（あるいは生産量が減少した場合）、既存の価格を維持して、長年のお得意様に限定して販売する選択肢がある。
あるいは、価格を上げて注文を調整することもできる。生産量を増やすために土地を買うという選択肢もある。その場合は投資分をできるだけ早く回収するために価格を上げることになる。

値上げの他の要因

悪天候
霜や雹、猛暑の影響などで、ぶどうの収穫量（つまりはワインの生産量）が例年よりも極端に減ることがある。
生産者がワインの品質はよいと判断する場合には収入を確保するためにワインの価格を上げる。

地価上昇
フランスでは、AOCの地区によって、1haの地価が5,000€のところもあれば、なんと4,000,000€に及ぶところまである！ 新たな格付け、トレンドなどによって価格が急騰することもあるため、土地をゆくゆくは子供たちに譲りたい生産者は、費用をワインの価格に上乗せすることになる。

新たなイメージの獲得
広告キャンペーンやマーケティング人材への投資により、生産費以外の人件費や経費をカバーするために、ワインの価格を上げることになる。

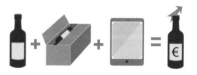

新規顧客の開拓
意外に思えるかもしれないが、生産者は珍しい品種、特殊な醸造法などによるオリジナリティーのあるワインを意図的に高く売ることがある。そのほうが、こだわりの強い特定層の消費者を引き付けられるからだ。

ワインボトル1本の価格は？

生産コストは、デイリーワインと特級ワインとでは雲泥の差がある。1本あたり1€のものもあれば、40€のものもある。このような大幅な差が出るのには様々な要因がある。ぶどう樹の手入れ、樽の種類、コルク栓の品質、さらには高級ワインのための偽造防止システムの設置などにより、コストは大きく変動する。

ワインボトル1本にかかるコストの内訳

1haあたりの生産費　0.20 ～ 5€

醸造・育成費　0.10 ～ 5€

醸造所の運営費　0.10 ～ 10€

瓶詰め費　0.50 ～ 5€

外装・販売費　0.30 ～ 15€

ワインの用途

全てのワインが同じ目的のために造られているわけではない。生産者は様々な価格帯のワインを提案する。喉を潤すためのワイン、パーティーワインと呼ばれることの多い、熟成期間が短く飲みやすいシンプルなワインもあれば、古樹や特別な区画のぶどうで造られた、より濃厚な味わいの絶品ワイン、長期熟成型ワインもある。後者は出荷前に長い年月をかけて樽熟成させることが多く、瓶詰め後も長期熟成させることができる。前者と後者では生産コストが同じはずもなく、価格も当然違うことは言うまでもないだろう。

費用と価格の関係

成功の鍵はバランスを見極めること。
　──費用を補填する
　──生産者と従業員が生活できる分の利益を出す
　──銀行からの融資を返済する場合もある（例えばぶどう樹の相続や買い入れ費、雹被害のための保険など）

豆知識：極甘口ワインの特別な事情

極甘口ワインが辛口ワインよりも概して高いのには理由がある。
　──ぶどうの実が超熟してから収穫する。1房から採れる果汁の量が少ないため、辛口ワインと同量を造るのにより多くのぶどうが必要となる
　──ぶどうの実を1つ1つ選別して摘み取らないといけない。畑に何度も入って数回に分けて収穫を行うため、人件費が高くなる

レストランにて

ワインリスト

レストランでのワイン選びは、いつも悩ましいよね。何の興味もそそられない貧弱なワインリストもあれば、開くのに勇気がいる、辞書のような分厚いリストもある。さて、どうやって選ぼうか？

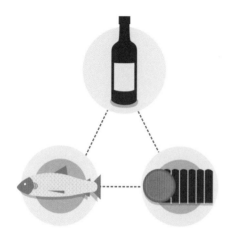

第一原則：とにかく、自分のチョイスに自信を持とう。ワインが不味かったら、それは君のせいではなく、レストラン経営者の責任さ。

第二原則：なるべく、全ての料理に合うワインを選ぶ。一緒に食事をする友人が、魚料理をオーダーしたら、タンニンの強い赤は避け、肉料理を選んだ人がいたら、酸味の強い白は外す。皆の選んだ料理があまりにもばらばらだったら、ほぼどんな料理にもマッチする軽めの赤か力強い白を選ぶといい。

第三原則：同じ価格なら、より控えめな産地を選ぶとうまくいくことが多いね。例えば30€であれば、ヴァン・ド・ペイ（地ワイン）のほうがメドックよりきっとおいしいだろう。同様に、有名なAOCや産地の一番安いワインを選ぶよりも、小さなAOCの一番高いワインを選んだほうが、いいものに当たる確率が高い。

 豆知識：アイデア勝負のワインリスト

ワイン入門者は、分厚い正統派のリストを前にすると途方に暮れてしまう。そこで、発想力豊かな現代のレストラン・オーナーは、ワイン選びを楽しんでもらうために、いろいろなアイデアをリストに盛り込んでいる。フランス、アメリカ、南アフリカのレストランで見つけた、オリジナリティーのあるワインリストの例を3つ紹介しよう。

▶ **ユニークなコメント入りリスト**
それぞれのワインの特徴をよくつかんだ奇抜な表現のコメントが添えられている。
例えば、「風格も富も兼ね備えた紳士のようなワイン」、「優しく純真で、うっとりするほど魅力的なシンデレラ」など。楽しくて、イメージが湧きやすいよね。

▶ **タブレット式リスト**
ワインの画像をタップすると、詳しい情報、例えば産地の地図、品種、醸造元の紹介などが表示される。遊び心があり、しかも情報が充実している。

▶ **スタイル別に分類されたリスト**
まず、飲みたいワインのスタイルを選ぶ。がっしりと力強い、ふくよかで滑らか、ライトでフルーティー、など。それから、産地とAOCを選ぶ。単純明快だ。

WINE LIST

グラスワイン   (12cl)

白
ロワール、サンセール、≪フロリス≫、
Domaine V.Pinard   4.10€

赤
ヴァン・ド・ペイ、
カンタルIGP Gamay-Gilles Monier 2011   6.10€

ボトル

ブルゴーニュ地方、ボージョレー地方 ❶
マルサネ≪ル・クロ≫-R.Bouvier 2010   47€
ブルゴーニュ・ネルテュスDomaine Roblet Monnot 2011   39€
シャブリ・プルミエ・クリュ, レ・ヴァイヨン-J.Drouhin 2011   38€
                              ❷   ❸ ❹   ❺
ローヌ地方
サン・ジョゼフ≪シリス≫-P et J.Coursodon 2012   46€

ロワール地方
ヴーヴレ≪ル・ポルタイユ≫、D&C.Champalou 2010   43€
カンシー ,Domaine Trotereau 2012   30.50€

イタリア
トスカーナ≪インソリオ≫-Campo di Sasso 2011   32€

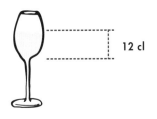

12 cl

グラスワイン

ワインリストには、最低でも1種類のグラスワインが提案されているはず。シンプルなワインが多いが、店主の考え方が反映されているから、見過ごしてはいけないよ。地方名しか書いていなかったら、用心しよう。グラスワインの数が多い場合は、保存方法を聞いたほうがいい。特別なワインセラー、ボトルの中を真空にするワインセーバーで保存していない店では、開栓後、数日経ったワインは、劣化している可能性があるからね。

ワインリストに欠かせない情報

❶ 産地
❷ アペラシオン（AOCなど）
❸ ドメーヌ、生産者、ネゴシアン（仲買商）の名前
❹ ヴィンテージ（収穫年）
❺ 価格！

さらに、以下の情報が記載されることがある。

▶ 畑の区画名（例：プルミエ・クリュ、ヴァイヨン）
▶ キュヴェ名（特別な仕込みのワイン名）：（例：キュヴェ・シリス、キュヴェ・ル・ポルタイユ）
▶ 国名（インターナショナルなセレクトの場合）

情報が不十分だったらどうする？

リードス係やソムリエに確認しよう。彼らには、お客様に提案するワインのことを知っておく義務がある。質問に答えられないとしたら、それはその店が、美食を楽しむための要のひとつであるワインに、あまりこだわりがないということだろう……。

価格の差

グラスワイン

グラスワインはフルボトルよりも割高。1杯分はボトル全体の約1/6の量（12cl）なのに、ボトルの約1/4の値段が付いている。同じワインをグラスでもボトルでも出している場合は、良心的なレストランかどうかを知るために、料金を比較してみるといいよ。

×2 ～ 2.5

レストランでオーダーするフルボトル

フランスは、レストランのワインの掛け率が高いことで有名。仕入れ原価の平均3倍で出している。レストランは一般消費者よりも安く仕入れられるのだから、本来ならば、2 ～ 2.5倍が妥当だろう。つまり、シャトーでの直売価格で10€のワインが、レストランで24€と設定されていれば、まずまずといえる。フランス人として非常に恥ずかしい（けしからぬ）ことなのだが、パリの流行のレストラン（あるいは、お客の足元を見るようなレストラン）では、5 ～ 6倍も掛けているところもある！

アドバイス

現代社会においては、あるワインの平均価格を調べることのできる便利なスマートフォン・アプリがたくさん存在する（ただし、生産量の限られている希少なワインについて調べるのは難しい）。レストランのワインに対する方針を少しでも知ることができるはずだ。

ワインの持ち込み

自宅に立派なワインセラーがある場合は、好きなワインを持ち込むことのできるレストランを調べてみるといい。もちろん、持ち込み料は発生するので、レストランからは1本につき抜栓料として10€ほど請求されるだろう。でも、高価な上級ワインを持ち込むのであれば、オーダーすることを考えると、断然お得だよね。

ソムリエの務め

高級レストランでは、ソムリエが対応してくれる。ワインのオーダーを取るプロさ。彼の役目は、料理とワインのベストな組み合わせを提案すること。ワインのセレクトと仕入れを担当することも多い。さらに、完璧なサービスをこなさないといけない。

優秀なソムリエとは

▶ ワインのことを熟知しているが、お客様の前で知識をひけらかさない。

▶ ワインリストを全て把握し、（良いヴィンテージを加えるなどして）ブラッシュアップを欠かさない。品切れの場合は、お客様にそのことを伝え、タイプの似た、別のワインを提案する。

▶ 洞察力が鋭く、お客様の希望や好みを会話から読み取る。

▶ お客様の好みをさりげなく聞き出す。

▶ 何を選んでいいかわからないお客様にワインを提案する。もちろん、一番高いものではない。お客様の料理と好みに合うものをすすめる。

▶ 2、3本のワインのうち、どれにしようか迷っているお客様に対しては、いい選択ができるようサポートする。お客様の要望をまとめた上で、的確なアドバイスができればなお、いい。

▶ お客様の選択に意見しない。さりげなく提案するのはいいが、「その選択はまずいですよ」というような態度を見せてはいけない。

▶ グラスワインのオーダーを受けた時に、お客様の好みに合うワインかどうか、気前よく、味見を提案する。

サービスの作法

ソムリエはお客様の前で開栓しないといけない。すでに開いたボトルを持って来たら、他のテーブルから返却された欠陥のあるボトルと疑ってかかるように。ワインの味を確認する時に用心しよう。ソムリエは、「味の確認はどうされますか?」と聞いてくる。通常は、オーダーした人が味を見る。ワインの状態に問題がなければ、ソムリエは、同席者のグラスに、順々にワインを注いでいき、最後に味を見た人のグラスに注ぐ。

なぜ、ワインの味を確認するの?

変質がないかチェックするため。コルク臭(ブショネ)、酸化臭、還元臭、不適切な温度などが考えられる。

コルク臭、酸化臭がする場合:迷わず交換をお願いしよう。ソムリエは、もちろん開栓していない、同じワインを持ってこないといけない。特に、コルク臭を感じた時は、ソムリエは言い逃れできない。けれど、コルク臭はソムリエのせいではないから、ぶつぶつ文句を言わないようにしてあげて。

ワインの温度が低すぎる場合:ソムリエに指摘する。いずれにしても、グラスに手をくっつけて温めるほか、どうしようもない。ただ、低温のせいで、アロマが閉じている可能性があることも忘れないように。温まることで、香りがぱっと開き、びっくりすることもある。

還元臭がする場合、あるいはアロマが閉じている(香りがしない)場合:ソムリエにキャラファージュをお願いする。この現象をよく知っているソムリエは、直ちにワインをキャラフに移すだろう。あるいは、自分のほうから提案してくるはずだよ。

ワインに変質はないが、期待外れということがある。その場合は、ワインの交換をお願いすることはできないが、ソムリエに、そのワインをすすめた理由を聞き、自分の感想を述べるといい。

ワインの温度が高すぎる場合:氷入りのワインクーラーを頼む。

ラベルの読み方

様々な表示

例1：ボルドーワインのラベル

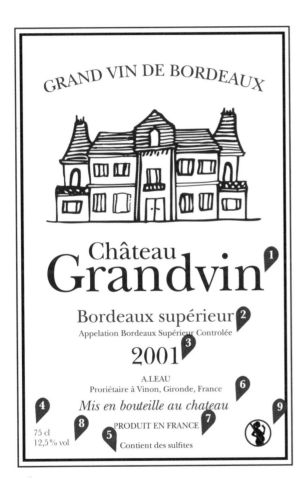

①
ワイン名
ボルドーの場合はシャトー名であることが多い。ドメーヌ、クリュ、ブランド、シャトーの名称のいずれかであるが、その表示は義務ではない。

②
カテゴリー
表示が義務付けられている。AOC（原産地呼称統制）、AOVDQS（原産地呼称上質指定）、ヴァン・ド・ペイ（地ワイン）、ヴァン・ド・ターブル（テーブルワイン）というカテゴリーがある。左の例ではAOCボルドー・シュペリウールが表示されている。

③
ヴィンテージ（収穫年）
義務ではないが、表示の年に収穫されたぶどうのみで造られたことを示す。

④
容量
必ず表示しなければならない。

⑤
二酸化硫黄の有無
ほぼ義務となっている。二酸化硫黄が含まれていないワインは例外的だ。

⑥
瓶詰め元
瓶詰めをした者の名称の表示は義務付けられている（このサンプルの表示は、シャトー元詰めであることを示している。つまり、ぶどう栽培から醸造、瓶詰めまでシャトーで行われたことを指す）。

⑦
原産国
輸出用ワインには必須である。

⑧
アルコール度数
表示が義務付けられている。％で表記。

⑨
妊娠中の女性マーク
妊娠中は飲酒しないよう勧告するために義務付けられている。マークの代わりに明確な文言でもよい。

上記に加えて、表示義務のある情報は2つある。
ロット番号。リサイクルのロゴ。

例2：ブルゴーニュワインのラベル

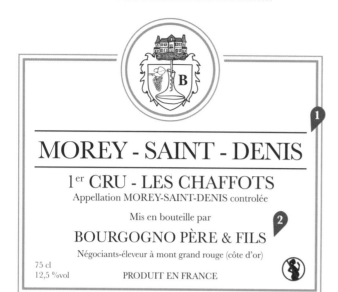

① AOC

ブルゴーニュ・プルミエ・クリュまたはグラン・クリュの場合、ブルゴーニュという地方名は記載されないことがある。ただし、プルミエ・クリュの場合は、AOCの下に、クリマ名（畑の区画名のこと。左の例では、「Les Chaffots」）が明記される。生産者に対して格付けがあるボルドー地方と違い、ブルゴーニュ地方は畑に対して等級が付けられている。そのため、畑の区画名と生産者名ははっきりと区別される。

② 生産者名

生産者（あるいは栽培者）または、左の例のように、ネゴシアン（卸売商）の名が記載される。

任意表示

① シャトー、ドメーヌ、ブランドを象徴する具体的な、あるいは簡略化したイラスト

② 醸造法：育成法あるいは伝統製法。
例：Vielli en fût de chêne（オーク樽熟成）。Vieilles vignes（古木ぶどう仕込み）。

③ 使用品種名

④ 獲得したメダル、勲章

⑤ ワインの種類：発泡性ワインの場合、ブリュット（辛口）、セック（中辛口）、ドゥミ・セック（中甘口）、ドゥー（甘口）などの表示は必須。

裏ラベル

アピール力をより高めるために、ボトルの後面に、裏ラベルを貼っている生産者もいる。
次のような詳細な情報を補足することができる。

① 生産者の紹介：歴史、伝統、ワインのコンセプトなど。

② おいしい飲み方のアドバイス：適温、相性のいい料理、キャラファージュの必要性など。

③ 認証ロゴ、ラベル：エコセールに認証された有機農法ロゴ、Demeter（デメテル）、Biodyvin（ビオディヴァン）などのビオディナミ農法ロゴなど。

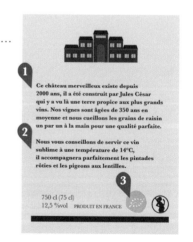

知っておくと役立つ情報

ラベル上に、良質なワインであることを保証する表示があるか探してみよう。

クリュ・クラッセ（等級）に関する情報

アルザス地方のグラン・クリュ、ボルドー地方のグラン・クリュ・クラッセ（1～5級）、クリュ・ブルジョワ、ブルゴーニュ地方のグラン・クリュなど。でも、等級が付いていなくても、素晴らしいワインはたくさんある。

生産者（ドメーヌ、シャトー）元詰めワイン

生産者の地所で瓶詰めされたワインでも、ぱっとしないことはあるし、それ以外の場所で瓶詰めされたワインでも、優れものはある。一概には言えないかもしれないけど、生産地元詰めワイン＜mise en bouteille à la propriété＞は、いいサインといえるね。いずれにしても、「生産地域元詰め＜mise en bouteille dans la région de production＞」という表示のものは、AOC区画の外で瓶詰めされたことを意味するので避けたほうがいいね。このタイプは、ほぼ間違いなく、特徴がなく平凡で、さらには、ひどいこともある。

アルコール度数

あまり熟していないぶどうで仕込まれたワインは、アルコール度数が低く、酸味が強い。赤も白も12％以上のものを選んだほうがいい。甘口の場合、13.5％以上がいいね。

最低度数
12 % vol.

最低度数
13.5 % vol.

ユニークな裏ラベル

営業部員が書くことの多い、ありきたりの紹介文、模範的な料理との合わせ方などの情報は、退屈なものが多く、どれも似たり寄ったり。自作の詩、強いメッセージ、思いがけない逸話などは、生産者の驚きを届けたい、個性を表現したい気持ちの表れだ。その気概はワインそのものにも表れていることが多いね。

フランスワインのキャップシール

コルク栓を覆うキャップシールには、フランス共和国の化身、マリアンヌが描かれている。このキャップからも貴重な情報が得られるよ。AOCワインの場合は緑色、ヴァン・ド・ペイ（地ワイン）、ヴァン・ド・ターブル（テーブルワイン）は青色、酒精強化ワインなどの特殊なワインはオレンジ色をしている。だから、緑色のキャップを選んだほうがいい。ただ、つい最近になって、青と緑の代わりに赤色のキャップを使ったワインも出てきている。

さらに、N・E・Rなどの頭文字にも特別な意味がある。Nはネゴシアン（卸売商）、Eは直訳すると契約倉庫会社の意味で、ワイン商や大手メーカーがぶどうやワインを購入し、自社名で販売するワインのことを指す。レコルタン（収穫者）を意味するRは、自ら収穫したぶどうで、ワインを醸造する生産者を示す。つまり、ぶどう栽培者の自家製ワインということさ。

いろいろなマーケティング戦法

ワインのラベルは、いろいろな美しい言葉やデザインで飾られているけれど、罠にひっかかってはいけないよ。
たいていの場合、消費者を引き付けるための宣伝でしかないから。

グラン・ヴァン・ド・ボルドー（高級なボルドーワイン）
この宣伝文句には何の意味もない！ AOCワインによく記載されているが、ボルドーという
地方の知名度を利用しようとしているだけ。品質が特別にいいという保証にはならないよ。

グラン・キュヴェ、テット・ド・キュヴェ、キュヴェ・プレスティージュ
（特級仕込み、最高級、プレステージワイン）
同様に、何の根拠もなく、あまり当てにできないキャッチフレーズだね。こういったキュヴェ
に関する文言は、その生産者の仕込んだワインの中で特別なものということを意味するだけ
で、生産者自身の名声の代わりになるものではない。

ヴィエイ（エルヴェ）・アン・フュ・ド・シェーヌ（オーク樽熟成／育成）
ワインのクオリティーではなく、スタイルを示す言葉。それに、この表記は義務ではない。樽育成
していてもこの表記がないワインは多い。さらに、この言葉だけだと、樽の古さも育成の長さもわ
からない。さらには、樽の使用がそのワインにふさわしかったのかどうかも定かではない。つまり、
この言葉があまりに目立っていたら、用心したほうがいい。

ヴィエイユ・ヴィーニュ（古木のぶどうで仕込んだワイン）
常識的には、古木と呼ぶことができるのは、樹齢40年以上になってから。それな
のに、樹齢20〜30年で古木と言い切ってしまう残念な生産者もいる。だけど、「こ
の表示は、樹齢〇〇年以上から認められている」というような規則は今のところ存
在しない。

ラベルのスタイル

大胆な生産者は、滴の形、円形、継ぎはぎ状などの奇抜なラベルを貼ることに抵抗がない。こうしたワインは、どれも似たり寄ったりのワンパターンなラベルを好む保守的な消費者をターゲットとしていない。それに、現代の消費者は、昔から変わらないデザインを、だんだん古臭いと感じるようになってきている。いずれにしても、ラベルは飾りにすぎず、ワインのクオリティーを示すものではない。でも、ラベルが気に入ったから、買ってみるというのもありだと思うよ。

イラスト

ニューワールド・ワインは、フレッシュ感を出すために、斬新なイラストや写真を使い、オリジナリティーを競い合っている。フランスのワインにも、ヴィンテージごとにラベルが違うものがある。中でも特に有名で先駆的な存在は、ボルドーのムートン・ロートシルトで、この名門シャトーは、毎年、違うアーティストにラベルのデザインを依頼している。ピカソ、キース・ヘリング、つい最近ではジェフ・クーンズなど、錚々たる顔ぶれだ。

ガーリーなラベル

女性はワインを買い、楽しむ。特にスーパーマーケットでは、男性客よりも女性客のほうが多い。だから当然、女性客はマーケティングのプロのターゲットになっている。そういうわけで、センスのいい、明るい色のラベルがどんどん増えてはいるが、どうやら効果抜群というわけではなさそう。多くのアンケートで、女性はそれほど簡単には影響されず、特に、男女が集う食事会のために、女性らしいデザインのワインを選ぶことに抵抗があるという結果が出ている。まあ、お洒落なラベルで大成功を収めたワインもいくつかあるけどね。

その他のサプライズ

シャトー
ボトルに「シャトー」名を表示できるのは、自社畑を持つ醸造所で造られたAOCワイン。だから、この条件を満たしていれば、個人の生産者だけでなく、協同組合も「シャトー」を名乗ることができる……。

協同組合による元詰め
協同組合のワインでも、「生産者元詰め」と表示することはできる。複数の栽培者が組合に共同出資していれば、組合を「生産者」と示すのは、間違ってはいない。

ワイン名より大きいロゴ
AB（有機農法）、Ecocert（エコセール）、Déméter（デメテル）は、生産者がぶどう栽培だけでなく、ワイン醸造にも特別な配慮をしていることの印。ただし、消費者からの人気が高いため、マーケティングの手段としても使われている。こうしたロゴが大きく、誇大表示されている場合は、有機栽培であることは間違いないのだが、ほぼ工場のような醸造所で生産されたワインである可能性がある。

紛らわしい名前
Château Lafiteもあれば、Château Laffite もある。でも同じワインじゃない！ 前者は偉大なボルドーワインで、メドック地区の格付け1級シャトー。後者はサン・テステフの地味なワインとマディランのワインに付けられた名前だよ。

ヴァン・ド・ペイ（地ワイン）
稀ではあるが、AOCワインよりも評価の高い、素晴らしいヴァン・ド・ペイがある。AOCの条件にとらわれず、自由にワインを造るために、自分の意志でAOCの枠から外れる熱意ある生産者もいる。彼らの哲学が感じられるヴァン・ド・ペイは優れたものが多く、愛好家の間でも人気が高い。彼らはAOCでは認められていない品種を使い、ブレンドの割合も自由に決めて、さらに格下のヴァン・ド・フランスに分類されても構わない、という意気込みで造っている。ただし、価格は高めなので、スーパーではまずお目にかかれないね。

ワインを買う

緊急時のための近所の食料品店

食料品店でワインを買う場合

街角の食料品店では、ワインは室温の状態で縦にして陳列されている。ワインが温まり、コルクが乾いてしまうので、保管状態がよろしくない。できれば、雑に扱われても、密閉性は保証できるスクリューキャップのワインを選んだほうがいい。

どのワインを選ぶ?

長期熟成型で値段が高い、有名なAOCワインは避けるべきだね。赤ワインは、タンニンがきつすぎるだろうし、白ワインは樽香が強すぎるだろう。

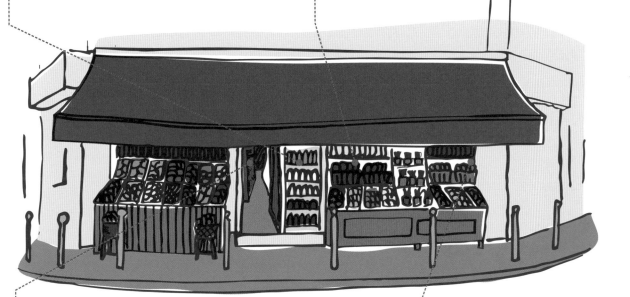

早飲みタイプのフルーティーなワインを選ぼう

赤ワイン:ロワール地方(シノン、ソーミュール・シャンピニィ、ブルグイユ)、ローヌ南部地方(タンニンが柔らかく、口の中が温まるタイプ)、ボージョレー地方(ボージョレー・ヌーヴォーではなく、ブルイィ、サン・タムール、シルーブル)など。スペインやチリのワインも安くて飲みやすいので、おすすめできる。

白ワイン:酸味の強いドライなタイプではなく、まろやかでフルーティーなタイプがいい。例えば、ブルゴーニュ地方のマコネ地区、プロヴァンス地方、ラングドック地方のワインなど。

発泡性ワイン:品質が確かな有名メゾンのシャンパーニュ。あるいは、安めのシャンパーニュよりは高めのクレマンを選んだほうがいい。

もしあったらの話だが、価格がお手頃なワインの中では、品質にばらつきがない、ネゴシアンものがベター。ブルゴーニュ地方のジャドやブシャール、ラングドック地方のジェラール・ベルトラン、コート・デュ・ローヌ地方のシャプティエやギガルなどがおすすめだね。

スーパーマーケット

スーパーマーケットのワインコーナーにはワインも食品も並んでいる。いいものもあれば、つまらないものもある。チョイスも多ければ、価格もいろいろ。

スーパーマーケットで買う利点

品揃えが豊富ということはどうでもよくて（2/3は月並みなワイン）、魅力的なのは価格。競合店に勝つために、仕入れ価格については、ものすごくシビアな交渉をしているからね。

欠点

適切なアドバイスをしてくれるスタッフがいない。

宣伝用の飾り

ボトルの口にはめられているボール紙の被せ物は、フランスの有名なガイドブックである、アシェット、ゴー・エ・ミヨー、ベタヌ＋デソーヴ、リュヴュー・デュ・ヴァン・ド・フランスによるセレクションワインであることを示しているが、だからと言って必ずしも素晴らしいということではない。ただ、まずまずの品質は保証してくれるので、信用してもいいだろう。

メダル

メダル付きのワインは増えている。でも、騙されてはいけないよ。全ての品評会に同じ価値があるというわけではない。無名のコンクールの銅メダルは、無視してもいい。有名なワインフェアやコンクールでメダルを獲得したワインにこそ価値がある。例えば、個人生産者のワイン市、農業市、パリ農業コンクール、ブリュッセル国際コンクールなどが有名。とにかく、メダルは、あるカテゴリーの中で最高という印ではなく、ある機会に集まった、特定のグループの人たちから、他のワインよりもいい評価を得たことを示す印だということを覚えておいたほうがいい。さらに言うならば、コンクールへの出場は有料だ。

ブランドワイン

メーカー、生産者組合、ネゴシアン（卸売商）のワインの品揃えが充実している。安定した味を期待できるので、あまり失敗がない（オリジナリティーがないという欠点はあるけどね）。また、スーパーのオリジナルブランドも多い。クラブ・ド・ソムリエはカジノ、ピエー

ル・シャノーはオーシャン、ユヌ・カーヴ・アン・ヴィルはモノプリ、シャンテ・ブラネはルクレール、ラーム・デュ・テロワールはコラ、ルフレ・ド・フランスはカルフールのブランドだ。個性はあまりないものの、醸造学的観点から見ると、なかなか良くできていて、大きな欠点がない。

生産者ワイン

スーパーマーケットは、一部の生産者のワインを独占販売していたりするのだが、その場合、一年を通して複数の店舗に安定した供給を約束してくれる、大手生産者を選ぶことが多い。だから、ワインは一般受けする無難なタイプが多くなる。こだわりの強い生産者による、限定生産の個性的なワインが見つかれば儲けものだね。

 豆知識：ラベルをスマホで調べる。

多種多様なワインをリストアップしたアプリをスマートフォンに入れたら、役立つコメントが載っているかもしれない（アシェット・ガイドのVins&Millésimes、Drync Wine Free、Cor.kz Wine、ボトルのバーコードをスキャンできるConseilVinなどのアプリがあるよ）。ラベルに表示されることが多くなったQRコードも、醸造元の情報を提供してくれるだろう。

生産者、ワイン市

ワイン選びには最高の場所。何といっても買う前に試飲ができる！ ワイン市の魅力は、まさに生産者が味見させてくれることにある。家族経営の蔵元でも、数種類のワインを出してくれるよ。

価格

生産者から直接買うワインは、他よりも安い。仲介業者がいないので、元値に上乗せされることがない。

品揃え

1種類のワインしか造っていない生産者なんていない。お手頃でシンプルなものから、より複雑な味わいのものまで、数種類のワインを出している。畑の区画ごとに仕込んでいるところもあり、テロワール、AOC、品種のブレンド、異なる育成法の、多彩なスタイルのワインを揃えている。生産者のところで直接買う時は、全種類を試飲できるから嬉しい。もちろん、一番高いワインを無理に好きになることはない。一番シンプルなものを気に入ったっていい。良い生産者は、グラン・クリュも、控えめなワインも同じように手をかけて造っている。一番シンプルなワインを選んでも気兼ねする必要はないし、また翌年訪問して、もう少し複雑なものを試してみてもいい。ワインを徐々に深く知るためのいいレッスンになるよ。

生産者と話をする

ワイン市では、生産者は大勢のビジターの対応に追われていて、なかなか話を聞くことができない。生産者を直接訪ねたら、歓迎してくれるし、いろいろ話すことができるだろう。

生産者を訪問する

ぶどうの平均樹齢、品種の構成、土地の向き、降水量、醸造の仕事などについて説明できるのは、生産者だけ。なぜ、こちらのワインはジューシーで、あちらのワインはエレガントなのか、理由を聞くこともできる。ただし、必要以上に長居して、生産者の好意に甘えすぎないようにしよう。2時間以上も居座って、ハーフボトルしか買わないのは、失礼だよね。ワインをたくさん持って帰れない時は、すぐにそれを言うべき。予算があまりないのに、格調高いシャトーを訪問する場合も同様。それに、ワインを買わないお客から、試飲料を取るシャトーは結構ある。

試飲の仕方は横方向、縦方向？

横方向の試飲とは、同じ生産者、同じヴィンテージで、数種類のワインを試すこと。
ドメーヌまたはシャトーを訪問したら、このタイプの試飲が多いね。生産者のラインアップを知るにはいい方法だ。

縦方向の試飲とは、ヴィンテージの違う同じワインを試すことだが、これを提案する生産者はあまり多くない。ストックがある場合、複数のヴィンテージを同時に販売することがあるので、天候や年月のワインへの影響を知るには絶好のチャンスだね。

豆知識：生産者や酒蔵を訪問する際のルール

予約をしたほうがいい。ネゴシアンや生産者組合はいつでも受け入れてくれるが、個人経営の生産者は突然の訪問に対応できない。特に、収穫の時期はタイミングがよろしくない。

ワインショップ

いい店主は情熱的で話し好き。ワインの愛好家にとっては、とても頼りになる存在だね。いろいろなワインを紹介してくれて、未知のワインを試してみるようアドバイスしてくれる。心地いい驚き、素敵な発見をもたらしてくれるよ。

フランチャイズのワインショップ

ニコラやル・ルペール・ド・バッキュスなどのグループの看板で経営している店主は、親会社が決めたカタログからワインを選んでいる。その中から、自分の客の嗜好に合わせて、一押しのワインを決める。個人経営のワインショップよりも正統派のワインが多いが、客の要望にしっかり応えて、適切なアドバイスができるという手腕はある。

個人経営のワインショップ

味を見るために、自ら生産者のもとへ赴く。生産者を店に招くこともある。それから、ワインを厳選し、価格の交渉などを行う。店主は自分の好みと性格に合わせて、一般受けするワイン、正統派ワイン、忘れられた土着品種を使ったワイン、珍しいAOCワイン、異国のワイン、ビオワインなどをセレクトする。クラシックなワインもオリジナリティーのあるワインも揃えているのが、できる店主と言えるだろう。

いい店主とは？

▶ こちらから予算の枠を伝えた後で、その上限ぎりぎりのワインへと誘導しない。予算の中間のワインをすすめる。
▶ ワインの説明を求めた時に、ラベルに書いてあることを棒読みしない。生産者名と産地の情報をさりげなく解説することができる。
▶ その時々で一押しのワインを紹介してくれる。自分が扱う全てのワインの味を知っていて、お気に入りのワインがある。

▶ 良質なボージョレー、ミュスカデ、リースリング、ニューワールド・ワインを仕入れている。有名だからという理由でワインを選ばない。どんな産地にも、素晴らしいワインは存在する。

ワインフェア

生産者の情熱を感じたい？ それならワインフェアへ行こう。スーパーマーケットの発案で、30年前に始まったお祭りさ。ワインフェアで得られる売上高は、1年の半分以上をも占めるというからすごいよね。

どんなイベント？

フランス以外ではどこにも存在しないこのイベントは、年に2回、春と秋に開催され、2週間ほど続く。秋のフェアのほうが魅力的。なぜなら、瓶詰めされたばかりの新しいヴィンテージのワインが登場するから。スーパーマーケットは、大きな売り場スペースを用意して、フレッシュなワインを迎え入れる。ひとつ確かなことは、フェア中はいい買い物ができるということ。この期間は、スーパー同士の競争が激しく、利幅が最小限に抑えられる。

下調べをしよう

冒険に出かけるのに、最低限の道具を用意しないのは無謀すぎる！ フェアの時期は、ワインを特集した雑誌が何冊も出る。いろいろなワインを比較した内容で、情報が充実しているよ。まず、十分に戦略を練ろう。フェアの期間しか登場しない特別なワインもあれば、冬になっても大量に売れ残るワインもある。まず情報を入手してから出陣しよう。

ワインコーナーの前をうろうろしたい？

まず数種類のワインを買って味見した後、急いで店へ戻り、一目ぼれしたワインを大量に買うといい。

お得な買い物

フェアの初日かその前日が狙い目だね。オープニングパーティーの招待券をゲットできると、なおいい。これはそんなに難しいことではなく、日頃から店長に催促しておけばいいだけ。当日はスピーディーに行動しよう。ぐずぐずしていると、ライバルのカートは見る見るうちにワインでいっぱいになり、売り場もすぐに空っぽになってしまうよ。

インターネット

オンラインショップが急成長している。2007年からワインのネット販売は、年に平均33%も上昇している。ただ、サイトの入れ替わりが激しい。フランスでは325軒ものeコマースが存在し、そのうちの7%が毎年消えているが、すぐに新しいサイトが現れる。さあ、どのサイトが信用できるだろうか？

チェックポイント

ワインの紹介

オンラインショップの大きな欠点は、アドバイスや情報が不足していることだね。ワインの特徴、香り、さらにAOCの仕様書、品種名、アルコール度数などの情報を記載したサイトを見つけたら、とてもいいサインだ。逆に、情報があまりないサイトには気を付けよう。

実用的な情報

保存条件は、とても重要な情報だが、なぜかないがしろにされることが多い。この点について何も言及していないサイトでは、古いヴィンテージのワインは買わないほうがいい。それに、価格、配送の日数や方法なども気になるところだ。こうした情報は、販売条件明細書に小さく書かれるべきではなく、はっきりと大きく記載されるべき。

偽のプロモーション

お決まりのマーケティング・テクニックは、値段を線で消す、太字で「超特大サービス」というロゴを入れる、などだね。でも本当に安いのだろうか？ Wine Decider、Wine-Searcherなどの専門サイトで、価格を比較してみるといい。本当にお得かどうか見極めるためのいいコツがひとつある。見た目の美しさにあまりこだわらなければ、ラベルが傷んでいる、汚れているという理由で値下げになっているワインは信用できることが多い。

ワインリスト

サイトで販売されているワインが、実際に市場で流通していることを確かめよう！ まだ、仕入れてもいない新酒のワインをリストに載せ、結局は購入できないというようなお粗末なサイトには、決して関わらないように。コンピューターの向こう側で、注文をしてしまった人たちにとっては迷惑千万な話だよ。

定番のサイト

信頼できるオンラインショップ：Vinatis, Nicolas, ChâteauOnline, Vin-Marin, Millésima
期間限定セール：Caveprivée, 1Jour1Vin, Ventealapropriété
オークション：IDealwine
セット販売：Trois Fois Vin, Amicalement vin, Le Petit Ballon
ワインショップの自社サイト：Savour Club, Lavinia, Legrand Filles et Fils, La Contre-étiquette

ワインのガイドブック

愛好家のワイン選びをサポートするためのガイドブックは多種あり、書店の棚の奪い合いをしている。自分の用途と好みに合ったガイドを選ぼう。

ワインガイドは何に役立つ？

ワインを買う前

自分が飲みたい、探しているタイプにより近い産地やAOCのワインを選ぶため

産地巡りに先立ち、事前に各地方の情報を調べるため

心が震えるようなワインに出合うため

まとめ買いをするため（ガイドブックがあまり分厚くないほうが選びやすい）

価格を比較するため（注：ガイドに記載されている価格は醸造元からの出荷時点の卸値で、ワインショップやレストランでの販売価格よりも低いことが多い）

ワインを買った後

個人的な感想と専門家の評価を比較するため

ワインを再注文するために生産者の連絡先を探す、または同じ生産者の他の産年、等級のワインについて調べるため

Château Grandvin

🏠 Route de Grandvin
Grandvin, France
📞 00 75 37 53 75
@ grandvin@grandvin.fr

Bordeaux supérieur

2015

ワインガイドの内容

最低限、以下の情報が必要だろう。
生産者の名前と連絡先、アペラシオン（AOC）別の分類、ワインや生産者に関するコメント、ワインの価格、ヴィンテージ、ガイドの出版年（ガイドブックで紹介するワインは、ある時期のテイスティングに基づいて選ばれるため、出版年の情報は重要）。

ガイドブックには次の3種類がある

品評会の審査員が執筆したガイドブック。ジャーナリスト、醸造技術者、ソムリエ、生産者が集まってブラインド・テイスティングを行い、合同で点数を付け、コメントを書く。

ごく限られた著名な専門家が執筆したガイドブック。その専門家が著者となり、独自に厳選した、お墨付きのワインを紹介する。

著者が特に賞賛する生産者を紹介するガイドブック。ワインのコメントは補足情報として添えられる。

ガイドブック以外のツール

インターネット（醸造元のウェブサイト、SNS、ブログなど）もガイドブックに代わる情報源として大いに役立つ。検索に少々時間がかかるが、充実した情報を得られることも多い。

ROBERT PARKER

ロバート・パーカー

(1947 –)

世界で最も高名なワインテイスター、評論家。このアメリカ人専門家の影響力は絶大で、長い間、偉大なワインの市場価格を左右するほどの存在でした。彼のお墨付きを得るべく、自らワインの特徴を変える生産者もいたほどでした。

バート・パーカー氏がワインの味を知ったのは20代の頃で、当時はまだ弁護士でした。1978年に「The Baltimore-Washington Wine Advocate」（後に "The Wine Advocate" と改題）というテイスティングノートを発行し、ワインの評論家としての第一歩を踏み出しました。

その名声は1982年頃から劇的に広まりました。数十名の評論家とともに、ボルドーの新酒をテイスティングする会で、彼一人がその素晴らしさを見極め、異例なヴィンテージであると評価したことがきっかけでした。実際、彼の言った通りになりました。それから、100点式で表す独自の評価法、「パーカーポイント」とともに、同氏はワイン評価における絶対的な指標となったのです。パーカー氏が90点以上を付けたワインは、その全てのボトルに買い手が付くといっても過言ではなく、生産者にとっては手堅い保証となったのです。

パーカー氏は自分が特に愛する産地を積極的にアピールしてきました。ボルドー地方の格付けワインの価格が高騰したのも、シャトーヌフ・デュ・パプの名声が上がったのも、ローヌ地方、ラングドック地方、プロヴァンス地方の一部の醸造元が一躍スターとなったのも、全て彼の影響によるものです。そのため、テロワールがそれに適していなかったにもかかわらず、自分たちのワインを「パーカー風にする」、つまり「パーカー氏の嗜好に合わせる」ことを迷わず実行した生産者もいたほどでした。こうしたワインは、「濃縮感が強い」、「肉厚すぎる」、「樽香が強い」などのように風刺されるようになりました。現在は、このような「パーカー風にする」状況は、ほとんど見られなくなっています。

卓越したテイスティングの才能を持ったロバート・パーカー氏は、自身の鼻に100万$の保険をかけていたと言われています。2012年に引退しましたが、彼の意見は今も影響力を持っています。

ワインをコレクションする

スペースは？　予算は？

1本だけでもコレクションになる。あとは、どれくらいのスペースと予算があるか、だね。どんな状況にも対応できる、数種類のワインをストックできれば理想的。

2〜5本
食前酒として、あるいは突然のディナーのお供として出すことのできる、白と赤のデイリーワインをストックしておく。ロワール地方、ラングドック地方の赤、シャブリ、プロヴァンス地方の白など、フルーティーで心地いいワインを選ぼう。シャンパーニュかクレマンを1本用意しておくと、何かのお祝いにさっと出すことができるから便利だよ。
予算：1本につき5〜12€

5〜10本
食後のデザートや、日曜日の午後、友人と楽しむお菓子と一緒に出せる極甘口のワインを1本用意しておくといい。パーティーの締めくくりや、食前酒に甘いお酒を好む友人たちのために、天然甘口ワイン（ポルト、ミュスカ・ド・リヴザルト）を、夏にはロゼワインを1、2本加えよう。さらに、上質で有名なAOCの赤ワイン（とできれば白ワインも）を1本ストックしておくと、いざという時に役立つ。例えば、ポムロルやサン・テミリオンの赤、ムルソーの白などだね。何年か寝かせることができるワインだから、誕生日、愛の告白、再会の食事など、特別な日に開けるといい。
予算：1本につき5〜20€

豆知識：くれぐれも散財はしないように

銀行口座の残高がいくらであっても、たまには思い切った贅沢もいいじゃない、と言い訳しながら、見栄を張って無理な買い物はしないこと。結局、その贅沢な1本には、なかなか手を付けられないはずだから。ある日、開けることができたとしても、期待があまりに大きすぎて、がっかりする可能性のほうが高い。さらに高級ワインは長期熟成型が多いので、最適な保管条件を確保できないと、本当にただの無駄遣いで終わってしまう。

10 〜 30本

さあ、コレクションを充実させる時が来た。いろいろな産地や国のワインを揃えて、楽しみを増やそう。香りと味わいが異なる、タイプの違うワインを選んだほうがいいね。爽やかで軽快、きめが細かくて複雑、濃厚でスパイシー、シルキーで力強い、などなど。いろんなタイプを常備しておくと、その時々の料理や気分にしっくり合う1本を取り出すことができる。珍しい品種や個性的なAOCなど、ユニークなワインも何本か加えたい。面白い逸話のあるワイン、ビオディナミ・ワインなどもいいね。

予算：1本につき5 〜 25€

30本以上

お気に入りのワインを3 〜 6本まとめ買いすると、時がもたらす変化を体感することができるよ。同じワインが、買った直後、6か月後、1年後、2年後でどのような味わいになるのか比較するのは実に楽しい。

ヴィンテージに興味を持ってみよう。

これほどのコレクションを持つようになると、何度も訪問しているお気に入りの生産者がきっといるはず。その生産者からヴィンテージの違うワインを仕入れて、その影響をじっくり比較するのもいい。

長期熟成型のワインを別に保管しよう

早飲みタイプと長期熟成タイプは別々に保管したほうがいい。早飲みタイプは飲む機会が多いから、入れ替わりが速い。長期熟成タイプは飲む前に何年か（時には10年以上も）寝かせないといけない。でも定期的に何本かは買い足していくだろう。こうしていくうちに、若いワイン、成熟したワイン、古いワインがいつも手の届くところにあるという理想的な環境ができあがる。

予算：価格の上限はない。

ワインの保存方法

保存条件によって、ワインの熟成の速さが変わってくる。18℃の温度で保存する場合、12℃で保存するよりも早く変化し、熟成する。だが、人間と同様に、ワインはゆっくりと年を重ねていくことで、より深く豊かに円熟していくものだ。

ワインを上手に保存するためには、いくつかの条件をクリアしないといけない。

ボトルを横に寝かせて保管する
特にコルク栓を使用したワインは、いつも横に寝かせて保管すること。液体に触れることで、コルクは湿った状態になり、高い気密性が保たれる。

温度
数十年の歳月をかけて、ゆっくりと熟成させるための理想的な温度は、11〜14℃。しかし、ほとんどのワインは、6〜18℃の温度で、数年間、良い状態で保存することができる。成長は寒くなると遅くなり、暑くなると早まる。地下蔵の中で、自然な季節の移り変わりに沿って、ワインはゆるやかに熟成していく。急激な温度変化は、ワインを傷つけてしまうので、特に避けるべき。冷蔵庫やオーブンの近くなど、高温になる場所で保管すると、急速に劣化する恐れがある。

湿度
ものすごく重要。空気が乾燥しすぎているとコルクが乾き、空気を通してしまう。75〜90％ほどの高い湿度が保たれる場所のほうがいい。唯一のリスクは、湿度が過剰だと（あまりないことだが）、コルクにカビが発生したり、エチケットがはがれたりする可能性があることだね。

光
ワインにとっては有害。色も香りも褪せてしまう。ワインは必ず暗所で保存すること。タンスの中や階段の下で、あるいは布を被せて保管しても効果があるよ。

平穏
我々が睡眠を取るように、ワインにも平穏な時間が必要。衝撃や振動はワインの分子を壊し、アロマを不安定にさせる。地下鉄のトンネルの上にあるカーブや、洗濯機の上などで保管してはいけない。

悪臭厳禁
奇妙なことだが、悪臭はコルクを通して、ワインに浸み込んでしまう。にんにく、漂白剤漬けのモップ、灯油などの保管場所はワインにとって良い環境ではない。ボトルに長い間被せたままにしておいて、湿ってしまったボール紙でさえも、ワインのブーケに影響することがあるから気を付けて。

ワインを熟成させる

まず浮かぶ問いは、数年かけて寝かせるべきワインかどうか、だね。個々のワインに適した熟成度を知ることは、いつ飲むべきかを知ることでもある。飲み頃を迎えた時が絶好のタイミングであることは言うまでもないだろう。ワインをその絶頂期（2年後かもしれないし、20年後かもしれない）に味わうことができれば、ワインの世界の奥深さをさらに知ることができる。

若いうちに楽しむワイン

お手頃な価格のワイン、発泡性、白、ロゼ、そして軽めでタンニンが少ない赤のほとんどがこのタイプ。僕たちが日常的に買っているワインさ。「果実味」溢れる若々しさが魅力で、熟成させても何の特典も付かない。

どんなワイン？
例外もあるだろうが、一般的に、ピノ・ブラン、ヴィオニエ、ソーヴィニヨン、ガメなどの品種によるワインは、若いうちのほうが楽しめる。十分に力強いものであれば、数年寝かせてみてもいいだろう。素敵なサプライズがあるかも。

長期熟成させて楽しむワイン

格調も価格も高いワイン。若いうちは頑強なため、時間をかけて成熟させる必要がある。年を重ねていくにつれて、しっとりと穏やかな風合い、複雑で調和のとれたブーケを帯びてくる。

どんなワイン？
赤ワインでは、フランスの偉大なボルドー、ブルゴーニュ、エルミタージュ、シャトーヌフ・デュ・パプ、マディラン、スペインのプリオラート、リベラ・デル・ドゥエロ、イタリアのバローロ、バルバレスコ、ポルトガルのポルト、アルゼンチン、カリフォルニア、オーストラリアの傑出したワイン。白ワインでは、ロワール地方や南アフリカのシュナン種で仕込まれた辛口、甘口、偉大なブルゴーニュ、ソーテルヌの極甘口、ドイツのリースリングの辛口、甘口、ハンガリーのトカイ、イタリアのミュスカなど。

熟成させるべきかどうか知るためには？

とにかく調べる。生産者やワインショップの店主に聞いたり、ボトル後面のラベルやインターネットを見たりして、情報を収集する。

ボトルの中でどんな風に熟成していくの？

ワインを熟成させるのは酸素。ボトルの中には小さな空気の泡が常に残っている。ワインが成熟し、飲み頃を迎え、衰退していくには、このほんの少しの気泡だけで十分なんだよ。ボトルを横に寝かせると、気泡がもっとワインに触れ、熟成が進む。ボトルを横にして保管したほうがいい理由がここにもある。

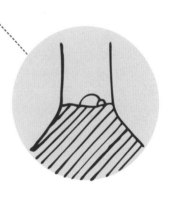

豆知識：ボトルの中の空気

マグナムはフルボトルの2倍の大きさだが、気泡の量はボトルの大きさが違っても変わらない。だから、マグナムのほうが、熟成がゆっくり進み、さらに長く保存することができるというわけ。価格が高めなのも納得がいく。

味見してみる
同じワインが2本ある場合、1本開けてみよう。閉じている、濃密で凝縮感がある、香りがほとんど感じられないという印象を持っただろうか。その場合、間違いなく、ワインは早くたたき起こされたことに腹を立てている。しばらく待ったはうがいい。（赤の）場合）酸味とタンニンが際立ち、とにかく力強いと感じたら、もう数年寝かせることのできるワインだね。

ワインセラーを作る

小さなアパルトマン

押入れ、物置き、靴棚、階段下などを有効活用しよう。使われていない暖炉があったら、そのスペースをセラーにする。ここは部屋のどこよりも涼しいので最適。肝心なのは、どんな時でも、暗くて涼しいところにボトルを横に寝かせて保管すること。ワインラックを持っている場合は、日光が当たらない場所に置こう。

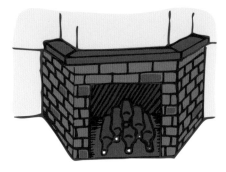

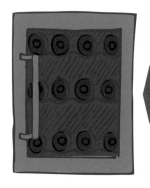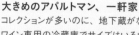

大きめのアパルトマン、一軒家

コレクションが多いのに、地下蔵がない場合、予算があるのであれば、電気製のセラーを買うといい。ワイン専用の冷蔵庫でサイズはいろいろある（12〜300本）。一定の温度と湿度を保つことができて、光も遮断される。3タイプのセラーがあり、ワインを数か月保存することのできるベーシックモデル、より高価だが12℃の温度を維持することのできる長期熟成用モデル、仕切り別に温度を変えることのできる多機能モデルだ。生産者は、電気製セラーを使う場合、季節の移り変わりを再現するために、3か月ごとに温度を2〜3℃調整することをすすめている。

一軒家

予算と熱意はすごくあるのだが、地下蔵がない？ それなら思い切って、一から作ってみてはどうだろうか。ちょっとした工事が必要になるが、ワイン専用の特別室を持つことは決して夢じゃない。窓のない、光と熱を遮断した部屋にエアコンディショナーを設置し、加湿器の代わりにバケツ1杯の水を置く。そして、頑丈な扉と鍵を取り付ける。地下に空間を作り、壁面が収納棚になった柱状セラーの設置を得意とする会社もあるから、探してみるといい。500〜5,000本も貯蔵できるよ。

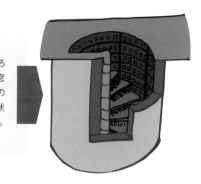

地下蔵がある？

ラッキーだ。それか、先見の明がある。石造りで壁が厚く、地面がよく踏み固められた地下蔵が理想的。現代建築で、温度が高くなりやすいコンクリート製の場合は、熱を遮断できるか、エアコンディショナーを設置できるかを検討してみよう。とにかく、地下蔵がある場合、あまり労力をかけることなく、1㎡あたり150本を貯蔵することができる。間取りをよく考えて、地面から天井までボトルをうまく積み重ねて、通路を狭くすれば、4㎡のスペースに1,200本ものワインを収納することも可能だよ。

ボトルの貯蔵方法

ワインラック
プラスチック製またはメタル製。1個で6～12本収納できて、上に重ねることができる。どこにでも動かせるし、どんな場所にも適応する。難点は、高く重ねるとぐらぐらするということだね。

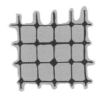

キャビネット
壁に固定されるため、丈夫で安定している。手作りしてもいいし、専用の棚を買ってもいい。

ワインケース
湿気があまりない場所であれば、ワイン用の木箱をそのまま使ってもいいだろう。ただし、湿気が多いと、ボール箱だけでなく木箱も湿ってしまい、カビがコルク栓に移ってしまうリスクがあるので要注意だね。

ワインの並べ方

産地別：
基本的な並べ方。その時々の料理に合うワインをすぐ取り出すことができる。

ヴィンテージ別：
2年後に飲むワインと、何年もかけて寝かせるワインを別々に保管する方法。

飲み頃別：
早飲みタイプを、一番取り出しやすい場所に保管する。長期熟成タイプはセラーの一番奥、棚のすみっこ、天井すれすれ、など、とにかく手の届きにくいところに置いてゆく。

セラーの目録
ワインをコレクションする全ての愛好家にとって、必要不可欠なツール。目録には次の情報を記載する。

産地、ヴィンテージ、醸造元／生産者名、購入場所／価格／日付、購入本数（ボトルを開けるごとに更新）、それから保管場所の情報！ 日録の役割は、飲みたいワインをすぐに取り出せるようにすること。だから、マジックペンでラックやキャビネットに番号を入れよう。例えば、ブルゴーニュはB4、ラングドックはB5、早飲みタイプのボルドーはC1……という具合にね。

ワインボトルの誕生

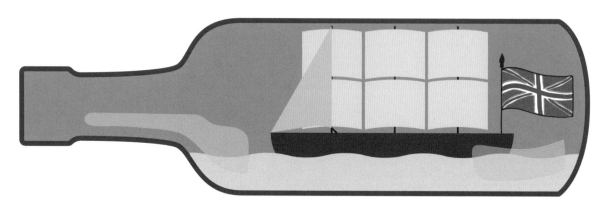

ワインボトルの歴史

ガラスのボトルは古代から存在していたのだが、もっぱら香水や貴重な精油を入れる容器として使われていた。1632年にワイン用の色付きガラスのボトルを発明したのはイングランド人だ。彼らはワインを造ってはいなかったが、大量に購入し、輸送していた！ワインボトルは18世紀に徐々に浸透していった。フランス国王ルイ15世は、まずはシャンパーニュ（1728年）、次にブルゴーニュワイン（1750年）に対して、瓶詰めしたワインの輸送を正式に許可した。ボルドー地方ではボトルの使用は自然と普及していった。割れやすいとしても輸送しやすく、軽く、見た目も美しく、保存にも適しているなど、好条件が揃っている。最終的にガラスのボトルがアンフォラ壺や樽よりも優勢となったのは驚くことではない。

容量が0.75ℓの理由

ボトルの標準サイズが0.75ℓなのは、イギリスで誕生したことに関係する。当時、イングランド人は計量の単位としてガロンを用いていた。ワインの樽の容量は225ℓで、これは50ガロン、つまり0.75ℓサイズのボトル300本に相当した！つまり、1ガロン＝ボトル6本となり、販売用の箱も6本単位が一般的となった。この容量は1866年に法で規定された。

ボトルの形状

ボルドータイプのボトルは1723年頃に登場し、その形は現在までほぼ変わっていない。世界で最も汎用されているタイプで、特に濃厚なワイン、上質なワインに使用されることが多い。一方、中央部がより膨らんでいるブルゴーニュタイプは、シャルドネの白ワインに、または他との違いを出すために、好んで使用される。

 役立つワイン用語

ピケット（Piquette）：不味い安ワインを表す言葉。もともとは醸造法が独特な、アルコール分がほとんどないワインの呼称。ブドウの搾りかすに水をかけてから圧搾するという方法で造られる。水が色素、香り成分、アルコールと混ざってできるこの軽いワインは、中世の時代、普通のワインが飲み頃になるまでのつなぎのワインとして飲まれていた。

愛好家によるワイン礼賛

「ワインは汲み出されたら、
飲み干さなければならない」

中世の諺

「ワインは太陽と
大地の子である」

ポール・クローデル、作家

「栓で塞がれないように
ワインの地図を見る」

レーモン・ドゥヴォス、
ユーモリスト

「ワインの歴史は
世界の歴史ではなかろうか」

バブリウス、
古代ローマの寓話作家

「ワインのない１日は、
太陽のない１日に等しい」

地方の諺

「ワイン、
それは大地の歌である」

開高 健、作家

「遠くのワインよりも
この地のワインを好む」

フランシス・ブランシュ、
作家・俳優・ユーモリスト

「ワインがなければ
愛も存在しなかっただろう」

エウリピデス、
古代ギリシャの作家

「ワインを飲むことは
真髄を飲むことだ」

シャルル・ボードレール、詩人

「世界中の書物よりも
ワインボトルの中に
より深い哲学がある」

ルイ・パスツール、科学者

「神は水のみを造った。
しかし、人はワインを造った」

ヴィクトル・ユーゴー、作家

「高貴な人物で、
おいしいワインを
嫌う者はいない」

フランソワ・ラブレー、作家

「ラ・ヴィノ・ヴェリタス
── 真実は
ワインの中にある」

大プリニウス、博物学者

さあ、ワインを楽しむ時が来ました。ワインがグラスに注がれます。ジュリエット、ギュスターヴ、エクトール、カロリーヌ、クレマンティーヌ、ポールは、いつも通りおいしいワインを囲むひと時を楽しんでいます。でも、これまでと違うのは、ブドウ畑のように果てしなく広いワインの世界に入ったばかりの時よりも、多くのことを知っているということです。

皆さんはいかがでしょうか？ この本で、ワインをより深く知ることができましたか？次から始まる「おさらい！」のページはどこまで詳しくなれたのか、ウイークポイントはないかをチェックするのに役立つでしょう。

最後に、6人のナビゲーターからおそらく最も大切なメッセージがあります。それは、理論は実践を伴ってこそ意味を持つということです。腕利きのワインテイスターは、その恵まれた才能や専門書で得た知識のみに甘んじているわけではありません。何度も繰り返しテイスティングをし、時には間違ったり、疑問を感じたり、再度味を見たりしながら、感覚を磨きます。ワイン産地は地図だけ見ても美しいものですが、実際に目にするぶどう畑、丘、谷、山なみ、河の流れの美しさには敵いません。産地をよく知るためには、斜面を歩く、ぶどうの葉を指でなぞる、果実を潰すなどの経験が大切です。自分の嗜好に合った、自慢のワインコレクション、今夜の夕食に最高に合うワインをすぐに出せるセラーを築くには、時間をかけてワインショップや生産者を巡り、ワインを発掘する必要があります。心が躍る出会いもあれば、がっかりすることもありますが、こうした経験が宝となります。ワインは冒険であり、冒険には紆余曲折がつきものです。

この本は皆さんをワインの世界に導き、案内するためのガイドブックです。決して、皆さんの鼻や舌の代わりとなることはないでしょう。五感を存分に使って、多くの喜びを心ゆくまで感じてください。

AU TABLEAU !

おさらい！

$$\frac{10}{10}$$

JULIETTE

ジュリエット

ホームパーティーでワインを楽しむ

1 シャンパーニュを上手に開けるには？

A：ボトルをよく振る
B：コルク栓をひっぱるだけでよい
C：瓶の首を軽くたたく
D：瓶の首を軸として瓶を回す

2 テイスティング用のグラスにワインを注ぐ量は？

A：3/4
B：1/5
C：1/3
D：なみなみと

3 赤ワインのシミ抜き方法は？

A：上から白ワインをかける
B：消しゴムを使う
C：バターを塗る
D：染みのついた服を電子レンジにかける

4 ワインは冷えすぎるとどうなる？

A：香りがより開く
B：アルコール感が増す
C：酸味とタンニンが強くなる
D：色が褪せる

5 ワインを空気に触れさせる必要はある？

A：何の効果もない
B：若いワインはデキャンタージュ、
　　年代物のワインはキャラファージュを行う
C：若いワインはキャラファージュ、
　　年代物のワインはデキャンタージュを行う
D：年代物のワインには中央部が広がったキャラフを選ぶ

6 数種類のワインを出す時の標準的な順番は？

A：濃厚なものから軽いものへ
B：軽いものから骨太で力強いものへ
C：甘口から辛口へ
D：オイリーなものから酸味のあるものへ

7 瓶の中に残ったワインの保存法は？

A：ほぼ空の状態にする
B：日光に当てる
C：瓶の中にスプーンを入れる
D：しっかり栓をする

8 白ワインをグラスに注ぐ時の最適な温度は？

A：5 〜 8℃
B：6 〜 13℃
C：13 〜 15℃
D：15 〜 18℃

9 二日酔いを避ける方法は？

A：水をたくさん飲む
B：辛いものを食べる
C：レモン汁を飲む
D：薪と一緒に寝る

10 ロシア語の乾杯の音頭は？

A：Yamas！
B：Na zdorovie！
C：Prost！
D：Manuia！

回答：1=D、2=C、3=A、4=C、5=C、6=B、7=D、8=B、9=A、10=B

GUSTAVE

ギュスターヴ
テイスティングの心得を学ぼう

5 ワインの酸味とは？
A：必要不可欠な要素である
B：欠陥である
C：年代が古いことを示す
D：若さの印である

6 第三アロマとは？
A：ワインを飲み込む時に感じる香り
B：3杯目のワインから感じる香り
C：長期熟成を経たワインから感じる香り
D：工夫してできる香り

7 タンニンとは？
A：舌を収斂させる成分
B：舌が脂っぽくなる成分
C：舌が焼けるように熱くなる成分
D：舌を麻痺させる成分

8 グラスに注いだ発泡性ワインの泡の数は？
A：産地による
B：色による
C：温度による
D：グラスの清潔さによる

9 それほど問題ではないワインの欠点は？
A：コルク臭（ブショネ）
B：腐ったリンゴのにおい
C：溶剤のにおい
D：キャベツ類のにおい

10 ワインのpH値は？
A：3〜4
B：5〜6
C：6〜7
D：7〜8

1 スミレ色がかったワインは？
A：年代物のワイン
B：若いワイン
C：偽造ワイン
D：まずいワイン

2 ロゼワインの色調は？
A：若いものはより色が濃い
B：白ワインの品質による
C：ワインの品質による
D：生産者の意思による

3 グラスを伝うワインの涙が表しているのは？
A：生産者の落胆
B：ワインの年代
C：ワインのアルコール濃度と糖度
D：ワインの価格

4 ワインの香りを十分に感じるには？
A：一気に吸い込む
B：犬のようにくんくん嗅ぐ
C：グラスを動かさない
D：鼻をワインにつける

回答：1＝B、2＝D、3＝C、4＝B、5＝A、6＝C、7＝A、8＝D、9＝D、10＝A

HECTOR

ぶどうの収穫を体験する

1 セパージュとは？

A：ワイン産地
B：ワインの種類
C：ぶどうの品種
D：ワインの産年

2 ゴブレ式に仕立てたブドウ樹の特徴とは？

A：寒い地域に多い
B：日差しの強烈な地域に多い
C：支柱が必要
D：水分を多く保存できる

3 ぶどうの遅摘みが必要なのは？

A：甘口ワインを造るため
B：タンニンが強いワインを造るため
C：安価なワインを造るため
D：収穫者が遅れて到着したため

4 シャンパーニュやクレマンの泡を生成するには？

A：ボトルに炭酸ガスを注入する
B：瓶内で二次発酵させる
C：瓶内で発酵を完了させる
D：ボトルにストローを入れて息を吹き込む

5 シュナンとは？

A：ロゼワイン用のぶどうの品種
B：白ワイン用のぶどうの品種
C：コーヒーやチョコレートの香りがするぶどうの品種
D：道（シュマン）のほとりで育つぶどうの品種

6 ヴェレゾンとは？

A：ぶどうの花が咲く時期
B：ぶどうの実が花の中にできる時期
C：ぶどうの色が変わり始める時期
D：熟しすぎたぶどうの実が地面に落ちる時期

7 マロラクティック発酵とは？

A：白ワインに限定された発酵工程
B：牛乳の発酵
C：おかしすぎる発酵
D：赤ワインに一般的な発酵工程

8 ウイヤージュとは？

A：ワインにダメージを与えること
B：ワインをタンクの中で混ぜること
C：ワインを樽に継ぎ足すこと
D：ワイン樽を空にすること

9 オイディウムとは？

A：ぶどう樹の病害
B：ぶどう樹に散布する調剤
C：地中の昆虫
D：ぶどうの房の形状

10 天然甘口ワインとは？

A：発酵が自然に止まるワイン
B：硫黄化合物無配合のワイン
C：アルコール度数が低いワイン
D：アルコールを添加するワイン

回答：1＝C、2＝B、3＝A、4＝B、5＝B、6＝C、7＝D、8＝C、9＝A、10＝D

CAROLINE

カロリーヌ
ワイン産地を訪ねる

1 粘土質の土壌からできるワインは？

A：厚みのあるワイン
B：すっきりしたワイン
C：スモーキーなワイン
D：赤ワイン

2 サン・タムールはどの地方のAOC？

A：ブルゴーニュ地方
B：ローヌ地方
C：ボージョレー地方
D：ボルドー地方

3 ブルゴーニュ地方の主な白ぶどうの品種は？

A：ピノ・グリ
B：セミヨン
C：シャルドネ
D：グルナッシュ

4 ドン・ペリニョンの職業は？

A：化学者
B：教師
C：醸造家
D：修道士

5 ボルドー地方の右岸地区にあるAOCは？

A：フロンサック
B：ペサック・レオニャン
C：メドック
D：ミネルヴォワ

6 シャンパーニュ 0.75 ℓを造るのに
必要なぶどうの量は？

A：0.9kg
B：1.2kg
C：1.5kg
D：2.3kg

7 コルビエールはどの地方のAOC？

A：南西地方
B：ラングドック・ルシヨン地方
C：ロワール地方
D：ローヌ地方

8 ワインについての書物を残した人物は？

A：大プリニウス
B：小プリニウス
C：キケロ
D：タキトゥス

9 アルゼンチンの主な品種は？

A：トゥーリガ・ナシオナル
B：マルベック
C：シャスラ
D：アリゴテ

10 ワインの発祥地は？

A：イタリア
B：フランス
C：ポルトガル
D：イラン

回答：1=A、2=C、3=C、4=D、5=A、6=B、7=B、8=A、9=B、10=D

1 味の傾向が似ているワインと料理の
組み合わせは何という？
A：アコール
B：インテグラシオン
C：フュージョン
D：アシミラシオン

2 ワインと料理の組み合わせの最もシンプルな
成功例は？
A：色を合わせる
B：価格を合わせる
C：形を合わせる
D：水を飲む

3 定番の組み合わせは？
A：甘口ワインとタイ料理
B：甘口ワインとピザ
C：甘口ワインとシュークルート
D：甘口ワインとサラダ

4 ワインに合わない食べ物は？
A：脂っこい食べ物
B：ビネガーソース
C：ロックフォールチーズ
D：オレンジ

5 天然甘口ワインに意外と合うのは？
A：緑色野菜
B：ジビエ（野鳥肉）
C：オイル漬けの魚
D：シェーブルチーズ

6 コクのある白ワインと合う定番の料理は？
A：牛肉のタルタルステーキ
B：キノコのリゾット
C：シュークルート
D：猪肉の煮込み

7 メルロ種からできるワインは？
A：コクのある白ワイン
B：軽やかな赤ワイン
C：まろやかな赤ワイン
D：骨格のある赤ワイン

8 爽やかな白ワインに合う食材は？
A：白身魚、兎肉、牛肉
B：白身魚、海老、野菜
C：鶏肉、キノコ類、オマール海老のグリル
D：香辛料、鴨肉、ロックフォールチーズ

9 鴨の胸肉のソテーに合うのは？
A：香り高い白ワイン
B：ロゼワイン
C：まろやかな赤ワイン
D：極甘口ワイン

10 バニュルスはどのタイプに当てはまる？
A：香り高い白ワイン
B：ロゼワイン
C：極甘口の白ワイン
D：天然甘口ワイン

回答：1=C、2=A、3=A、4=B、5=B、6=B、7=C、8=B、9=C、10=D

PAUL

ワインをセレクトする

1 オーダーしたワインがブショネ（コルク臭）の
場合、ソムリエは？

A：その責任者である

B：新しいボトルと差し替える

C：お客さまの判断が正しいか確認するために味見する

D：何もしない

2 横方向の試飲法とは？

A：テイスティングした後、横になること

B：長い間、横に寝かせていたワインボトルを選ぶこと

C：同じヴィンテージ（産年）の数種類のワインを
試飲すること

D：同じ銘柄でヴィンテージの異なる複数のワインを
試飲すること

3 ロバート・パーカー氏の有名なワインの
採点法は？

A：5点式

B：10点式

C：20点式

D：100点式

4 グラン・ヴァン・ド・ボルドーという宣伝文句は？

A：何の意味もない

B：1855年の格付けワインに相当する

C：各産地の生産条件によって定義される

D：AOCの地区による

5 ラベルへの表示が義務付けられている情報は？

A：ヴィンテージ（産年）

B：瓶詰め元の名称

C：ぶどうの品種

D：醸造元の名称

6 レストランのグラスワインの量は？

A：8cl

B：12cl

C：15cl

D：18cl

7 ワインボトルの保管場所は？

A：どこでもOK

B：洗濯機の上

C：シャワーの中

D：暖炉があった場所

8 ワインボトルを横に寝かせる理由は？

A：横になるとよく眠れるため

B：瓶内の温度が一定化するため

C：コルク栓を湿った状態にしておくため

D：ワインをより均一に熟成させるため

9 ワインボトルの標準容量が0.75ℓなのは？

A：卸売商が数学を好んだため

B：イングランド人が考案したため

C：ガラスを吹く時の肺活量に関係するため

D：積み重ねやすいため

10 「神は水のみを造った。しかし人はワインを
造った」という名言を残した人物は？

A：レーモン・ドゥヴォス

B：エウリピデス

C：ルイ・パスツール

D：ヴィクトル・ユーゴー

回答：1＝B、2＝C、3＝D、4＝A、5＝B、6＝B、7＝D、8＝C、9＝C、10＝D

索引

© Hachette Livre (Marabout) 2013, 2015, 2017, 2020, 2021.
58 rue Jean Bleuzen 92 170 Vanves

Graphisme : Yannis Varoutsikos, www.lacourtoisiecreative.com
Maquette : Gérard Lamarche et les PAOistes
Edition et maquette : Cécile Beaucourt. Mise à jour 2021 : Matthieu Corgnet
Relecture : Véronique Dussidour, Odile Raoul, Marie Gosset et Emilie Collet (pour la page 112-113 : Vin nature)

Japanese translation right arranged with Hachette-Livre, Paris Through Tuttle-Mori Agency, Inc., Tokyo

著者
オフェリー・ネマン

ワインジャーナリスト、ブロガー。2009年から、ル・モンド紙のウェブ版に「Miss GlouGlou*（ミス・グルグル）」というペンネームで、愛すべきワインに悩まされる日々を軽妙に綴ったブログを掲載し、人気を博す（missglouglou.blog.lemonde.fr）。また、missglouglouのアカウント名にてインスタグラムでもワインに関する情報を定期的に発信している。主な著書として、『Le vin pour ceux qui n' y connaissent rien（初心者のためのワイン入門書）』（L' Etudiant社 /2012年）、『Boissons et seduction（お酒と恋の駆け引き）』（Delcourt社 /2014年）などがある。
*グルグル：ワインを注ぐ時の「とくとく」という音を表す擬声語。

イラストレーター
ヤニス・ヴァルツィコス

パリとビアリッツで活躍するアートディレクター、デザイナー。書籍のイラストレーションや、レストラン、食品のグラフィックデザイン、服飾、インテリア雑貨のデザインなど、様々な分野で活躍している。

訳者
河 清美

広島県尾道市生まれ。東京外国語大学フランス語学科卒。翻訳家、ライター。訳書に『コーヒーは楽しい！』、『美しいフランス菓子の教科書』、『ウイスキーは楽しい！』、『ワインの世界地図』、『ビールは楽しい！』、『カクテルは楽しい！』、『ラム酒は楽しい！』（小社刊）、共著書に『フランスAOCワイン事典』（三省堂）などがある。

改訂2022年版 ワインは楽しい！
2022年10月22日 初版第1刷発行

著者／オフェリー・ネマン
イラスト／ヤニス・ヴァルツィコス
訳者／河 清美
校正／株式会社 ぷれす
DTP／桂川菜々子（PIE Graphics）
制作進行／関田理恵

発行人：三芳寛要
発行元：株式会社 パイ インターナショナル
〒170-0005 東京都豊島区南大塚2-32-4
TEL 03-3944-3981 FAX 03-5395-4830
sales@pie.co.jp

印刷・製本：シナノ印刷株式会社

©2022 PIE International
ISBN978-4-7562-5720-8 C0077
Printed in Japan